心一堂彭措佛緣叢書·索達吉堪布仁波切譯著文集

修心利刃輪釋

達瑪繞傑達　原著
索達吉堪布仁波切　漢譯

書名：修心利刃輪釋
系列：心一堂彭措佛緣叢書•索達吉堪布仁波切譯著文集
原著：達瑪繞傑達
漢譯：索達吉堪布仁波切
責任編輯：陳劍聰

出版：心一堂有限公司
地址/門市：香港九龍尖沙咀東麼地道六十三號好時中心LG六十一室
電話號碼：(852)6715-0840 (852)3466-1112
傳真號碼：(852)2214-8777
網址：www.sunyata.cc　publish.sunyata.cc
電郵：sunyatabook@gmail.com
心一堂 彭措佛緣叢書論壇：　http://bbs.sunyata.cc
心一堂 彭措佛緣閣：　　　　http://buddhism.sunyata.cc
網上書店：　　　　　　　　http://book.sunyata.cc

香港及海外發行：香港聯合書刊物流有限公司
香港新界大埔汀麗路36號中華商務印刷大廈3樓
電話號碼：(852)2150-2100
傳真號碼：(852)2407-3062
電郵：info@suplogistics.com.hk

台灣發行：秀威資訊科技股份有限公司
地址：台灣台北市內湖區瑞光路七十六巷六十五號一樓
電話號碼：(886)2796-3638
傳真號碼：(886)2796-1377
網絡書店：www.govbooks.com.tw
經銷：易可數位行銷股份有限公司
地址：台灣新北市新店區寶橋路235巷6弄3號5樓
電話號碼：(886)8911-0825
傳真號碼：(886)8911-0801
網址：http://ecorebooks.pixnet.net/blog

中國大陸發行•零售：心一堂•彭措佛緣閣
深圳流通處：中國深圳羅湖立新路六號東門博雅負一層零零八號
電話號碼：(86)755-82224934
北京流通處：中國北京東城區雍和宮大街四十號
心一堂官方淘寶流通處：http://sunyatacc.taobao.com/

版次：二零一四年二月初版，平裝

　　　　港幣　　　一百二十八元正
定價：　新台幣　　四百五十元正

國際書號 ISBN 978-988-8266-60-9

目　錄

修
心
利
刃
輪
釋

目
錄

修心利刃輪

達瑪繞傑達　　造

索達吉堪布　　譯

修
心
利
刃
輪
釋

頂禮三寶！

此論分三：一、初義；二、論義；三、末義。

甲一（初義）分二：一、論名；二、頂禮本尊。

乙一、論名：

擊敵要害利刃輪

乙二、頂禮本尊：

頂禮忿怒大威德！

甲二（論義）分二：一、總說行者修心法；二、別說如何修心。

乙一、總說行者修心法：

> 如孔雀遊烏毒林，雖有藥圃善嚴飾，
> 孔雀群會不喜彼，依烏毒精自生存。
> 勇士入於輪迴林，安樂福苑雖嚴飾，
> 諸位勇士不貪執，苦林菩薩自生存。
> 欣受快樂之懦夫，是以怯懦感痛苦，
> 欣受痛苦彼菩薩，是以勇力恆安樂。

今貪欲如烏毒林，　勇如孔雀能調解，
懦如烏鴉命葬送，　自私焉能調此毒？
其餘煩惱此類推，　如鴉者喪解脫命，
故如孔雀諸菩薩，　於如毒林眾煩惱，
轉醍醐入輪迴林，　欣受摧毀此毒物。

乙二（別說如何修心）分二：一、略說；二、廣說。

丙一、略說：

今無自由流轉者，　執著為我此魔使，
當離自私求快樂，　欣受利他之苦行。
業力牽引習煩惱，　同類眾生諸痛苦，
當堆欲樂我之上，　戀私欲時摧毀彼，
自之安樂施眾生。

丙二（廣說）分二：一、根除自私珍愛執我；二、行持兩種他利菩提心。

丁一（根除自私珍愛執我）分二：一、以溫和教誨業力之輪摧毀自他；二、以粗暴教訓威猛之利刃降伏我執。

戊一、以溫和教誨業力之輪摧毀自他：

眷屬於己邪行時，　心想是自散亂致。
身現難忍病痛時，　是害眾生之身體，
惡業利刃輪自己，　今自取受諸病痛。
自心出現苦楚時，　定是擾他心相續，

修心利刃輪

惡業利刃輪自己，今自取受諸苦厄。
自為嚴重飢渴逼，是欺盜奪行吝嗇，
惡業利刃輪自己，今自取受諸飢渴。
不由自主他使時，是嗔下者且奴役，
惡業利刃輪自己，今以身命事他利。
若聞一切刺耳詞，是兩舌等語之罪，
惡業利刃輪自己，今當擯棄語過失。
若生不淨外境中，是恆常習不淨相，
惡業利刃輪自己，今當唯修清淨觀。
別離饒益摯友時，是自招引他眷屬，
惡業利刃輪自己，今莫分離他眷屬。
若諸聖賢不喜自，是捨聖賢依劣眷，
惡業利刃輪自己，今當棄離諸惡友。
遭受增損他責時，是自誹謗眾聖賢，
惡業利刃輪自己，今莫增損詆毀他。
唐捐必需用品時，是蔑他人之所需，
惡業利刃輪自己，今當成辦他之需。
心不明了不喜時，是於他眾積累罪，
惡業利刃輪自己，今當斷除他罪緣。
不能成事心亂時，是於勝事造違緣，
惡業利刃輪自己，今當斷除諸阻礙。
如何亦令師不喜，是於妙法有表裡，
惡業利刃輪自己，今當於法表裡一。

修心利刃輪釋

3

眾人群齊反駁時，　是輕有慚及有愧，
惡業利刃輪自己，　今當警惕不防護。
眷屬集聚即嗔時，　是劣秉性蔓諸方，
惡業利刃輪自己，　今當處處人格妙。
凡親皆成怨敵時，　是內存有歹毒心，
惡業利刃輪自己，　今當時時無諂誑。
自患痼瘤水腫時，　是無戒肆耗信財，
惡業利刃輪自己，　今當斷奪信財等。
傳染病驟縈身時，　是做失毀誓言事，
惡業利刃輪自己，　今當斷眾不善業。
於諸所知蒙慧時，　是行本應放置法，
惡業利刃輪自己，　今當串修聞等慧。
行法睡眠壓逼時，　是積障礙微妙法，
惡業利刃輪自己，　今當為法而苦行。
喜惑嚴重散亂時，　未修無常輪迴過，
惡業利刃輪自己，　今當極度厭生死。
如何皆現下墮時，　是曾輕視業因果，
惡業利刃輪自己，　今當精勤積福德。
凡作佛事逆反時，　是曾指望邪惡方，
惡業利刃輪自己，　今當退離邪惡方。
祈禱三寶不靈時，　是於佛教不誠信，
惡業利刃輪自己，　今當唯依三寶尊。
妄念晦氣魔起時，　是於本尊咒積罪，

修心利刃輪

4

惡業利刃輪自己，今當摧諸惡分別。

如熊①漂泊山野時，是將師等擯出境，

惡業利刃輪自己，今莫將誰驅逐境。

遭霜雹等不幸時，是未如理守戒誓，

惡業利刃輪自己，今當清淨誓言等。

欲望極大財乏時，是未布施供三寶，

惡業利刃輪自己，今當精進作供施。

相貌醜陋眷凌時，未造佛像嗔焚燒②，

惡業利刃輪自己，今當造像性寬容。

如何做皆貪爭時，是入剛強劣相續，

惡業利刃輪自己，今當根除我與你。

修行皆不切要時，是劣見解入心中，

惡業利刃輪自己，今當所作悉利他。

行善自心不調時，是圖即生大富貴，

惡業利刃輪自己，今當策勵求解脫。

誦經思擇後悔時，無愧喜新好高攀，

惡業利刃輪自己，今當交往悉謹慎。

他之狡詐欺己時，是自私慢貪念大，

惡業利刃輪自己，今當於物悉寡欲。

講聞反增貪嗔時，是未深思魔過患，

惡業利刃輪自己，今當思擇斷違緣。

修心利刃輪釋

---

①如熊：另有版本中是「如僕」。

②嗔焚燒：另有版本中是「嗔擾亂」。

一切妙行變劣時，是曾恩將以仇報，
惡業利刃輪自己，今當頂戴大恩人。
總之不幸臨頭時，如鐵匠由自劍傷，
是惡業刃輪自己，今當於罪不放逸。
於惡道中受苦時，如箭者由自箭傷，
是惡業刃輪自己，今當於罪不放逸。
家庭③痛苦臨頭時，如養子孫殺父母，
是惡業刃輪自己，今當恆常生出離。

戊二（以粗暴教訓威猛之利刃降伏我執）分四：
一、以認清我敵承接；二、略說打動能毀無我怒尊之心
相續及降伏方式；三、廣說宣告所毀我執魔過且降伏；
四、以將我執摧毀無遺而攝義。

己一、以認清我敵承接：
如是我已認清敵，我識暗竊之盜匪，
裝己欺騙偽君子，奇哉無疑是我執。

己二、略說打動能毀無我怒尊之心相續及降伏方
式：

現今業刃揮頭上，怒姿頭上旋三匝，
張二諦足方智目，露四力牙壓仇怨，

③家庭：另有版本中是「未來或外在」。

亦是對敵明咒王。

持業兵刃能擊入，輪迴無有自在處，

我執屬鬼極凶殘，失自他妙當勾招。

祈大威德予勾招，打打擊中我敵心，

踐踏禍根妄念頭，刺中我敵凶手心。

吽吽聖尊顯神變，匝匝緊捉此仇怨，

啪達啪達救脫諸束縛，卸卸斬斷執著結。

迅降怒尊大威德，陷輪迴業淤泥中，

業惑五毒臭皮囊，祈求當下速撕破。

己三、廣說宣告所毀我執魔過且降伏：

三惡趣中雖受苦，不知畏懼造作因，

踐踏禍根妄念頭，刺中我敵凶手心。

求樂強烈不積因，耐苦薄弱貪婪重，

踐踏禍根妄念頭，刺中我敵凶手心。

急於求成不勤修，行事繁多悉不竟，

踐踏禍根妄念頭，刺中我敵凶手心。

喜新無愧無長情，奢想盜奪勤奔波，

踐踏禍根妄念頭，刺中我敵凶手心。

擅長邪命欲望強，苦積有財為吝縛，

踐踏禍根妄念頭，刺中我敵凶手心。

於眾行少④吹噓大，自無功德聲勢大，

④於眾行少：另有版本中是「慈眾心微」。

7

踐踏禍根妄念頭，刺中我敵凶手心。

師多擔負誓言少，徒多饒益護持少，

踐踏禍根妄念頭，刺中我敵凶手心。

承諾繁多利行少，名大觀察鬼神恥，

踐踏禍根妄念頭，刺中我敵凶手心。

寡聞空口說大話，乏少教理多分別⑤，

踐踏禍根妄念頭，刺中我敵凶手心。

眷多無有荷擔者，主多遠離可依怙，

踐踏禍根妄念頭，刺中我敵凶手心。

位高功德比鬼少，師大貪嗔較魔暴，

踐踏禍根妄念頭，刺中我敵凶手心。

見高行為比犬劣，德多基本吹風中，

踐踏禍根妄念頭，刺中我敵凶手心。

一切如願終歸己，虧損無端推於他，

踐踏禍根妄念頭，刺中我敵凶手心。

身著袈裟求救鬼，受戒威儀隨同魔，

踐踏禍根妄念頭，刺中我敵凶手心。

佛賜安樂供厲鬼，正法引導欺三寶，

踐踏禍根妄念頭，刺中我敵凶手心。

常居靜處散亂轉，求妙法典護苯卜，

踐踏禍根妄念頭，刺中我敵凶手心。

捨解道戒繼家業，樂付東流追逐苦，

修心利刃輪

⑤多分別：另有版本中是「未證悟裝證悟」。

8

踐踏禍根妄念頭，　刺中我敵凶手心。
棄解脫道遊邊地，　得人身寶造獄因，
踐踏禍根妄念頭，　刺中我敵凶手心。
置法殊勝牟商利，　置師經院逛城區，
踐踏禍根妄念頭，　刺中我敵凶手心。
置自生計奪僧財，　置自父業盜他財，
踐踏禍根妄念頭，　刺中我敵凶手心。
嗚呼修弱神通銳，　未踏入道神足行，
踐踏禍根妄念頭，　刺中我敵凶手心。
利教嗔心執怨敵，　受欺無智報恩德，
踐踏禍根妄念頭，　刺中我敵凶手心。
己人心語告敵人，　摯交無恥竊肺腑，
踐踏禍根妄念頭，　刺中我敵凶手心。
易怒妄念分別重，　難以相處秉性惡，
踐踏禍根妄念頭，　刺中我敵凶手心。
囑咐不聽暗加害，　禮來不往遠懷爭⑥，
踐踏禍根妄念頭，　刺中我敵凶手心。
不樂從諫恆難處，　冒犯頻繁常記仇，
踐踏禍根妄念頭，　刺中我敵凶手心。
過分壓制聖執敵，　貪欲強烈納少年，
踐踏禍根妄念頭，　刺中我敵凶手心。
無情拋棄昔交友，　極度喜新說甜言，

⑥懷爭：另有版本中是「尋爭」。

9

践踏祸根妄念头，刺中我敌凶手心。
无有神通妄取过，无悲伤害侬人心，
践踏祸根妄念头，刺中我敌凶手心。
寡闻普皆作揣测，乏教悉皆生邪见，
践踏祸根妄念头，刺中我敌凶手心。
串习贪嗔诋毁他，串习嫉妒增损他，
践踏祸根妄念头，刺中我敌凶手心。
不经求学轻博大，不依上师谤圣教，
践踏祸根妄念头，刺中我敌凶手心。
不讲法藏自妄造，不修净观讥讽他，
践踏祸根妄念头，刺中我敌凶手心。
于非法事不谴责，于诸善说百般驳，
践踏祸根妄念头，刺中我敌凶手心。
于惭愧处不惭愧，于无惭事反执惭，
践踏祸根妄念头，刺中我敌凶手心。
可行一事亦不行，非理之事皆行持，
践踏祸根妄念头，刺中我敌凶手心。

修心利刃轮

己四：以将我执摧毁无遗而摄义：
奇哉能摧我见鬼，善逝法身威力尊，
持执无我业刃杖，无疑头上旋三匝。
祈祷大勇降此敌，祈祷大智毁恶念，
祈祷大悲救护业，祈祷粉碎决定我。

10

凡流轉者所有苦，　決定堆於此我執，
凡是所有五毒惑，　決定堆於此同類。
如此無餘過根本，　無疑由智而認清，
若仍袒此作狡辯，　祈禱摧彼執著者。

　　丁二（行持兩種他利菩提心）分三：一、修世俗菩
提心；二、修勝義菩提心；三、修果迴向成辦二利。

　　戊一、修世俗菩提心：

一切過咎歸一己，　於眾生觀具大恩，
他所不欲自心取，　我之善根迴向眾。
如是他眾之三門，　所造三毒我取受，
猶如孔雀毒增豔，　願煩惱成菩提伴。
我之善根施眾生，　如鴉食毒以藥復，
掌握有情解脫命，　願速獲得善逝果。
終究我與父母眾，　未於密嚴證覺前，
以業漂泊六道中，　願彼此間懷同心。
爾時為利一眾生，　我亦普入三惡趣，
不失偉大菩薩行，　願惡道苦我滅除。
即刻所有地獄卒，　於我生起上師想，
兵刃悉皆成花雨，　願無損害增寂樂。
願惡趣眾得總持，　受人天身發覺心，
我以正法報恩德，　視我為師而依止。
願爾時諸善趣眾，　同我修習無我已，

三有寂滅無分別⑦，平等性中識本面。

戊二（修勝義菩提心）分三：一、略說連接文；
二、以觀察修廣說；三、以安住修攝義。
　　己一、略說連接文：
　　　　如是而行敗此敵，如是而行敗妄念，
　　　　串習無我無念智，色身因果豈不得？

　　己二（以觀察修廣說）分三：一、抉擇實相空性無
我；二、實修現相無欺緣起；三、宣說甚深現空無別。
　　庚一、抉擇實相空性無我：
　　　　諸位一切是緣起，緣起觀待無獨立，
　　　　轉來變去妄相幻，如旋火輪是顯像。
　　　　如芭蕉樹無實質，如晨靄觀非可怖，
　　　　如陽焰水遠美妙，如鏡中影似真實。
　　　　如雲如霧似停住，此敵凶手我亦爾，
　　　　似有畢竟永非有，似真悉皆不曾真。
　　　　似現超離增損境，彼者有何業之輪？

　　庚二、實修現相無欺緣起：
　　　　此雖如是無自性，然一碗水顯月影，
　　　　業果虛妄多鮮明，顯現許中當取捨！

修心利刃輪

---

⑦三有寂滅無分別：另有版本中此句後還有一句「等性之中修等持」。

12

夢境劫火盛燃時，　雖無自性熱恐怖，
地獄等雖無自性，　燉燒等懼故當棄。
如燒迷時雖無暗，　深長洞中遊彌漫，
無明等雖無自性，　當以三慧除迷亂。
唱起樂師伴奏歌，　觀察聲音無自性，
未察聚合出悅音，　驅除人心之憂惱。
業與因果詳分析，　雖無一異之自性，
然顯現法能生滅，　似有苦樂受種種，
顯現許中當取捨！　猶如水滴滿瓶器，
第一滴水非滿瓶，　非由末等一一滴，
緣起聚合盈瓶器。　誰受未受苦樂果，
非由第一剎那因，　非由最末剎那等，
緣起聚合感苦樂，　顯現許中當取捨！

庚三、宣說甚深現空無別：

奇哉未擇似歡喜，　此種顯現無實質，
然而顯現似存在，　此法甚深劣難見。

己三、以安住修攝義：

今若入定於此中，　定顯現許亦有何？
有何有復有何無？　承許是非悉何有？
無境有境之法性，　離諸取捨離戲論，
本來性中無智慧，　坦然安住成大士。

修心利刃輪釋

戊三、修果迴向成辦二利：

祈願如是析世俗，以及勝義菩提心，

二資無礙至究竟，獲得圓滿二利益。

甲三、末義：

擊敵要害利刃輪，於種種恐怖猛獸出沒之林間，具教理、證悟之大瑜伽士達瑪繞傑達，依殊勝上師之言教匯編後，於濁世有畏懼之深林中實修，彼恩授阿底峽，阿底峽也為調伏芸芸難化眾生，無偏實修，生起證語而說此偈：

我捨國政苦行時，積累福德謁師尊，

得此甘露法灌頂，今能對治續法脈。

我於宗派無偏頗，展露智慧博學時，

雖見無量希奇相，覺此法方利濁世。

其後，阿底峽為印藏不可思議弟子中，由佛母度母等無量本尊授記，堪為法器之高足俄巴色嘎（即仲敦巴）恩賜調伏邊地剛強所化之法。本論譯師與班智達也由他們師徒擔任。

2012年7月23日（藏曆六月初四）

自壽五十歲生日於五台山那羅延窟譯畢

修心利刃輪

修心利刃輪釋

達瑪繞傑達　造論

索達吉堪布　譯講

第一課

從今天（2012年8月16日）開始，我們共同學習阿底峽尊者的上師——達瑪繞傑達所造的《修心利刃輪》。這部論典是大乘佛教的修心法門，它將各種佛經的教義和傳承上師的教言匯集在一起，能斷除我們自私自利的心，尤其是「我執」和「我愛」，故極其殊勝！我相信很多人在學習後，心相續一定會有改變。

講這部法，我有兩種想法：第一，聽的人越多越好；第二，除了極個別有緣者之外，其他人都不准聽。不過本法分顯宗和密宗兩部分，講顯宗時不用限制，講密宗時再看情況。對密法，大家都有信心和歡喜心，覺得聽到密法緣分很好，但在座的人到時能不能全聽也不好說。所以大家都要觀察自己：我到底有沒有資格聽，我能否達到標準？如果對聽眾沒有要求，很多人都會認為，這是修心法門，很簡單，甚至認為隨時都可以聽到，那就不會珍惜。因此，大家都要有難得心，一定要重視這部法！

另外，在學習這部修心法時，大家務必認真，因為

裡面的文字比較難懂，若心沒有專注，也很難懂得其中的甚深意義。

下面介紹作者：「達瑪繞傑達」是作者的梵文名稱，漢意為法護⑧。阿底峽尊者依止他十二年，學習《大毗婆沙論》，而成為一名精通十八部的大論師。後來阿底峽尊者前往金洲上師處，十二年中主要修學菩提心。返回後，尊者仍依止達瑪繞傑達上師。

《大圓滿前行》等論典中說：在顯現上，雖然達瑪繞傑達上師，是一位精通小乘三藏的上座部論師，但他的大悲心卻極其強烈。有一次，他的鄰居得了非常嚴重的病，醫生說必須要用活人的肉來配藥，但他們都找不到。達瑪繞傑達上師聽到後，馬上就把自己身上的肉割下來給病人服用，因為當時還沒有證入聖位，所以非常疼痛，但他沒有絲毫後悔心，心裡一直希望能利益對方。後來在夢中，一位白衣人出現在他面前，說：要獲得菩提果位，就應像你這樣難行能行。說完就用口水塗抹他的傷口。醒後，傷痛全部消失，傷口也沒有留下任何疤痕。從此，他的相續中就生起了大乘菩提心和證悟空性的智慧，並對中觀六論倒背如流，之後便開始弘揚大乘佛法。

達瑪繞傑達上師傳授給阿底峽尊者的修心引導法，主要就是他融合自己的修行境界，所造的兩部特別著名

⑧法尊法師在《菩提道次第廣論》中，將其譯為法鎧。

的論著──《修心利刃輪》和《孔雀滅毒論》。阿底峽尊者依之實修，而現前證悟。在阿底峽尊者來藏地弘揚佛法時，達瑪繞傑達還特意囑咐他，一定要用這兩部論來教化黑暗藏地的野蠻眾生。

因此，無論是從傳承還是緣起上看，這兩部法都非常殊勝。所以我以前發願，在有生之年當中，一定要將這兩部論翻譯出來，並為大家傳講。現在《修心利刃輪》翻譯完後，正在進行講解，但不知道能不能講圓滿？因為一切都是無常的。而《孔雀滅毒論》還沒有翻譯，以後也不知有沒有這個機會。

不過現在，很多人對法都沒有難得、珍惜之心。比如：今天有人給你一萬美金，你一定會把它裝在最貼身的口袋裡，或馬上放在銀行卡中；而我把這個法本交給你，你卻會隨便扔在一邊。如果我們對法本的態度和行為，連對錢財、身分證等身外之物都不如，那對法的恭敬心就太差了。

在古代，法本非常難得，特別是藏地的修行人，連借都借不到，故得到時無比歡喜。而現在，外境是發達的科學技術和繁榮的物質文明，內心是貧乏的思想和沒落的精神，所以人們根本不知取捨，往往忽略掉最有價值的東西。因此我希望，在終生當中，大家都能把這部法作為修行的依處；若能如此，其利益則不可思議！

頂禮三寶！

修心利刃輪釋

這是由梵譯藏前，譯者所作的譯禮。

此論分三：一、初義；二、論義；三、末義。

甲一（初義）分二：一、論名；二、頂禮本尊。

乙一、論名：

擊敵要害利刃輪

所謂「擊敵要害」，就是擊中敵人的致命部位，而「敵」，則指讓眾生流轉三界輪迴的元凶——我執和我愛；所謂「利刃」，就是能夠殺害它的強有力的兵器；所謂「輪」，就是接連不斷。概而言之，「擊敵要害利刃輪」，就是這部修心法門像無比鋒利的武器一樣，能夠讓我們連續不斷地擊中我執敵人的要害，使之喪命。

其實，譯為「擊敵要害利器輪」也可以。有些則譯為「劍輪修心法」，我以前也經常稱之為「修心劍輪」。這樣翻譯，有可能讀起來會比較順口，但意義上卻不一定適合。因為，有利刃的武器形狀是各異的，並非劍一種。

對修行人來講，摧毀我執的利刃就是智慧，因為只有它才能斬斷煩惱的束縛。如續部云：「智慧利刃能解煩惱之縛」。《大乘理趣六波羅蜜多經》亦云：「以智慧劍，斬煩惱賊，破生死軍，摧伏魔怨。」所以，欲除煩惱、求超生死、想滅我執者，皆應依靠本論所宣講的修心智慧。

對修行人來講，沒有好好聞思修行，表面的行為是

斬斷不了我執、煩惱的。很多修行人在順利時，都充滿自信，認為自己是一位成功的修行人；而在出現苦難、違緣時，我執馬上就開始湧現，那時就暴露出修心沒有成功的本來面目。所以，平時特別需要修心，一定要通過修心的智慧來斬斷、摧毀、降伏我執和煩惱。而這就是我們學習本論的目的。

藏傳佛教許多大德特別重視這部論典，經常在不同場合中宣講。但很多居士和出家人，對這個竅訣還是比較陌生，所以希望通過這次學習，大家不但能種下殊勝善根，心相續還有很大的改變。

以前，我也講過《入菩薩行論》、《修心七要》、《佛子行三十七頌》、《三主要道論》、《修心八頌》等修心法。雖然與大經大論相比，很多都是很小的論典，但學習之後，心相續卻會有很大改變。因此，我非常喜歡給大家講一些特別管用的竅訣。現在社會很現實，修行人都關心自己的煩惱是否減少，修行是否進步，如果只是理論上講得特別好，用起來就會很費力。

不過也不要走極端，有智慧的人還是應該聞思五部大論——戒律、俱舍、因明、中觀和《現觀莊嚴論》為主的大經大論。如果沒有聞思，遇到深奧的問題就會不知方向。因此，無論是一般的佛教徒，還是佛教學者，都應注意這個問題。同時也不能放棄修心法門，否則即使在理論或學術上有所成就，在遇到煩惱、痛苦，以及

修心利刃輪釋

面對死亡時，也會不知所措。

總之，在終生當中，大家都要重視聞、思、修這三個字，可以說這就是我們人生的定位或方向。如果聞思修特別好，不管你是出家人，還是在家人，都有非常重大的意義！

乙二、頂禮本尊：

本論的科判，是按照喇拉曲智仁波切所作的《修心利刃輪略釋》的科判標注的。

頂禮忿怒大威德！

作者法護或達瑪繞傑達，所頂禮的本尊是忿怒大威德。大家都清楚，文殊菩薩分寂靜文殊和忿怒文殊兩種，寂靜文殊指五文殊為主的文殊菩薩，忿怒文殊就是大威德。在不同續部和修法當中，無論是寂靜文殊還是忿怒文殊，都有各種不同的身相和標幟。在藏傳佛教格魯派的密法裡面，大威德的續部和修法相當多，無論是高僧大德還是一般的修行人，都經常念修。當然，作者的大威德修法由阿底峽尊者創立的噶當派一脈相承。

有些歷史上說，作者一輩子修持大威德，無論到哪裡，都隨身攜帶一幅大威德的唐卡。有一次，恆河邊出現很多外道，準備摧毀佛法。作者猛厲祈禱大威德本尊，但沒有任何驗相。於是作者顯現忿怒相，在大威德唐卡上猛力拍了一巴掌，大威德馬上顯現各種神變，降伏了所有外道，佛教才躲過一場劫難。後來，達瑪繞傑

達將這幅大威德唐卡交給阿底峽尊者，尊者將之帶入藏地，供奉在熱振寺內。不知現在還有沒有？據說在這張唐卡上，作者留下的掌跡非常清晰。

因此，無論是佛教還是個人，在出現一些實在無法應對的違緣時，都應祈禱大威德，這非常重要！在寧瑪派中，麥彭仁波切造有很多大威德的修法儀軌，很多道友經常都在念誦大威德心咒。

甲二（論義）分二：一、總說行者修心法；二、別說如何修心。

乙一、總說行者修心法：

如孔雀遊烏毒林，雖有藥圍善嚴飾，

孔雀群會不喜彼，依烏毒精自生存。

我看了一些本論的漢文譯本，都與藏文的原意有出入，所以就重新作了翻譯。但為了保留它的原貌，我的譯文並非現代語體，因為很多佛經、論典的翻譯，完全用白話都很難表達。可能就像這部論典的藏文，並不是特別好懂一樣，我的翻譯也比較難懂。

譬如，孔雀在長有烏頭等具毒植物的茂密森林中，自由自在地漫步、飛翔、嬉戲、遊玩，雖然裡面有種植各種妙藥的園子，和極善嚴飾的鮮花、綠草等，但所有孔雀都不喜歡它們，因為牠們更願意依靠烏頭等有毒食物的精華或營養讓自己生存。

從這個比喻可以看出，孔雀不但能區分何種食物或

21

藥物有毒，而且牠還具有超常的解毒能力。所以，《本草綱目》云：「孔雀辟惡，能解大毒、百毒及藥毒。」而烏鴉等動物就不具備這種能力，牠們都害怕、排斥有毒的食品或藥品。

在對待貪嗔癡等煩惱方面，因為根機不同，三類修行人有三種不同的面對方法。小乘行人特別害怕生起煩惱，所以就盡量逃避、遠離，或以智慧斷除。有菩提心的大乘顯宗行人則採用轉依的方法，既不避開，也不接近，而以菩提心等竅訣將特別可怕的煩惱變為修行的助緣，使之不再成為修道的違緣。大乘密宗行人則直接將之轉為道用，即認識它的本面，使之變成增長覺性的方便。也就是說，不認識煩惱的本體，煩惱就是煩惱；認識煩惱的本體，煩惱就變為智慧。表面看來，密乘行人直接享用貪嗔癡，實際上他們已經把煩惱變成智慧。雖然這就是密乘的殊勝所在，但很多劣根者或鈍根者都不懂這個道理。

與大乘顯宗、密宗對待煩惱的態度一樣，孔雀對待毒也有兩種層次：一、毒不但不能害牠，牠還能將毒轉變為自己生活的助緣；二、牠的體力和羽翼的色彩反而會因此更加增上。很多格言都這樣講過。

以上講了比喻，下面講比喻所表達的意義：
勇士入於輪迴林，安樂福苑雖嚴飾，
諸位勇士不貪執，苦林菩薩自生存。

此頌很重要！

所謂勇士，即菩薩。為什麼將菩薩稱為勇士呢？因為，凡夫人一旦出現煩惱和痛苦，就特別害怕、怯懦；而真正的菩薩，不但不懼輪迴的痛苦和煩惱，還能以自己的智慧和慈悲將之摧伏。所以，在《入菩薩行論》[9]和《大乘莊嚴經論》[10]當中，都將菩薩稱為勇士。

作為菩薩勇士，當他們入於三界輪迴的密林中時，雖然有名聲、地位、財富以及嚴飾的安樂福苑等，但因他們已經懂得現空無二，所以根本不會貪執。

《大乘莊嚴經論》云：「觀法如知幻，觀生如入苑，若成若不成，惑苦皆無怖。」因為菩薩勇士通達一切萬法空性如幻，所以對輪迴中的生老死病等痛苦和貪嗔癡等煩惱就不會產生恐怖心，面對成功、失敗，富裕、貧窮，漂亮、醜陋等，也會視為遊戲，不會產生任何欣厭之情。

而凡夫人，成功則歡喜、快樂，失敗則痛苦、悲傷。這是很不好的。很多大德經常在修心法門中講：人快樂並不一定好，因為會耗盡福德；而痛苦也不一定不好，因為能淨除罪障。這種解釋方法，我們以前都沒有

---

⑨《入菩薩行論》：「奮戰諸煩惱，雖生多害苦，然應輕彼苦，力克嗔等敵，制惑真勇士，餘唯弒屍者。」
⑩《大乘莊嚴經論》：「應知諸菩薩，亦名摩訶薩，亦名有慧者，亦名上成就，亦名降伏子，亦名降伏持，亦名能降伏，亦名降伏牙，亦名為勇猛，亦名為上聖，亦名為導師，亦名大名稱，亦名為有悲，亦名大福德，亦名自在行，亦名正說者。」

聽過，所以大家都厭苦欣樂。其實，在快樂時，更應心生畏懼；在痛苦時，更應心生歡喜。

在這方面，菩薩是我們的榜樣。因為他住於輪迴中時，不但不以自私自利心貪執安樂，還以對眾生強烈的悲憫心，一直生存於痛苦的森林當中。正因如此，諸佛菩薩化現的高僧大德，才日日夜夜不休不眠地從事著利益眾生的事業，除了利益眾生之外，再也沒有任何其他事情。

可能很多人都想不通：他有吃有穿，為什麼不好好享受，非要到各種環境當中，與具深重煩惱的眾生接觸？其實，這與空性和大悲有密切關係，如果沒有空性智慧和大悲心，就沒有勇氣面對眾生，更不可能解除眾生的痛苦；若有證悟空性的智慧和利益眾生的大悲心，不但有能力利益眾生，世間一切魔眾也不可能對他製造任何違緣。如《萬善同歸集》云：「菩薩成就二法，魔不能壞。一者觀諸法空，二者不捨一切眾生。」

其實，我們平時所謂的違緣，比如魔眾前來危害，自己著魔了等，都是在自私自利和實有執著的膿瘡上開始出現苦楚。如果具有不捨眾生的大悲心，並對諸法空性生起定解，一切人和非人都不可能危害，所有違緣都會蕩然無存。因為，在空性、大悲的境界中，根本沒有所謂的痛苦。所以，諸佛菩薩及其化現的高僧大德，才能在輪迴中捨棄安樂、取受痛苦，為了眾生獲得利益，

自己付出再大的犧牲也在所不惜。

我相信，如果大家相續中具有菩提心，只要是眾生的事情，就願意付出。如果沒有利他心，雖然開會時講得特別漂亮，但下來稍微行持就會打退堂鼓，因為自己得不到名聲、利益。若是自己的事情，再苦再累也願意。在現在社會中，這是經常看得到的。其實，精進利益眾生，才能最大限度地利益自己。所以大家一定要有利他心，就像有些大乘佛教徒一樣，為眾生奉獻，沒有絲毫怨言和痛苦。

欣受快樂之懦夫，是以怯懦感痛苦，

欣受痛苦彼菩薩，是以勇力恆安樂。

頌詞說：欣受快樂的懦夫，心特別怯懦的緣故，會經常感受痛苦。所以，即使是人群中極其陽光、燦爛的高官、富翁、帥男、靚女，若沒有修心的力量，都不會快樂。若我們仔細觀察，就會發現：無論是擁有億萬身家的富翁，還是成千上萬人尊崇的領導，或數以萬計粉絲崇拜的明星，在遇到生老死病等苦，或在名聲、地位等方面遭遇挫折時，都會無比痛苦。

因此，硬實力和軟實力人都需要。所謂硬實力，就是外在的財富、地位等；所謂軟實力，就是內在的信心、悲心、智慧，或道德、學問等。如果人只有硬實力，沒有軟實力，一旦硬實力受創，心就會崩潰。現在世間，為什麼自殺率居高不下？就是因為他們已經絕

望，才不得不走上這一條路。如果是一個具有軟實力的人，像阿底峽尊者等菩薩，在出現家破人亡、生意衰敗等重大違緣時，不僅不會自殺，反而會笑得特別開心。因此，內心具有智慧和悲心，比外在擁有財富等更為重要！

頌詞說：欣受痛苦的菩薩，具有勇力的緣故，會恆時感受安樂。講得很清楚，菩薩在利益眾生的過程中，能欣然承受痛苦，是因為具有勇力。不過要培養出勇力來，需要長時修學大乘佛教的智慧和悲心。昨前天，我與幾個慈慧人一起給幾位貧困大學生一些學費，事後一位同學單獨跟我說：「我很窮，您很有福報。非常感謝！」我跟他開玩笑：「在我肚皮裡面，有比錢更重要的智慧和悲心，比較起來，你比我更窮。」雖然這是開玩笑的話，但與從來沒有好好學過佛的學生相比，在這方面我還是有一點自信。

如果哪位菩薩具有勇力，他就會恆時安樂。比如：米拉日巴尊者在山洞中修行時，一群一無所獲的獵人闖了進來，因為飢餓難耐，他們對米拉日巴尊者說：您可不可以給我們一點吃的？米拉日巴說：我平時吃的就是蕁麻，你們煮蕁麻吃吧。獵人問：你有沒有酥油或調味品？米拉日巴說：我沒用酥油和調味品已經好幾年了，這些在蕁麻裡面有。獵人說：無論如何你要給一點鹽巴吧！米拉日巴說：我沒有用鹽巴已經好幾年了，蕁麻裡

面有鹽巴。雖然獵人都認為他的生活很可憐，但尊者卻無比安樂。

可見，人只要有滿足感和修行的功德，沒有外在的財富、名聲等，生活反而會更加快樂。《雜阿含經》中云：「若無世間愛念者，則無憂苦塵勞患，一切憂苦消滅盡，猶如蓮花不著水。」因此，只要像蓮花不著水一樣，滅盡貪愛世間的心念，一切塵世間的憂苦和勞累都不會有。而真正的菩薩，就具有這種出淤泥而不染的功德，所以在他面前，所有痛苦全都銷聲匿跡。當然，身處輪迴的菩薩，表面看來也會有生病、勞累、傷心等，但與怯懦的凡夫整天都為了自己而感受連綿不斷的痛苦，完全是不相同的。

不要說獲得一地菩薩以上的境界，只要真正發起大乘世俗菩提心，在生活中無論遇到什麼境遇，都能坦然、樂觀地面對。所以，快樂並不一定建立在人們特別執著的金錢、財富、婚姻等外境上。如果必須在這之上建立，那擁有它們就一定會得到快樂，但事實並非如此，因為想像並不等於現實，爬到山頂必須返回低谷。而具有大悲的菩薩，住於世間則恆時安樂。

雖然很多世俗人都認為修行人很可憐，但真正可憐的卻是他們，我想通過測試，這樣的結論完全可以得出。所以，大乘的理念非常值得學習。如果真正具有相同的修行體驗，雖然表面看來跟凡夫人一模一樣，比如

修心利刃輪釋

說話、吃飯、走路等，但實際上，在智慧、悲心、方便等方面已經遠遠超越。如《大薩遮尼乾子所說經》云：「菩薩大悲力，奮迅方便智，住聖無上處，而現凡夫事。」

因此，真正具有修行境界的人，從表面上不一定能看得出來。比如：以前我認為某人修行很好，結果他遇到對境生起煩惱，哭的聲音比誰都大，讓我大失所望；而我認為修行特別差的，在遇到不好的對境時，笑的聲音比誰都響，讓我生起很大的信心。

但是，長期修行的人和不修行的人，還是有很大差別。有些人嘴巴上說得特別漂亮，但從來沒有修過，在遇到煩惱和不如意事時，就會極其脆弱。而長期修行的人，雖然會因前世業力現前煩惱，或者傷心、焦慮、不安，但在很快的時間當中，就會恢復到修行的狀態，就像倒在地上的勇士會馬上站起來一樣。所以，長期修行非常重要！

至於平時修行，不但自己要認真念誦，還應著重修持菩提心和空性，這非常重要！最近我一直倡導大家念「懷業祈禱文」，希望在座的各位，和以後聽光盤、看書的人，都能發願在一年半中念一萬遍。我算了一下，如果每天念二十遍，就可以完成。這並不需要花很長時間，只不過看自己能否堅持。對此，我也發願：凡參與者，生生世世不離上師三寶，生生世世共同聞思修行、

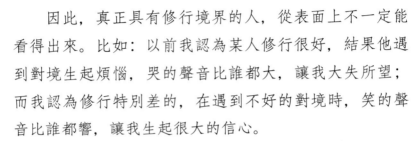

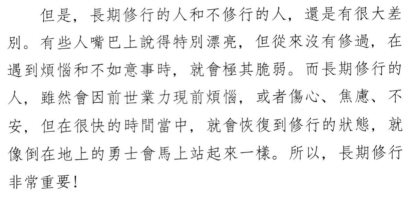

第一課

弘法利生。希望大家都這樣發願，並積極參與，其善根非常大！

　　以前，上師如意寶在世時，每天都要求僧眾念五遍，還出錢供養，以讓大家生生世世弘揚佛法，現在門措上師也繼承了這種傳統。而我不敢長期要求，只希望大家能在一年半中，每天念二十遍。也可在五天當中念一百遍，剛才我在車上念了一百遍，並不需要很長時間。雖然算起來很容易，大家都願意舉手參加，但真正做時，也不是那麼簡單。但不管怎麼樣，大家都要好好發願，這也是一種修心。通過這種力量，一方面能弘揚佛法，一方面能以這種修心利刃摧毀煩惱的敵人，讓自己獲得大自在佛陀的王位。

修心利刃輪釋

第二課

　　達瑪繞傑達所造的《修心利刃輪》的論義部分，分總說行者修心法與別說如何修心兩部分，現在正在講第一部分——總說行者修心法。

　　學習《修心利刃輪》，主要目的是通過本論所宣講的大乘佛教的修心方法來調整自心。對當前來講，本論所講的修心竅訣，絕大多數佛教徒都必不可少。因為我們經常看到，很多學佛乃至出家幾年、十幾年的人，相續都比普通凡夫好不了多少。對非佛教徒來講，因為沒有學習佛法，在遇到困難、挫折時，沒辦法對治深重的煩惱，也情有可原。但對佛教徒而言，與其他沒有學過佛，或沒有任何宗教信仰的人比較起來，還是應該顯出優勢才對。但是，很多佛教徒都沒有修心，自相續與普通凡夫差別並不大，所以特別需要用這樣的修心法來調整自心。

　　以前，我也講過《山法寶鬘論》、《開啟修心門扉》、《入菩薩行論》、《大圓滿前行》等大乘修心法門。若以之修心，壓制煩惱和痛苦應該沒有問題。若沒有修，人與法分離，也不會有效果。因此，作為大乘修行人，實地修持修心竅訣非常重要！

　　當然，修心並不是一天兩天的事。若長期堅持，自相續的煩惱就容易對治；若不長期堅持，想對治煩惱也

很困難。在這方面，除了前輩大德獲得成就的途徑可以說明之外，我們身邊，很多修行人在沒有遇到佛法時，相續都很糟糕，但後來通過佛法長期淨化相續，也獲得了超越世間的境界。

在法義上，《修心利刃輪》非常簡單，很多道友都應該會懂。但修行，每一個頌詞的內容要做到，都要下很大功夫。作為講者，為了給大家傳講，我要一遍又一遍地做準備，這不但能在相續中種下善妙的種子，還能斷除煩惱。而聽者，在聽聞後，若能認真思維和修行，夢寐以求的效果也會達到。

在這個物欲橫流、五濁猖獗的時代，絕大多數人從早到晚都希求、追逐名聲、地位、財富、感情等，尤其到了城市這種感覺異常強烈，所以特別需要聞思修行佛法。如果每天花兩個小時，或一個小時、半個小時，將外散的心收回來專注在佛法上，熱惱的心就會變得清涼。

以聽法為例：上根者，從開始到結束之間，都不會產生其他分別妄念，心一直會專注在法義上；中根者，心一會兒到外面去雲遊世界各地，一會兒回到法義上，可能一半時間專注法義，一半時間處在散亂狀態；下根者，雖然身處聽法行列，但絕大多數時間都處在散亂當中，甚至聽著聽著就睡著了，可能通達了人生如夢的境界，能在夢中聽課（眾笑）。

修心利刃輪釋

但不管怎麼樣，大家共同學習，功德非常大。佛經記載：舍利弗問佛陀：兩人共同作功德，哪種功德最大？佛陀回答：一人傳法，一人聽法，功德最大。為什麼呢？因為，唯有聞思修行佛法才能獲得解脫。即使沒有懂得法義，以興趣聽法也有非常大的利益。現在末法時代，佛教徒當中求福報的人相當多，真正聞思修行的人卻很少。所以，不管是什麼身分的人，能聽課就非常幸運。

實在說，在獲得人身時，五根具足、遠離粗重煩惱、專心聽聞佛法，是非常難得的，因為已經獲得了十八暇滿的人身。但有些人很悲觀，經常抱怨：「我為什麼這麼倒霉啊？接連不斷地出現各種痛苦之事。」其實，如果修行比較好，對所有人都會有感恩、報恩之心。對修行人來講，這兩點一定要牢牢記住。如果對地球上任何一個生命都有感恩、報恩之心，心態就會平靜，生活就會愉快。如果在清淨的心態下聽法，心不被煩惱控制，不被各種分別執著擾亂，就容易接受法義。就像水池清淨，月影才能顯現一樣。

對講聞佛法，不管是什麼法，我都有興趣，只不過有時候身體不太好，有點力不從心。比如《俱舍論》，我始終認為，如果有機會，應該再講或再學一遍，因為以前時間太倉促了。又如因明，我始終覺得，因明太好了，在機會成熟時，還應該再學或再講一遍。但對未來

的人生做規劃時，才知道人生是多麼的短暫！

不過，最重要的還是修心。全知無垢光尊者曾說：雖然所知萬法都應該學習，但最重要的，為了死時不後悔，還是應該多串習修心的竅訣。這次我給大家傳講的《修心利刃輪》，是斬斷我執、煩惱的鋒利武器。若沒有它，要斬斷根深蒂固的我執和煩惱，是非常困難的。因為，無論是顯宗部分還是密宗部分，都能直接斷除我們的分別念。當然，在大圓滿等密法中，還有更尖銳、更殊勝的竅訣。

下面講頌詞：

今貪欲如烏毒林，勇如孔雀能調解，

懦如烏鴉命葬送，自私焉能調此毒？

如今的貪欲或貪愛，相當於長有烏頭等具毒物的森林，只有斷除我執，時刻觀察自相續，像孔雀一樣的菩薩勇士才能調伏、化解貪欲之毒。《格言寶藏論》等⑪論典中講：孔雀食毒後，不但對自己沒有任何損害，對身體、羽毛還能起到好的作用。同樣的道理，真正證悟空性的菩薩，也能將貪欲之毒變為修行的順緣或轉為道用。而像烏鴉一樣的怯懦、脆弱之人，一定會葬送解脫的性命。如《佛所行讚》云：「貪欲火焚心，正法生則難，貪欲求世樂，樂增不淨業。」意謂：貪欲之火能

修心利刃輪釋

---

⑪《君主法規論》：「愚者視為重負擔，多數事情於智者，猶如毒利孔雀身，善巧方便以敵喜。」《格言寶藏論》：「孔雀身美聲悅耳，然彼所食皆為毒。」

焚燒自相續的善根，故產生正法非常困難，因為欲火導致追求世間的安樂，在安樂越來越增長時，不淨業就會不斷增加。因此，若無法對治自相續的貪欲之毒，要想戒律清淨、精進修法也是不可能的。就像烏鴉誤服毒物後，會斷絕命根一樣。究其原因，以自私自利心怎能調伏、化解貪欲之毒呢？反而言之，誰有調伏貪欲之毒的能力，誰就是真正的菩薩。

從本論可以看出，面對貪欲之毒，不同根機的眾生結局並不相同。比如：懦夫或鈍根者，因為不對治或者不能對治，最終以失敗而告終；而菩薩，卻能將之變為修道的順緣或轉為道用。佛陀在《慧上菩薩問大善權經》裡面講⑫：有一位菩薩叫焰光，他在寂靜地已經修行了420萬年。後來到城市當中，一位女子對他生起貪心，祈求與他一起生活，若不答應就準備自殺。最終他生起悲心，與她一起生活了12年，不但沒有增上罪業，還清淨了業障、圓滿了資糧。

可見，同樣是貪欲之毒，自私自利者務必斷除，而沒有自私自利心的菩薩，卻不一定需要這樣。正因如此，密宗才有雙運的修法。但是這種修法，一般的修行人行持，卻會破別解脫戒、菩薩戒、密乘戒，而毀壞自他，就像烏鴉吃毒會喪命一樣。若以此為藉口，讓佛法遭受誹謗，過失就無比巨大。所以，不具備相應條件

⑫此公案與《前行》裡面，星宿婆羅門子破梵淨行的公案基本上相同。

者，絕對不能行持。若是像孔雀那樣的菩薩，也沒有必要一概否認。在世間，很多持明者和瑜伽士，都有修持此法的能力，他們不但不會造惡業，反而成為積累資糧的因。

不過，在藏傳佛教中，行持此法的人非常罕見。在座的可能有幾百位道友，已經在藏地求學十幾二十年。但在藏傳佛教的清淨寺院中，真的通過雙修或雙運的方法來修持的有沒有呢？可能大家都沒有見到過。其原因就是利根者並不多。

前段時間，我在香港參加佛教研討會，有些學者問香港理工大學的佛學會會長一些藏傳佛教的敏感話題——雙運和降伏。當時會長回答：「雖然我沒有去過藏地，但據我了解，在藏傳佛教的清淨寺院中，根本沒有修雙修法的。」他的上師是劉銳之，劉銳之的上師是敦珠法王。他說：「敦珠法王確實有空行母，但他的弟子並沒有這樣行持。」

當然，極少數利根者行持此法也是允許的。顯宗當中也講：「煩惱即菩提。」為什麼貪心、嗔心等煩惱是菩提呢？這是因為一些大德能夠認識它們的本體，所以能將之轉為菩提。《華嚴經》中亦云：「智慧王所說，欲為諸法本，應起清淨欲，志求無上道。」智慧王佛陀說過，欲是一切諸法的根本，應該發起清淨的欲，立志追求無上菩提之道。但對烏鴉一樣的凡夫人來說，行持

雙運法就是褻瀆佛法。

作為出家人，本來應該行持斷除貪欲的清淨道，但在末法時代，有些人煩惱深重，卻以各種言行毀壞自己的戒體，這是非常可怕的！如果自己實在沒辦法在出家修行的道路上維持下去，還俗也不會損害佛教，因為這是自己的自由，佛陀早就作過開許。否則，以出家或在家的身分歪曲佛法的本意，就罪大惡極！

當然，個別人是精神不正常。如果是瘋狂者，什麼話都說得出來，什麼事都做得出來。無論是在佛教內，還是在世間，大家都不會覺得奇怪。而有些人精神很正常，但因對法義不了解，對做人之道不精通，在言行舉止當中，經常發生各種可笑之事，這就有損佛教的莊嚴！

因此，佛教徒首先要做一個好人，在此基礎上，如果懂得一些佛教的道理，慢慢就會有所成就，或不同程度地出現修行境界。否則，連世間基本的人格和倫理道德都沒有，在佛教當中也難有立足之地。若連生存下去的能力都沒有，那就不要說獲得解脫了。但個別佛教徒，不僅不能對佛法做貢獻，還在大庭廣眾當中毀壞佛教，這是很惋惜的！

總之，大家都要觀察：自己到底是烏鴉還是孔雀，或相續中是自私自利心還是利他心？一般來講，沒有獲得一地菩薩之前，沒有一點自私自利心，也是很困難

第二課

36

的。法王如意寶曾說：「有些人說自己有非常強烈的利他心，但只要是凡夫人，細微的自私自利心決定會有，在遇到對境時，就會現前。」

所以，大家最好不要欺騙自己，否則誰也救度不了。因為若連自己都能欺騙，就會欺騙上師三寶和父母眾生。如果自己變成欺誑者，那所作的一切事情都難以成功。因此，在基本的原則上大家一定要給自己定位。現在世間人也經常說，自己的定位是什麼。如果我們是佛教徒，甚至是出家人，那至少要做到什麼一定要清楚。

當然，出家人也不一定能做到非常清淨。於此五濁惡世，每個人相續中都有不同煩惱，在挑戰過程中，都有自己的困難和難處。但至少要認識到：我是一位凡夫，經常產生煩惱，為了對治它，要好好懺悔。而不能把它當作光榮，或自己的修行境界，否則就是自欺欺人。

其餘煩惱此類推，如鴉者喪解脫命，
故如孔雀諸菩薩，於如毒林眾煩惱，
轉醍醐入輪迴林，欣受摧毀此毒物。

所謂煩惱，在藏語中，是佛教專業術語，世間口語用得並不多。而漢語，除了佛教使用之外，在日常生活中，人們也把它當作一種表示不良心態的常用詞，比如：我煩惱重，我遇到煩惱事了，我產生煩惱了，等

等。雖然一說煩惱，大多數人都知道是不好的東西，但認識並不清楚。佛教講，煩惱分為根本煩惱和隨煩惱（當然，《俱舍論》和上下《阿毗達磨》等論典的開合並不一樣），它是眾生墮入惡趣的因，因為其來源是我執，其性質是惡，其果是痛苦。

前面講，將貪欲之毒變為修道的順緣或轉為道用，是孔雀一樣的菩薩，反之則為烏鴉一樣的凡夫。其餘煩惱也可依此類推，比如嗔恨：作為菩薩，他有辦法把嗔恨變為修道的順緣或轉為道用。大家經常說，諸佛菩薩現忿怒相，實際上這些看來極凶猛的本尊，並沒有絲毫嗔恨心，只不過為調化眾生如此示現而已，很多高僧大德在攝受弟子時也會採用這種方式。若是烏鴉一樣的凡夫，在遇到嗔恨、傲慢等煩惱時，就會斷絕解脫的命根。

因此，如孔雀一樣的菩薩，對像毒林一樣的眾多煩惱，都能轉為醍醐，而獲證菩提。所以，他們才能在輪迴的森林中，欣然接受並摧毀世間各種各樣的毒物。

若是一般的凡夫，在生活中遇到小小的事情，就會痛苦不堪、傷心無比。而菩薩，他已通達一切萬法在世俗中如夢幻泡影，在勝義中遠離四邊八戲的境界，所以得失、成敗等對他來講就無利無害。即使相續中產生嗔恨心等煩惱，也能英勇地將之轉為菩提。在他的心目中，利益眾生是至高無上的，所以會示現各種寂靜、忿

第二課

怒等形相，以種種方便調化眾生，看過諸佛菩薩傳記的人都清楚。即使顯現忿怒相，也不會被煩惱束縛，因為他們安住證悟空性的境界，以遊舞的方式調化無量無邊眾生，通達密宗58尊忿怒相的甚深含義者都會了知。

因此，大家要特別謹慎自己的口和意，千萬不要憑自己的分別念和愚癡的見解，揣測、評論、誹謗、污蔑他人，因為諸佛菩薩的化現無處不在。很多人都認為，某某上師是佛菩薩的化現，身邊經常愛發脾氣的人是凡夫。但很有可能，你身邊經常愛發脾氣的、有成見的老太婆、殘疾人等，就是文殊菩薩和觀音菩薩。為什麼呢？因為，如果他們沒有顯現這樣脾氣不好的人，你就接觸不到，而這種人對你的修行恰好能起到逆增上緣的作用，所以才以這種方式來度化你。

前段時間我朝五台山，一邊走一邊祈禱文殊菩薩，路邊有幾位乞丐找我要錢，我假裝沒有看見，徑直往山上走。但一位乞丐使勁拉著我的披單，把我拽了回來，看起來特別凶狠。我很生氣，瞪了他一眼，但轉念就想：可能是文殊菩薩的化現！因為，《五台山山志》裡面說：對任何一位朝拜五台山的人，文殊菩薩都要接八百送一千。二十多年前，法王如意寶帶領大家朝五台山時，也經常提醒大家要觀清淨心。因為這個習氣，在朝五台山時，很容易提起正念：這個人可能是來接或送我的文殊菩薩！

修心利刃輪釋

如果在任何時候，面對任何眾生，在生起不清淨的念頭時，都能觀想清淨，或始終觀清淨心，不知該有多好！可惜的是，除了在五台山像樣一點，在其他地方都很難生起清淨心，反而認為肯定不是諸佛菩薩的化現，這是非常不好的，因為諸佛菩薩在哪裡很難說。

其實，觀清淨心有很多好處，沒有任何壞處。如果我們除了自己之外，對很多人都觀想不清淨，比如：這個人很差勁，那個人修行特別不好，這是個壞人，那是個惡人等，那清淨心和信心就不可能增上。這樣的惡習逐漸擴張後，慢慢就會在金剛道友、法師、傳承上師、前輩高僧大德身上，找出各種各樣的過失；這樣的話，修行就不會成功。如果能將觀不清淨心的煩惱轉為觀清淨心的醍醐，那就由烏鴉一樣的凡夫變成了如孔雀一樣的菩薩。

當然，人與人也不可能完全相同。就像參加亞運會、奧運會等國際比賽，因為先天身體素質和後天訓練不同的原因，在跳高、賽跑等比賽項目上，一百個人的成績都很難一樣。同樣的道理，因為眾生根機不同，在聞思修行的比賽和競爭上，差別也很大。有些人在短短的時間中就能背誦許多論典，接受很多知識；而有些人無論如何勤奮努力都不行。有些人聽一堂課，能原原本本接受，甚至能馬上全部複述出來；而有些人雖然睜大眼睛、豎著耳朵地聽，但一下課就不知道講了什麼。有

些人在非常容易產生嗔恨心的環境當中，也不會產生嗔恨心，比如他人以非常粗魯、刺耳的語言，說他、罵他、誹謗他，就像在虛空中揮舞寶劍一樣，心如如不動；而有些人，稍微一句話刺中要害，就特別難受，甚至臉色馬上都變了。

但不管怎麼樣，煩惱不會染污菩薩。《大集大虛空藏菩薩所問經》中云：「菩薩於世法，遠離分別心，如空火不燒，菩薩惑無染。」意思是，菩薩對世間法遠離分別心，就像火不會焚燒虛空一樣，任何煩惱都不會染污他。當然，所謂菩薩，也不一定指八地、十地以上的聖者，就像文殊菩薩、觀音菩薩那樣。但是，如孔雀般真正的菩薩，煩惱的毒藥是傷害不到他的。這一道理，依靠密宗的修法，了解起來就比較容易。

乙二（別說如何修心）分二：一、略說；二、廣說。

丙一、略說：

今無自由流轉者，執著為我此魔使，

當離自私求快樂，欣受利他之苦行。

如今無有自由地漂泊、流轉在輪迴中的可憐眾生，都是由執著我（將自身五蘊執著為我）和我所這個大魔在支使。無始以來，這個魔障一直在束縛、危害我們，為了獲得永久的快樂，現在我們一定要斷除它，即遠離自私自利追求快樂的心，欣然接受利益他眾的苦行。

但很多學佛、出家的人的目的都不是這樣，有人為了健康，有人為了快樂，有人為了發財，有人為了逃避。其實，這些都是世間目標，其所得利益是非常短暫的。作為真正的大乘佛子，其目標應為：讓自他一切眾生遠離輪迴的痛苦，獲得涅槃的安樂。因為，一切眾生都在受我執和我所執的傷害，都需要擺脫它，而獲得解脫。《入行論》云：「世間諸災害，怖畏及眾苦，悉由我執生，此魔我何用？」既然世間一切災難、損害、恐怖、畏懼及眾多痛苦，都由我執而產生，那對我來說，造成一切傷害的這一大魔，又有什麼用途呢？理應遣除。

這一點，從道理上我非常堅信。不信，在看見身邊任何一位道友痛哭流涕、苦惱不堪時，你就問他「為什麼？」他一定會說：「本來我對他如何如何，但他卻對我如此如此。」「我心裡好難受，別人欺負我。」……一定會說出這個「我」來。而不為「我」，為眾生太可憐而哭的，卻少之又少。這就是所謂的可憐眾生！

當然，因為我執作祟，也不可能生起快樂和清淨的心。法稱論師在《釋量論》中說過：「執我未滅除，彼將受折磨，爾時苦增益，不住自性中。」意思是，我執沒有滅盡之前一直會受折磨，當時我妄執為痛苦而增益，就不會安住在無我與無苦自性的本義中。

其實，每個人都渴望住在清淨、光明、無為的心性

中。但是，因為有我執的原因，始終受干擾、擾亂、折磨，而沒辦法獲得究竟的快樂。就像一個特別可憐的病人，因為病的折磨，白天晚上都叫苦連天、痛苦欲絕一樣。所以，在聞思修行中觀、密法等法要時，一定要把所有力氣和精力用在消滅我執上。雖然完全斷除我執很困難，但至少也要對它有所損害，這非常重要！

剛進入佛門時，很多人我執特別嚴重，整天口口聲聲都說我。但慢慢學習大乘佛法，自我的執著逐漸減少，就會想著眾生。如果能經常考慮別人，那就說明對我執有所損害。雖然我們都希望，自己的身體不要受傷，不然找醫院和醫生很麻煩，但以此類利器，在我執的臉上留下傷疤，卻非常有意義。如果真有能力，像前輩大德一樣，用智慧寶劍把我執的頭砍掉，那就獲得了無比美妙的境界。但與我執搏鬥的過程中，有些人大獲全勝，滿心歡喜地獲得金牌；有些人不但沒有獲獎，反而氣急敗壞地敗下陣來。

業力牽引習煩惱，同類眾生諸痛苦，

當堆欲樂我之上，戀私欲時摧毀彼，

自之安樂施眾生。

關於業力，《正法念處經》中云：「一切風中，業風第一。」意謂：在所有風中，業風最厲害，它能把眾生吹來吹去。有些道友正在好好地聞思修行，被業風一吹，一下子就無蹤無影了。在菩提學會裡面，個別道友

43

修心利刃輪釋

本來學得很好，但被業風「嗚」地一吹，一下子就捲到其他地方去了，非常可憐！

在業力牽引下，眾生經常串習煩惱。因為業和煩惱的支配，就會感受各種各樣的痛苦。當同類（指在業力牽引下串習煩惱方面相同）眾生的諸多身心痛苦發生時，作為發了大乘菩提心的人，就應當將之堆積在欲使自己快樂的我愛執上，即修自他相換，由自己承擔眾生的痛苦，摧毀我愛執。

今天下午，有個人非常痛苦。我說：「你應該觀想代受眾生的痛苦，將自己的安樂施捨給眾生。」他說：「我已經夠痛苦的了，還要再代眾生的痛苦，那不是更加痛苦！而且，我現在一點快樂都沒有，拿什麼施捨給眾生呢？」但我認為，即便在這種情況下，我們還是有很多快樂，比如：身體沒有患非常嚴重的疾病，眼睛能見色法，自己可以走路，不用別人攙扶等。將這些快樂施捨給眾生也是可以的。

因此，我們都要觀修，在自己身心上代受同類眾生的痛苦。特別是在自己貪戀一己私欲的自私自利心念生起時，要立即摧毀它，並將自之安樂施捨給眾生。這種修法，口頭上說起來很簡單，但要修到量，卻要花一定的功夫。

在生活中，經常會遇到各方面的痛苦。作為大乘修行人，此時不但不會煩惱，反而覺得來了機會。他要麼

代受一切眾生的痛苦，要麼觀察它的本質，一定會將之利用起來。就像一位好醫生，所遇到的植物都可以配製成藥一樣。真正的修行人，在業力現前時，不但不會逃避，反而會勇敢地面對。實在說，逃避並不現實。如《根本說一切有部毗奈耶》云：「不思議業力，雖遠必相牽，果報成熟時，求避終難脫。」因此，在此時，一定要想到是前世的業障，並想方設法將之消除。

現在很多佛教徒，在遇到痛苦時，都能正確面對，比如他會想：今世的痛苦來源於前世所造的業，這是必須承受的，為了下輩子快樂，今生一定要好好積資並發願。若沒有信仰，或不承認前後世，在痛苦時，不但找不到妥善的方法，還會採取最不理智的行為。

為什麼佛教徒自殺非常罕見呢？因為他有很多特別管用的妙藥。而其他人，在遇到痛苦時，不要說修法，連正常的思維都被蒙蔽了，這是非常可怕的事。因此，我特別不希望，大家在煩惱的約束下開始思維和行動，否則人一旦「變質」，什麼行為都做得出來。

按照此處所說，將無人理我等痛苦堆積在「我」上，將讓自己獲得安樂轉變為承受自他一切眾生的苦難，無始以來的業障就會消除。因此，快樂並不一定好，而痛苦也不一定不好。作為大乘佛教徒，畢竟都屬於眾生，所以除了利益眾生之外，再也不應該有其他事情。但最關鍵的，在出現煩惱時，一定要使用大乘佛法

修心利刃輪釋

的竅訣。

　　《入菩薩行論》中云：「意汝定當知，吾已全屬他，除利有情想，切莫更思餘。」意思是：意識啊！你應該知道，我早就已經把自己送給眾生了，除了利益眾生之外，再也不要想其他的。在出現自私自利的心念時，如果我們能這樣反反覆覆叮囑自己幾遍，心煩意亂的心態馬上就會改變。為什麼呢？因為自己已經屬於眾生，所以不應該再執著自我，而應積極利益他眾。就像嫁出去的姑娘，不再屬於自家，而應為他家服務一樣。

　　對大乘修行人來說，利他乃唯一工作，否則就是下崗。雖然剛開始很多人對這樣的理念很難接受，即使接受了做起來也不習慣，但若懂得這個道理，並再再串習，自私自利心逐漸就會減少，乃至斷除。就像剛到高原生活，呼吸、走路等都很困難，但再過一段時間，就會很適應一樣。因此，一定要扼殺或克制無始以來不斷串習的自私自利心，讓利益眾生成為自然，變為生活常態。

第三課

　　在藏地，很多教派的上師都宣說過，阿底峽尊者的上師——達瑪繞傑達所造的《修心利刃輪》。於上世紀八九十年代，在歐美國家也有所弘揚。後來在台灣和香港也有所傳講。於大陸，在極少數佛教徒當中，藏傳佛教格魯派等教派的上師也作過宣講。這次大家共同學習，算是比較廣的了。與平時講課一樣，每天能講多少就講多少。雖然本論文字不是很好懂，但意義並不是特別難，所以我講起來也很輕鬆，你們學起來也很省力。

　　而《釋量論.成量品》，我講時也很費勁，你們學時也很吃力，聽說有些道友看了好幾遍都感覺不行。以前我們學《釋量論》，也需要花很長時間。只不過當時剛從五台山回來，依靠文殊菩薩的加持，自己的智慧還比較不錯。再加上，在學習的過程中，對法稱論師的智慧生起了極大的信心。所以有時特別歡喜！

　　可能是以前學過一次的原因，前幾年翻譯和這次宣講《成量品》，我都有很深的感受。故有時會想：現在很多佛教徒都需要懂得《成量品》所講的道理或理證，否則以後很難有勇氣在知識界和外道當中弘揚佛法。比如：你到有很多知識分子聚集的地方，他們紛紛提出各種疑難問題，若不懂得《釋量論.成量品》的理論，就只有說：因為時間關係，這次不回答，下次再說等。所

修心利刃輪釋

以，大家都需要有《釋量論.成量品》的智慧。

但光有智慧也不行，還需要修行。很多佛教徒都感覺自己的修行不好，比如有人常說：我學佛多少多少年了，但真正遇到對境時，還是很難對治煩惱。因此，很有必要學習這樣的修心法門，並再再實修，否則也不可能斷除輪迴的根本。若沒有注重對修心法門的聞思修行，很有可能會對自己的學佛產生後悔心。其實，後悔是不應該的。因為，不管自己修學哪個法門，已經修學那麼長時間，對自相續多多少少都有利益。即使現在沒有發現這些，對將來超越生死輪迴，也決定是助緣。

實際上，哪怕是聽一堂課，其功德也不可思議。這一點，依靠釋迦牟尼佛的真實語，和傳承上師的教言完全可以了知。因此，對沒有時間長期聽課的人來講，哪怕只聽一堂課，我也開許。當然，若有時間，最好能善始善終。記得法王如意寶在講《賢愚經》時，也特意這樣開許過。當時法王說：「學院附近真正想學佛的老鄉等，哪怕只能聽一堂課，我這次也特別開許。」在講其他經論時，老人家也這樣開許過。按照喇榮五明佛學院的傳統，我這次也特別開許。

第三課

當然，對學院常住的道友來講，還是應該以歡喜心經常聞法。在世間，為了當老師和公務員等，也需要花一段時間在黨校等處培訓，這是為了今世的生活，不得不在事業上做準備。同樣，為了今生、來世的快樂，在

七八年、十幾年、二三十年中聽聞佛法也很有必要，就像學院部分道友，聞法已經變為生活一樣。

如果在有生之年當中，能做到活到老聞法到老，人生就有意義，哪怕在辯論、造論等方面沒有超越的能力。因此，道友們都要重視聽聞佛法，不要將之看作世間的聚會，因為親朋好友聚在一起看電視、電影等，並沒有這樣重大的意義。現在很多道友對聽聞佛法都有興趣，希望繼續堅持，乃至生命終結都保持這種意樂，若能如此，人生就無有任何遺憾。

這次講《修心利刃輪》，我本人而言很歡喜，不知道友們是什麼心態？可能有人認為：此法很殊勝，若認真修學，一定能斷除我執，即生中所有痛苦都會煙消雲散。而有些人就沒有這樣的感受，只是認為：既來之則安之，好好聽著就行。不管怎樣，我要提醒大家：佛出世難遇，聽聞佛法更難。也就是說，希望大家都能了知，我們現在有機緣這樣聽課，乃前世的善緣所致。

丙二（廣說）分二：一、根除自私珍愛執我；二、行持兩種他利菩提心。（即：斷除我執與修菩提心。）

丁一（根除自私珍愛執我）分二：一、以溫和教誨業力之輪摧毀自他；二、以粗暴教訓威猛之利刃降伏我執。（即：以溫和的方式教誨，了知是業力之輪在摧毀自他一切眾生；以粗暴的方式教訓，使用威猛之利刃降伏我執。）

戊一、以溫和教誨業力之輪摧毀自他：

眷屬於己邪行時，心想是自散亂致。

在日常生活中，雖然自己非常關心、照顧、珍愛自己的家眷、親屬、親朋好友等，可是他們不但不報答恩德，反而對自己恨之入骨，做種種邪行。所謂邪行，就是背道而馳，經常反駁、反抗等。在佛教團體中，弟子對上師也會做邪行，比如：弟子不但不如理如法地修行，反而以各種方式威脅、損害上師，甚至破壞上師的事業等。在企業中，雖然某些企業家或老闆對下屬慈悲有加，但極個別員工不但不恪盡職守，還以種種方式威脅、攻擊，最後毀壞自他。

此時要想：這是自己前世心散亂，行為不如法，才導致即生出現這樣的後果。比如：前世做官，不但不以慈悲維護下屬，還以粗暴的行為或其他方式對他們進行損害，那即生中，就會對自己帶來種種不利。

對此，無垢光尊者在《竅訣寶藏論》[13]中說：利益他眾難，忍耐他人邪行更難。但對已發菩提心，欲成佛的人來說，再難也應當行持。在該論中，無垢光尊者還宣講了六種忍受惡劣眷屬邪行的方法[14]，大家可以參閱。

而這裡說，當自己的眷屬，包括周圍的人，不聽自

[13]《竅訣寶藏論》：「困難更為困難之六法：入佛門難不退更困難；通三藏難淨心更困難；得誓言難淨守更困難；遇深義難實修更困難；獲境界難護持更困難；利他眾難忍邪行更困難。欲成佛者再難亦當行！」

[14]《竅訣寶藏論》：「安忍眷屬惡行之六法：於其反以大悲心攝受；於諸其他眷屬無希望；思維事情前因及後果；思維自己業力及外緣；與誰交往皆以此類推；一切觀為如夢如虛幻。厭煩惡眷依此六對治。」

第三課

己的話，不滿意自己的言行舉止，甚至對自己反抗等，此時一定要想是前世的業造成的。在世間，有些人並不完全承認前後世和業因果，但他們在受到別人損害等時，卻經常說：我今生想不起什麼事得罪過他，可能是前世欠他的。當然，有些會安忍，有些只是嘴上說說而已。

不過，誰也逃不過因果，在報應現前時，一定會以自己的身心來感受。對佛教徒來講，對業因果的道理務必產生定解，否則就與自己的身分不符；而非佛教徒雖然不懂或不承認，但並不是不存在，因為他們照樣受業力支配。就像在世間，懂法律的人也要受法律約束，不懂法律的人也要受法律約束一樣。如《大智度論》云：「大海水乾竭，須彌山地盡，先世因緣業，不燒亦不盡。」意思是，即使大海的水乾涸了，須彌山和大地也滅盡了，但眾生前世由各種因緣所起的業，在沒有感受或成熟之前，是不會被燒毀或滅盡的。

現在有些教育理念認為宗教不好，其實並不是這樣。因為，很多接受佛教教育的人，都對社會和國家做出了非常巨大的貢獻。因此，我特別希望更多人能接受佛教，最好在學前教育以及小學、中學、大學的課程中，開展業因果等佛教知識的教育。如果在人們腦海中，能讓佛教的一個教證留下深刻的印象，比如此處所說，整個社會就不會有無惡不作之人。

51

身現難忍病痛時，是害眾生之身體，

惡業利刃輪自己，今自取受諸病痛。

當我們的身體出現一些難忍病痛時，要想是往昔傷害眾生身體的惡業利刃或兵器旋轉到了自己頭上，此時自己應取代、承受一切眾生的病痛。

相信去過醫院的，都會感受到疾病對人的折磨非常深，因為在內科、骨科、傳染病等醫院，病人川流不息、水泄不通，似乎所有人都在飽受疾病的煎熬一樣。雖然有些人現在並未感受病苦，但遲早都會面對。因為，人從小到離開世間，身上一點病都沒有的幾乎沒有。尤其人到中年以後，身體機能逐漸衰退，經常會產生各種疾病。

那在此時，最好的應對方法是什麼呢？就是調整自心。比如，在心臟、脊椎、腿腳、頭腦等部位出現嚴重疾病時，要想是前世所造傷害眾生的惡業成熟。就像種下種子，在因緣成熟時，就會開花結果一樣。並且還要觀想，自己代受一切眾生的病苦。當然，佛教並不反對看病、吃藥，因為佛常在經中講，病人應以藥物來治療，而且佛還親自承事病人。

對惡業利刃旋轉到自己頭上的事，我們都無法避免。就像已進入屠宰場的眾生，很難倖免被屠刀宰割一樣。因為，都身處業力的網罟當中，感受各自所造業的果報。佛教講，惡報並不是上帝或大自在天等，在不滿

意時對自己的懲罰，而是自己前世埋下的惡業種子，在因緣成熟時開花結果了。所以，在生病時一定要想，惡業利刃已經輪轉到了自己頭上，並好好懺悔，代受眾生的病苦，且以三殊勝攝持。若在感受病苦時，能如此轉變心念，或這樣修行，在短暫的今生中，就能通過疾病遣除自己的惡業。

不僅一般的眾生會感受惡報，聖者也會這樣顯現。比如，印度德高望重的大德戒賢論師，在晚年時得了一種非常難忍的風病，尤其是在玄奘大師見到他前三年異常嚴重，甚至產生了自殺的念頭。後來，文殊菩薩、觀音菩薩、彌勒菩薩出現在他夢中，並告之：你所感受的病苦，是前世當國王時，傷害過很多眾生的果報，自殺是解決不了問題的。如果能安忍、懺悔、弘揚佛法，慢慢就能消除。還說，再過三年，有一位叫玄奘的中國和尚前來求法，你應把佛法傳給他。戒賢論師依教奉行，病漸漸就好了。三年後，當玄奘大師拜見戒賢論師時，戒賢論師聽到大師前來，就泣不成聲。爾後由戒賢論師的弟子覺賢法師講了以上夢境，但也是邊哭邊講。這是依靠生病，前世所造惡業全部消盡的公案，在歷史上這樣的事例相當多。

但很多人都想得很美好，一生中身體健健康康，為了這個目標，還到寺院裡去燒香、拜佛，甚至很多老太太、老公公也經常這樣祈求。當然，諸佛菩薩的加持不

可思議，肯定能獲得利益。但若是前世殺害眾生的業成熟，諸佛菩薩也沒辦法阻擋。不過在感受時，最好能將病轉為道用。當然，在患特別嚴重的疾病時，除非修行境界特別高，一般都很困難。但若在道理上明白，在心情等方面，跟其他人也會完全不相同。否則，在患癌症等絕症時，就會很絕望。

　　其實，生病、遭遇坎坷也不一定不好，因為很多世所造惡業依靠感受此類痛苦都能清淨。北宋時，有一位腿患殘疾的孩童，心地特別善良。其所在村莊有一條河，因為沒有橋，人們來往極不方便，他就發心修橋。剛開始撿石頭時，人們都不理解，認為這是不可能的事。後來石頭堆積得像山那麼高，人們就被他的發心感動了，都紛紛跟他一起修橋。但在修橋過程中，一次鑿石頭崩瞎了他的雙眼。人們都覺得，做善事並沒有好報。而他無怨無悔，繼續堅持。在橋竣工那一天，雷雨交加，他不幸被雷劈死。人們更加堅信，行善沒有善報。

　　當天，恰好清官包拯因公事路過此橋，人們就把這件事告訴了他。在詳細了解事實真相後，他揮毫疾書，寫下了「寧行惡勿行善」六個字。

　　回到京城向皇帝匯報後，皇帝把他叫到後宮，因為剛生下的龍子，雖然十分招人喜愛，但卻整天啼哭，所以叫他去看一下。他發現在太子身上，有前幾天寫的那

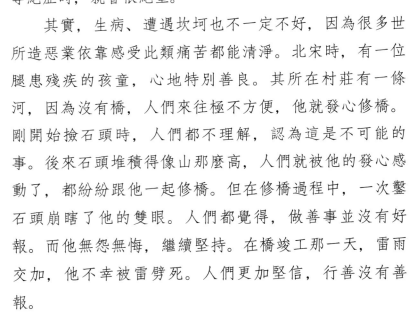

六個字，慚愧之下一擦就消失了。皇帝很不高興，因為他認為這是吉祥的胎記。於是包拯把題字的經過給皇上講了一遍。皇上覺得蹊蹺，就命他用陰陽枕到地府一探究竟。

原來，這位孩童前世所造惡業，需要用三世來償還。第一世感受殘疾，第二世以瞎盲度過殘生，第三世被雷劈死。但因他此生精進行善，三世的果報在一世就報完了，並在下一世做了皇太子。後來這個故事家喻戶曉，人們都對善有善報、惡有惡報深信不疑。

雖然在生活中，經常發生此類因果不虛的事，但人們都把它忽略掉了，甚至把它當作神話和笑話。實際上，無論是今世感受快樂、痛苦，還是前生後世的種種遭遇，都是業力在支配。但沒有因果觀念的人，根本想不到這一點。可以說，這就是現在人類最愚昧、最可怕的地方。因為，在地球上有許許多多人都不相信前生後世。若人們懂得這個道理，就不會盲目否認前生所作業對後世的影響。《長阿含經》中云：「智慧方便觀，能見因緣根。苦非賢聖造，亦非無緣有。」因此，大家一定要了知，苦是前世惡業成熟，並非賢聖所造，也非無緣無故而有。

當然，在身體出現疾病時，還是需要看醫生。但有些病醫生也不一定看得出來，因為是前世業力導致的，不過有些醫生也經常不懂裝懂地這樣說。對一般的病，

修心利刃輪釋

依靠儀器、把脈，我相信醫生能確診。但要確診業力病，至少要證悟空性，否則只能依靠佛在《業報差別經》等經典中所講的道理來推斷，比如：可能是前世毀壞別人牙齒的緣故，今生感得牙痛等。但要像剛才所講一樣，通過智慧方便來觀因緣的根，就不是那麼容易。

自心出現苦楚時，定是擾他心相續，

惡業利刃輪自己，今自取受諸苦厄。

前一頌講身，此頌講心。在世間，有些人身體還算健康，但心靈卻很痛苦。按大乘教言來講，此時要麼將之轉為修行的順緣，要麼將之轉為道用。本頌云：在即生中，當自己的心出現各種各樣的苦楚時，要想一定是前世擾亂他人心相續的惡業利刃輪到了自己頭上，現在自己應該取代、承受一切眾生的苦厄。

比如附體，這是一件非常讓人心靈痛苦的事。為什麼會出現這樣的現象呢？因為，能附的精靈、鬼神等與此人有業緣關係，所以一直以餓鬼、厲鬼等方式纏著他，始終不願離開。這樣的事，除了在佛教經論中有記載之外，在現實生活中也層出不窮，尤其是在漢地。剛開始，我也懷疑個別人是不是在說妄語，但對他們加持、念經時，自己身心也有一些特別的反應。不過對附體的人來講，懺悔很重要，因為這比較容易消除與鬼神等之間的惡緣。若只是講道理，效果就不一定那麼明顯。

現在社會，有憂鬱症、自閉症、恐慌症等諸多心理疾病，包括修行人，也有個別有這樣的病。與身病相比，心病更加多，但到目前為止，心理醫院卻很少。不過除了宗教人士以外，即或是心理醫生和心理專家，也有各種各樣的心理疾病。所以，病人在就醫時，也經常感受他們發洩自己情緒的痛苦。

　　我認為，在心裡感受極大的恐慌和痛苦時，一定要了知，這是前世擾亂別人內心的果報，比如：讓他人痛苦，讓他人不開心等。《諸法集要經》亦云：「若人造眾惡，則受諸楚毒（指苦楚），不作則不受，無因亦無報。」而且，還要觀想代受一切眾生的苦厄，並猛厲懺悔。若平時多懺悔，身心的痛苦就會減輕、消除。實在說，心病比身病更加難治。若是身病，可以輸液、吃中藥等方式治療；而心病，若自己不肯服用佛法的甘露妙藥，即使找了很多醫生、專家、上師也無濟於事。所以一定要聞思修行。

　　有些修行人有吃有穿，樣樣具足，但不知是前世業力現前，還是今世修行太差，天天愁眉苦臉，經常無緣無故地哭，心裡特別痛苦。而在旁人看來，為了這樣的小事根本沒有必要傷心落淚。比如：看到前方有一塊石頭，就認為石頭在欺負自己，於是嗚嗚嗚地哭起來了。與他人說話，別人根本沒有得罪他，而他也開始傷心，甚至好幾天都處於特別憂愁的狀態。

修心利刃輪釋

雖然自己修行並不是特別好，但也看過很多好修行人，在十多二十年中，他們一直很自在，無論發生什麼事，都不會痛苦，臉上始終堆滿微笑和慈祥。作為修行人，就應該如此。無論是說話還是做事，都沒有必要讓身邊的人感到不安，甚至膽戰心驚。尤其是學習大乘佛法的人，對所有人皆應寬容、包容，始終要以慈悲心來擁抱世界。在出現痛苦時，要歸為前世業力，不應怨天尤人。而這一點，現在很多人都做得特別差。

自為嚴重飢渴逼，是欺盜奪行吝嗇，

惡業利刃輪自己，今自取受諸飢渴。

自己生活極其貧困，受到了非常嚴重的飢餓、乾渴的逼迫，此時要想：這是前世欺騙、偷盜、搶奪他人財產，經常吝嗇的惡業利刃輪到了自己頭上，現在我要取代、承受一切眾生的飢渴之苦。

可能大多豐衣足食的人，都感受不到身邊有很多窮苦人。其實，在這個世界上，飽受飢寒交迫，甚至被餓死、凍死的人，是非常多的。作為大乘佛教徒，在了解這樣的現狀後，心都會酸酸的。這段時間，我在資助貧困大學生方面，花了一定的時間和精力。個別學生在講自己家庭的貧困時，說著說著就哭起來了。我聽後，心裡特別難受，站起來講話，也很長時間說不出話來。

我去過很多貧困家庭，有些家中有病人，但沒有醫藥費；有些家庭孩子升學了，但交不起學費；有些家庭

連正常的生活都維持不下去。看到這些真實的情況後，我常想：我應該將所有聞思修行的事情全都放下來，去幫助這些窮苦之人，在有生之年當中，可能會改變一些人的命運。但有時又想：這只能解決他們生活上的痛苦，心理上的問題是解決不了的，還是回去講課吧！

　　大家都知道特雷莎修女，她從小就喜歡幫助貧窮的人，後來她將幫助棄兒、乞丐等窮人作為自己終生最重要的事業，很多人的命運都因此而改變。所以，在有能力時，見到身邊的貧窮和痛苦之人，還是應該伸出援助之手。

　　不過，若前世沒有修積福德，也是很難擺脫窮困的。比如，有些人永遠都沒有錢，即使來了一些錢，也馬上花完。前段時間，聽說一個病人十多二十天一口飯都沒有吃，但一直死不了。我想，這可能是他前世造了吝嗇的惡業導致的。

　　在《經律異相》裡面，有一則感受前世吝嗇惡業的公案：有兩父子，父親叫日難，兒子叫栴檀，都很吝嗇。父親死後，轉成一位盲婦的兒子，並瞎了雙眼。七歲時，他到前世兒子栴檀家乞討，不但沒有得到食物，還被打得頭破血流。當他痛苦地呼喚母親時，門神告訴他：這是你前世吝嗇的小報，大苦還在後面。此時，佛陀知曉度化他的因緣已經成熟，就前往解救。在摸頂後，他不但解除了傷痛，還能回憶宿世。之後，佛陀還

為他宣說了正法。

在了知佛教的道理後，我們就會知道：今生貧窮並不是社會、集體、家庭不公，而是前世的業力現前。因此，在即生有機會時，應盡量布施，不要吝嗇。更不能偷盜、欺騙、搶奪他人的財產，否則來世就會變成可憐的乞丐，就像現在這些乞丐一樣。

不由自主他使時，是嗔下者且奴役，

惡業利刃輪自己，今以身命事他利。

有些人已經不由自主地變成了別人的奴僕，這是因為前世造了嗔恚、奴役手下的惡業，而現在這種惡業利刃已經輪轉到了自己頭上。所以，沒有權力，經常受別人使喚的人，即生中應將自己的身體、生命，以及一切的一切，用來承事、利益他人，之後就會消盡惡業。

在社會中，有些當高官，有些當奴僕，這是前世的因緣造成的。佛經中說：前世為官不正，下世就會淪為僕人。在現實生活中，也有此類現象。一則新聞講：重慶有一位叫鄧麗賢的女主人，請了一位叫劉紅的保姆，主人對保姆特別刻薄，雖然每天要幹很多活，比如做飯、掃地、照顧孩子等，但每月只給100元錢，還要挨打受罵。後來劉紅不得不離開，通過八年拼搏，終於變成一位老闆。而女主人因為種種因緣，生活一貧如洗。

說來也巧，鄧麗賢與劉紅在勞務市場相遇，並願意做劉紅的保姆。當鄧麗賢得知現在的主人就是自己以前

第三課

虐待的保姆時，非常害怕受到報復，故對做保姆之事猶豫不決。而劉紅非常珍惜她們之間的因緣，對她就像親姐妹一樣，不但活幹得少，錢還給得多，每月500元，這是當時工資的兩倍。因為劉紅以德報怨，鄧麗賢特別感恩，也願意盡心盡力給她當保姆。

可見，在即生中，這樣的惡業利刃很有可能輪轉到自己頭上。因此，當生活中出現一些不愉快、無法接受的事情時，一定要想這是前世所造惡業的果報，並代受一切眾生的痛苦。而這就是所謂的，在修行中生活，在生活中修行。否則，若沒有修行，生活就很難熬，而沒有生活，修行也無從談起，所以兩者不可分離。

通過學習這部論典，我相信很多道友在生活中都能面對諸多逆境。以前，我們遇到這些境遇時，都有一種不理解的心態，要麼覺得不公，要麼覺得不平。而現在懂得前後世複雜的關係後，就會知道很多因緣並不是我們想像那樣。雖然表面看來，很多事都是「你」和「我」之間今生的事情，但背後卻隱藏著很多善惡因緣，這是我們根本看不到的，以此才變成了現在人生這樣一局戲。因此，很有必要懂得這樣的道理。

修心利刃輪釋

下面繼續講《修心利刃輪》的論義部分，其中別說如何修心分略說和廣說，現在正在講廣說中的根除自私珍愛執我，即斷除珍愛自我的自私心和執我的我執。其中講到，我們在生活中所感受的一切痛苦遭遇，都與前世有密切的關係。當然，並不是說一切皆前世因緣註定，因為與即生的因和緣也有關係。若完全是前世所造業在支配，即生就無法改變，唯有順其自然，但這並不符合事實。因此，很有必要懂得這樣的修心方法。

　　在懂得本論所講的道理後，若能經常念誦、修持，修行就能迅速增上。因為，很多佛教徒對佛教的教義都不了解，即使了解一些，在實際行動中也沒有按照所講那樣去行持，完全是以自己的分別念在操作，這是很悲哀的！

　　我認為，不管是利根者還是鈍根者，抑或久學或者初學，《修心利刃輪》比什麼法都重要！為什麼這麼講呢？因為，很多終生修學顯宗、密宗的前輩大德，都特別重視此法。對業力深重的我們來講，若不重視此法，恐怕再難找到能調整自心的更甚深妙法了。不想成佛就另當別論，若想獲得生生世世斷除輪迴根本的大成就，此修心法門則不可缺少。這一點，在座有智慧的人一定要有清晰的認識。

前兩天講過，對法師講法，輔導員輔導，大家皆應重視。在聽課時，也應將自己的理解與他人的傳講兩相對照，以求更廣更深地理解法義。而且，在一小時左右的聞法時間當中，所有智慧皆應融入法義。若實在沒辦法做到這一點，也應專注一半的時間，至少也要在六分之一的時間當中專注。在重點、難點、疑點之處，還應做好筆記。

　　一般來講，在聞思的時候，筆記直接用筆記在法本上即可。雖然有些說這種行為不恭敬，但我認為只要心裡沒有不恭敬的心，也沒有什麼不可以的。因為，在麥彭仁波切、無垢光尊者等前輩大德留下來的經論上，都寫有很多注解。在麥彭仁波切的全集中，有些著作就是根據他的弟子協慶嘉察和堪布根華聽課的記錄（也是此種方式）所作的整理。至於所記內容，教證、教言等都是可以的。

　　在藏地講課，有時我很失望。因為，雖然我講了很多，但下面的人根本沒有做記錄，當然表面看來還是聽得很認真。但沒有記錄，很快就會遺忘。所以我希望，不管是聽任何一位法師講課，都要養成記錄的習慣，因為好記性不如爛筆頭。當然，若記性比錄音機、MP3等還要好，不記也可以。有些不但不做記錄，連書都不看，一直打坐。若是利根者，內心中所有法本都存在，再加上外來的信息全能融入自己的智慧，收穫就不言而

喻。除此之外，若是中根者和鈍根者，最好還是做記錄，這是我們尊重生命和時間的一種表現。

下面講正文：

若聞一切刺耳詞，是兩舌等語之罪，

惡業利刃輪自己，今當擯棄語過失。

《修心利刃輪》的頌詞，從不同角度宣講了我們即生中出現的種種狀況，也闡述了其產生的具體原因和應對的方法。當我們真正遇到這樣的境遇時，若能如法修行，從中就能獲得解脫。

在生活中，他人經常會以刺耳的語言，誹謗、侮辱、輕毀自己。此時，若修行比較好，就有面對的能力，即或心裡很不舒服，顯現上也不會馬上與之爭鬥。但若修行不太好，當眾就會以牙還牙。而沒有修行的人，則會以石頭、棍棒等來攻擊對方。無論是出家人還是在家人，這樣的事情都有可能發生，所以皆應提高自己的修養。

第四課

此頌講，當我們聽到刺耳的語言時，一定要想：是自己前世當面或背後講了很多兩舌、妄語、綺語、惡口等語言的罪業成熟，現在這種惡業利刃已經輪轉到了自己頭上，所以必定會感受他人對自己的誹謗、輕毀等。從現在開始，我務必注意自己的語言，一定要擯棄語言方面的所有過失。

至於語言的過患，麥彭仁波切在《君主法規論》中

說⑮：若沒有詳細觀察，語言會產生諸多過患。佛陀在《大方便佛報恩經》中亦云：「一切眾生，禍從口出。口舌者，鑿身之斧，滅身之禍。」意謂：眾生遭受災禍，很多是語言方面的罪過導致的。所謂口舌，就是鑿身的斧子，滅身的禍星。

在現實生活中，很多人以自己的語言給別人帶來了非常大的危害，比如通過網絡等傳媒故意損害他人。尤其是在大城市裡面，以語言侮辱、誹謗他人的現象非常嚴重。當然，對受侮辱者來講，承受前世的果報也是應該的。但若誰故意陷害他人，即使即生自己不被發現，來世也會墮入三惡道中。

《發覺淨心經》中有一則公案：當時，有六十位比丘每天都處於散亂、戲論等世間法中，善法方面的境界一直減退。後來，他們在彌勒菩薩的帶領下去見佛陀，佛陀告訴他們：在拘留孫佛的教法住世期間，你們都是出家人，但因嫉妒對兩位法師誹謗，致使信眾和施主產生邪見，而中斷了他們的善根。以此果報，你們於千百萬年當中，在阿鼻地獄、復活地獄、黑繩地獄等地獄中受苦；後來獲得人身，也於五百世中變為盲人；在今生之後，還會在五百年中感受痛苦的果報；在下一個五百年，業障才會消盡，而往生極樂世界。

---

⑮《君主法規論》：「挑撥離間諸話語，尚不應聞何況言？假設理應聽聞語，亦當觀察至確實。粗語若多諸眷離，妄言毀壞自他眾，綺語招致事衰損，是故應當斷彼等。」

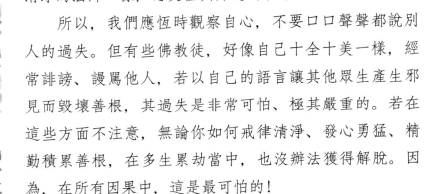

在漢文中，《發覺淨心經》與《大寶積經.發勝志樂會》，也即《彌勒菩薩所問經》是同本異譯。以前，上師如意寶宣講此經時，也一再提醒大家不要誹謗他人，特別是戒律清淨的法師，否則會像他們誹謗這兩位戒律清淨的法師一樣，感受極其難忍的苦果。

所以，我們應恆時觀察自心，不要口口聲聲都說別人的過失。但有些佛教徒，好像自己十全十美一樣，經常誹謗、謾罵他人，若以自己的語言讓其他眾生產生邪見而毀壞善根，其過失是非常可怕、極其嚴重的。若在這些方面不注意，無論你如何戒律清淨、發心勇猛、精勤積累善根，在多生累劫當中，也沒辦法獲得解脫。因為，在所有因果中，這是最可怕的！

因此希望大家，在以後的人生當中，能善加保護自己的語言。不要在課堂上講了以後，只能管用兩三天或兩三個月，惡劣的習氣又開始現行。當然，若語言是真實的，也沒有罪過。但即或所講為事實，也要觀察環境是否適合。千萬不要在沒有任何意義的情況下，以語言造各種惡業。在即生中，若我們感受他人誹謗，也要想是前世的業力現前，並代受一切眾生的此類痛苦。

第四課

若生不淨外境中，是恆常習不淨相，

惡業利刃輪自己，今當唯修清淨觀。

如果我們生活在不清淨的外境當中，比如骯髒、乾旱、飢荒、貧窮、戰爭等國家、地區、城市，自己也沒

有必要怨天尤人，應該想：這是我在前世中，很長時間觀不清淨相的惡業利刃落到了自己頭上，從今天開始，我應當唯修清淨觀。

本來密宗和顯宗最了義的觀點都講，所有器情世界皆為本尊、清淨剎土和無量殿的本性，但我們從來沒有好好觀過，除了自己之外，所有人皆是壞人、破戒者、邪見者等惡劣之輩，對所遭遇的各種環境也深懷不滿。若是這樣的狀態，雖然現在還沒有轉生到這些惡劣地方，下一輩子也會轉生。

在四種果報中，有一種叫增上果，就是講惡業所感環境不悅意。比如在我們佛學院，或其他城市和地方，有些人非要將自己的房子修在垃圾堆、廁所等不乾淨的地方，甚至無論搬到哪裡，都會出現這樣的情況，這就是前世觀不清淨的果報現前，或殺生、偷盜等惡業在外境中顯現。因此，在即生中，一切皆應觀清淨心。

若有密宗的清淨見，如《大幻化網講義》所講那樣，一切顯現皆與天尊和清淨剎土的本性無二無別，那就應該這樣觀清淨心。即或沒有這麼高的見解，對所處的環境也沒有必要不滿，更不要認為所有人都不好。如果我們的心清淨，國土就會清淨。當然，「心淨國土淨」有很多層次，有多種理解。以前，我在香港中文大學作過「心淨國土淨」的演講，大家可以參閱。

《維摩詰所說經》中云：「若菩薩欲得淨土，當淨

其心，隨其心淨，則佛土淨。」意思是說，只要心清淨，外境自然而然就會清淨。這個道理，是貫通於過去、未來、現在三世的。因此，不管處於任何環境，都要觀清淨心。比如，當你看見一個在家人或出家人的行為不如法時，就要觀想是諸佛菩薩的化現，至少他具有如來藏，不能誹謗、謾罵、指責。若不觀清淨心，或心不清淨，即或諸佛菩薩顯現在你面前，也會找到許多過失，就像有些外道將佛陀視為具有九種醜相的補特伽羅一樣。其實，見不到佛陀的相好莊嚴，唯是自己的業障。

不過，人的業力確實不相同。拿在座的人來講，雖然大家都在聽聞此法，但渴求心、歡喜心、信心、悲心、智慧、知足等功德，和懷疑、傲慢、吝嗇、嫉妒、諂誑、貪心、嗔心等過失，在每個人的相續中都不一樣。當然，這與前世積累二資和即生的修行有很大關係。

我認為，不管是誰，只要認真修行此法，都能獲得成就。為什麼月稱論師、麥彭仁波切、宗喀巴大師等能獲得成就，而我們不能呢？並不是因為他們所修法不同，而是他們能在長時間當中，以強烈的意樂進行修持。若我們具備渴飲甘露的心態，依靠此法，在短時間中就能獲得成就。若沒有清淨心，反而產生各種邪分別念，依靠它則會墮入惡趣。

因此，若想如孔雀般的菩薩勇士，將如毒一樣的煩惱變為己之莊嚴，在面對煩躁、不清淨的環境和心情時，就應觀想：這是自己前世沒有好好觀清淨心的原因，從現在開始，我要改變自己的觀念和看法。為什麼要這樣做呢？因為，若老是戴著墨鏡，就看不見外境的真相；同樣，若心被煩惱所染，永遠也不可能了知諸法的實相。所以，務必發願重新做人、遷善改過。

別離饒益摯友時，是自招引他眷屬，

惡業利刃輪自己，今莫分離他眷屬。

如果曾經饒益過自己的誠摯朋友，以及良師、恩親等恩重如山、情深似海的人，紛紛離開、拋棄自己（當然，這裡並沒有講一切萬法的離別本性），此時應想：此乃自己前世以挑撥離間等手段，招引他人的眷屬，使之歸為己有，這樣的惡業利刃已經落到了自己頭上，這是不得不承受的；從現在開始，無論如何我再也不能以離間語等方式，分離、占有他人的眷屬。

所以我常常發願，在生生世世弘揚佛法的過程中，都盡心盡力地幫助他人，不跟任何人有爭執、分歧。從創辦學會開始，我就堅持這樣的原則：不管是哪位上師的弟子，或任何一位佛教徒，如果他自願在學會聞思修行，我們都同樣管理。而且，不以任何方式搶別人的弟子，或拉攏信徒。因為在國內外，學會的人比較多，管理起來非常困難，我們也在想辦法分散。不過，也不希

望其他人在學會中有很多私人的宣傳，互相拉來拉去。

在管理的過程中，可能有些管理人員管得比較嚴，要求不准見其他上師。但管理制度並沒這麼要求，因為這是自己的自由，只不過在管理會沒有同意之前，誰也沒有權力隨便組織，就像任何一個寺院都要服從寺院最高層領導一樣。我覺得，這種管理方式應該是合理的。

另外，發心人員也要有包容心，只要對學會的正常聞思修行沒有影響，也沒有搞非法活動，就不要管得太嚴，更不能剝奪別人的自由，因為學會只管修學是否達到標準。若修學沒有達到標準，不遵守學會的規章制度，採取一些措施也是應該的，而且我們也不希望有很多名相上的學員。

聽說現在有些道場以各種方式拉攏人，這是很不好的。為什麼現在很多上師，弟子經常棄之而去，自己也特別痛苦、傷心呢？這是前世招引他人眷屬的果報。不要說一般的上師，釋迦牟尼佛也有過這樣的示現。《百業經》中講，有一次釋迦牟尼佛在飢荒時閉關三個月，提婆達多趁機挑撥離間，說：「釋迦牟尼佛在圓滿安樂之時很關心你們，現在大難臨頭他卻捨棄你們，獨自閉關。不過我可以照顧無衣無食的比丘。」當時有五百比丘聽信了提婆達多的花言巧語，便隨他而去。後來弟子們詢問原因，佛陀說：以前，我是一位仙人，有五百眷屬，當時提婆達多也是一位仙人，也有五百眷屬，我以

離間法將他的弟子全部歸為己有，以此前因遂感現在的果報。

所以，若出現自己的弟子跑到別的道場去了，也不要特別傷心，因為釋迦牟尼佛也這樣示現過，再者有些弟子跑不了多遠又會回來。現在世間人，自己喜歡的人始終抓不住，經常被別人搶走、撬走，見到人就特別傷心地哭訴：我最好的人已經被別人以魔術拐走了。其實，這是自己前世有能力時搶走別人的眷屬和親友，即生此惡業利刃已經輪轉到了自己頭上，以後應引以為戒，否則在輪迴中還會感受此類痛苦。因此，在出現這樣的事情時，一定要如法而行。在生活中，若做任何一件事情都有因果觀念，將來的前途就很光明。

　　若諸聖賢不喜自，是捨聖賢依劣眷，

　　惡業利刃輪自己，今當棄離諸惡友。

如果自己無論如何努力，都沒辦法讓善知識等聖賢和有德之士歡喜，或自己特別想親近的善知識、上師、老師等好人，對自己始終不理不睬，一直看不慣，此時也不要特別失望，甚至產生邪見，比如：你對某某人這樣好，為什麼對我這麼不好啊？這太不公平了！其實，這是自己前世說離間語的果報。《正法念處經》中云：「何人兩舌說，善人所不讚，生處常凡鄙，在於惡處生。」意謂：誰說離間語，善知識等善人是不會歡喜、讚歎的，自己會出生、生長在特別貧窮、鄙賤的惡劣之

71

地。本頌講，這是自己在修學過程中，捨棄上師等賢德，依止惡劣眷屬的惡業利刃已經輪轉到了自己頭上。因此，在即生中，一定要棄離惡友，依止善知識。

若經常親近惡友，自己的前途只有黑暗和痛苦，沒有光明和快樂。《大寶積經》云：「遠離善知識，常親近惡友，隨彼教誨轉，數墮諸惡處。」意謂：如果遠離善知識，經常親近惡友，隨著惡友的教誨而轉，那不僅這一輩子，乃至生生世世都會墮入惡趣。但有些人特別喜歡依止惡友，真正戒律清淨、聞思修行、行為賢善、品德高尚的人卻不依止，這是很不好的，因為這些狐朋狗友的語言和行為，根本沒有任何可取之處。若和他們經常在一起，就像物以類聚、人以群分一樣，自己也不可能有什麼修證，或獲得其他真實利益。

《正法念處經》中云：「常近於善人，則得善名稱，若近不善人，令人速輕賤。」意謂：若我們經常親近善人，則會得到善的名稱，若親近不善的人或惡友，很快就會受到別人譴責、輕毀。在現實生活中，經常會有這樣的情況，若自己依止有知識、有修養的法師等，自然而然會得到他人讚歎，自己的行為也會轉向良善；若親近社會上各種不三不四的人，就會受到他人指責，自己的行為也會很快變壞。因此，在修行過程中，應經常發願遠離惡友，親近善知識。

《法句譬喻經》中講：在一個海島上，有五百女

第四課

人，她們信奉外道，不知有佛。因厭患女身、害怕死亡，皆共同以香花供養梵天，想求取所欲之果。釋迦牟尼佛知道度化她們的因緣已經成熟，就出現在她們面前。當她們了知是佛陀後，就以香花供養，並發願往生梵天。佛陀教誡她們，發願獲取有漏快樂沒有意義，應發願從輪迴中獲得解脫。她們聽從佛的教誨發願出家，思惟寂滅的道理而證得阿羅漢果。阿難問佛：她們往昔種下了什麼功德，能感得佛前往度化，並在聽聞說法後出家得道？佛陀說：這並非偶然，她們往昔曾在迦葉佛前發願，生生世世遠離惡友，依止善知識，並願在我的教法下出家學道，所以才有今天的果報。

　　道友當中也有這樣的情況，有些人處處都是順緣，所接觸的上師全部是真實的，所依止的道友的見解和行為也沒有問題，而且不僅是在一個地方，到任何地方都沒走過彎路。而有些人處處碰壁，經常入於邪道。前段時間，有一個人對我說：「哎喲，我的命運很不好啊！我已經學佛二十年了，到現在還沒有遇到善知識。」其實，這與前世發願有關。如果在即生中，還要繼續依止惡友，遠離善知識，我相信將來的生世也會是痛苦的。所以我們應該發願，生生世世遠離惡友，依止善知識。

　　遭受增損他責時，是自誹謗眾聖賢，

　　惡業利刃輪自己，今莫增損詆毀他。

　　即生中遭受他人以增損（增是增益，即自己根本沒有任何過

73

失，他人卻添枝加葉地說，你有如何如何的過失；損是損減，即自己本來有一些功德，卻遭到他人抹殺）的方式責備，比如在發心和修行過程中，本來自己做了特別多的好事，但誰也看不到，而壞事基本上沒做，他人卻傳得已經不像一個人了。其實，這並非無緣無故，乃自己往昔誹謗高僧大德、善知識、說法師、上師等聖賢的惡業利刃已經輪轉到了自己頭上。現在我們已經懂得這個道理，在即生中，對任何人都不要故意增損、詆毀。

其實，語言的刻畫能力是很強的，對任何一個人，皆可憑自己的想像力刻畫，特別是那些熟練駕馭語言者。就像畫畫時，善畫的人在眼睛、鼻子、嘴巴等處稍動手腳，寂靜、忿怒，忠誠、奸詐等相便可展現出來。我讀小學時，正在批鬥王張江姚四人幫，因為要醜化他們，所以所畫像嘴也是歪的，鼻子也是斜的，眼睛也充滿罪惡，而這只需要稍微撬一下筆尖即可。同樣，以語言刻畫人時，若與這個人關係比較好，即使他犯了很大的錯誤，也可以巧妙的語言來掩蓋，讓人覺察不到有多嚴重；若與人關係不好，本來別人的事情很小，也可通過「放大鏡」將之擴大，讓人感覺到特別嚴重。

但故意增損，罪過是非常嚴重的！《雜寶藏經》當中有這樣一則公案：有兩兄弟，哥哥獲得阿羅漢果，弟弟精通三藏。後來弟弟成為宰相的上師，宰相給了他很多錢財，讓他修建一座寺院。寺院修完後，他想起了自

第四課

己的哥哥，覺得應該請他來住。跟宰相商量後，宰相非常高興，便派人殷勤相請。阿羅漢到寺院後，宰相見其行為非常寂靜，生起了極大的信心，同時倍加供養。

不久宰相供養了他一匹價值昂貴的布料，但他對財物沒有貪執，就給了需用錢財的弟弟。後來宰相供養了弟弟一匹下品布料，弟弟兩相比較，很不高興，生起了極大的嗔恚心。不久宰相又供養哥哥一匹上等布料，哥哥又給了弟弟，弟弟遂生起無法堪忍的嫉妒心。他找宰相的女兒商量，說：你應在你父親面前，以這匹上等布料做衣服。若你父親問，就說是阿羅漢比丘所給。剛開始她不答應，但在他的威脅下，就照著去做。宰相見後，極不高興，心想：我認為你很清淨，結果你卻以我所供養的物品來誆惑我的女兒。後來阿羅漢以神通力，澄清了自己的清白。但他們倆（指三藏法師和宰相的女兒）卻因此次毀謗，感受了極其難忍的苦果。這位三藏法師（釋迦牟尼佛前世）直至成佛，還因此業力而遭受女人以盆覆體來誹謗他破戒。

不過，遭受誹謗還是很可怕的！我們學院是一個非常清淨的出家僧團，不管是堪布、活佛等上師，還是其他戒律清淨的出家人，希望大家在沒有任何理由時，不要故意誹謗。否則，下一世一定會墮入三惡道，沒有任何其他選擇。比如「約會」二字，雖然常用於世間男女，但若用在兩位正在交談的男女僧人上，而故意誹謗，在眾多生世中

也不可能獲得解脫，因為其罪業很難清淨。

《前行》裡面講：「不僅如此，而且總是對別人心懷惡念之輩，非但不能損害他人，自己反而會積累嚴重的罪業。從前有兩位著名的格西互相敵對，其中的一位格西聽說另一位有了女人，於是對侍者說：『煮上好茶，我聽到一個好消息。』侍者煮好茶後端給他問：『您聽到了什麼好消息？』他說：『我們的那個對手某某有了女人，破戒了。』當根邦扎嘉聽到這件事，板著臉說：『真不知他們二人到底誰的罪過嚴重？』」對真正的高僧大德，或戒律清淨的出家人，如若用戒律來誹謗，罪過則更加嚴重。因此，大家一定要對自己的語言負責任。如若不注意，雖然現在住在僧團或居士團體當中，下一世一定會墮入惡趣。

因為是講修心法門，對此問題的嚴重性，我不得不講清楚，以讓自他一切眾生皆引起重視。當然，在法師、管家等批評自己，或善意指出過失時，也沒有必要不接受，甚至反唇相譏，說別人在誹謗自己。但若無中生有，故意誹謗、陷害，特別是在學院當中，我希望單堅護法神、紫瑪護法神、密主護法神，能對他們的今生來世予以嚴厲懲罰。因為，以前就有戒律清淨的上師和出家人，遭受他人誣陷而不得不離開，甚至管家也沒辦法阻攔。這樣的話，對弘揚佛法、利益眾生就非常不利。因此，大家一定要懂得真理，並管住自己的口！

第五課

　　現在我們正在學習，《修心利刃輪》當中的，以溫和的方式教誡斷除我執。其中反覆講到，即生所感受的種種不幸和痛苦，皆來自於前世的業力。對世間人來講，這個道理特別需要懂得。所以我非常希望，這次聽的人能多一點！但事與願違，聽的人並不多。講密法時，很多人都聽不懂，但往往聽的人特別多。因此，以後有些方式也需要改變。

　　唐捐必需用品時，是蔑他人之所需，

　　惡業利刃輪自己，今當成辦他之需。

　　在生活中，自己經常唐捐所需要的用品，比如錢、車、筆、地基、院子、房屋、法本、作業本、錄音機等，不知不覺就變壞、浪費、丟失，或被他人偷走、搶走等，始終不能用上。因為一夜之間就變成了窮光蛋，最喜歡的東西已經丟失，必需用品突然損壞，私有財產被他人侵占、破壞……此時會特別痛苦、傷心，甚至大哭等。其實不應該這樣，因為這是自己往昔搶奪、霸占、毀壞、侵害、輕毀、騙取他人的財富等必需品的惡業利刃已經輪轉到了自己頭上。

　　因此，當諸如此類不樂意事發生時，一定要想是自己的惡業現前。因為，因緣或緣起規律非常奇妙，以前傷害過他人，此惡業利刃遲早會旋轉到自己頭上。在即

修心利刃輪釋

生中，自己也應當成辦他人的所需，不管自己有多大能力，都應盡量幫助他人。

對學習佛法的人來講，幫助他人很重要，特別是大乘佛教徒，不僅要幫助人類，還應幫助所有眾生。以前，我在聞思的過程中，始終覺得自己背誦、辯論最重要，別人再怎麼窮苦，也置若罔聞。但現在看來，這是聞思過程中的最大錯誤。若那時就幫助他人，到現在已經幫助了不少的人，而自己的聞思也不會受到特別大的影響。在接觸社會後，這種感覺異常強烈。所以，應如《入行論》所云：「直接或間接，所行唯利他，為利諸有情，迴向大菩提。」

第五課

若能如此行持，即生自己的所需很快就會圓滿。《雜寶藏經》有一則公案：往昔有夫婦二人非常貧窮。有一次，丈夫看到很多長者都去寺院供養僧眾，心裡特別羨慕。回到家後，他哭著對妻子說：我前世沒有修福，感得今生貧窮；如果今生再不修福，後世會更加貧窮。而那些長者，前世修福，今生富貴；今世修福，來世會更加富貴。妻子說：光哭也沒有用，你把我賣了，所得的錢就可以供養僧眾。丈夫哭得更加厲害，說：沒有你，我怎麼能活得下去？妻子很有智慧，說：不如我們一起賣給他人做傭人，這樣既不分開，還可供養僧眾。後來他們一起到一富貴人家賣身，主人說：錢先給你們，若七天之內還不上，就當奴婢。

得到錢後，他們日夜不停地做準備。到第六天，國王也準備第二日供僧，但僧眾沒有同意，說已答應窮人。國王很不高興，三次派人前往商量，他們夫婦都不應允。國王感到奇怪，便親自前往。他們告訴國王：明天一過，我們就沒有自由了，因為為了修福，已經賣身於人，明日是最後的期限，故只好冒死相爭。國王被他們深深感動，不但隨喜他們的行為，還將自己和夫人所穿的衣服和瓔珞贈給他們，同時還封贈給他們十個村落。從此，他們就變成了有權有財的人。

所以，若我們的心真的很善，在即生中也能感得很多果報。在大學演講時我也講過，李嘉誠以一個小小的行為，就奠定了他成功的基礎。因此，在即生中，大家皆應以利他心盡量幫助他人。

心不明了不喜時，是於他眾積累罪，

惡業利刃輪自己，今當斷除他罪緣。

在修行或日常生活中，心不明了，智慧不明清，經常處於糊裡糊塗的狀態，或像患抑鬱症等心理疾病的患者一樣，經常產生憂愁之感，心不喜悅，比如時常無緣無故不高興，或今天笑逐顏開，明天愁眉苦臉，讓人感到莫名其妙。這是什麼原因呢？也許在即生中找不到原因，因為誰也沒有得罪過他，更沒有人打罵他，或搶奪他的財富等，而且他的生活資具樣樣俱全、應有盡有。當然，有些在即生中也找得到原因，比如夫妻像仇人一

樣，經常吵架、打架等。實際上，這是自己前世對他人生嗔恨心，毀壞他人事業等傷害他人的惡業利刃已經輪轉到了自己頭上。

所以，當我們心不快樂，經常處於愚癡狀態，比如：睡眠很重，迷迷糊糊（既不是睡著，也不是清醒），黑白顛倒（白天昏昏大睡，晚上興奮不已；或該睡時睡不著，該清醒時清醒不了）等，此時一定要想：這是自己前世依靠他人造了很多惡業的原因導致的，從現在開始，我應當勵力斷除依靠他眾而產生的一切罪緣，比如貪心、嗔心、癡心等。

其實，斷除這些罪業的緣，修行人尤其是出家人的因緣最好。但現在很多人都不清楚，認為出家是逃避，當然也有人認為是崇高的追求。《雜阿含經》裡面講：有一位叫聞陀的婆羅門問阿難尊者：你出家的目的是什麼？阿難回答得很好，他說：我出家的目的是為了斷惡生善。（所以，並不是為了生活過得快樂，怕梳理頭髮麻煩等而出家。）婆羅門又問：斷何等惡？阿難尊者回答：斷貪嗔癡。婆羅門問：為什麼要斷貪嗔癡呢？阿難尊者說：不管是貪財、貪人，還是貪著其他事物，都會對自己和他人帶來痛苦。而產生嗔恨心，不但毀壞自己的一切善根，還傷害他人。（大家都清楚，社會不安定的因就是嗔恨心。若人與人、家與家、國與國之間沒有嗔恨心，特別是所有國家領導都獲得阿羅漢果位，就不會天天在新聞中互相說壞話，世界也就和平了。而有了嗔恨心，特別是國家領導有嗔恨心，就會不斷爆發戰爭。）而癡心，就是對人和事物的

真相不明白、不明了，這是一切罪業之源。因此要斷除三毒。

所以大家，尤其是出家人，一定要明白出家的責任。實際上，一位合格的出家人，就是一位高尚的教育工作者。因為出家的職業要求，出家人必須利益眾生，即幫助人類為主的眾生斷除三毒。若所有人都沒有貪嗔癡，人類就真正實現了幸福、快樂的夢想。但有人經常問：如果出家人越來越多，那誰來供養呢？其實根本不用擔心，因為從事教育的人雖然有很多，也沒有直接從事生產等，但並沒有人餓死。

言歸正傳，即生出現心不明了、心不歡喜，要想是前世造了很多惡業，並勵力懺悔，代受一切眾生的痛苦。但有些道友在心痛苦、不快樂、睡不著等時，內心往往發出絕望的呼喊：這怎麼辦哪！其實，若是前世業力所致，醫藥是不可能治療的。國際衛生組織通過各方面調查得出結論，世間上大多數病都沒辦法用醫藥來治。所以很多醫生口口聲聲都說：這是業力病，沒有辦法醫。但不知是醫術不好，還是真正業力現前。

不能成事心亂時，是於勝事造違緣，

惡業利刃輪自己，今當斷除諸阻礙。

本來自己想成辦一件偉大的事業，但後來沒有成辦，未能如願以償，以致心煩意亂。表面看來，這是即生中人或非人對自己製造違緣導致的。其實，這是自己

的業風直接融入人或非人的心，他們才對自己的事業製造違緣，很多前輩大德都這樣講。比如，我今天要做一件重大的事情，但有一個人站出來對我製造違緣，致使不成功。其實，這是自己前世所造惡業的業風把這個人給吹來了，或自己的業風入於這個人的心，所以他給自己帶來違緣。但主因並不是這個人，而是自己前世的業。

那是什麼業呢？是自己對他人做非常殊勝和盛大的佛事，比如弘法利生的事業，造佛塔、佛像等製造違緣，這樣的惡業利刃已經輪轉到了自己頭上。因此不能怨天尤人，從今天開始，要斷除對他人行善製造違緣或做阻礙。

在這些方面，大家一定要注意。在他人弘法利生時，若我們能幫助就盡量幫助，若不能幫助，也應該對自己的語言和行為善加觀察，千萬不要對他人製造違緣。但有人經常阻止他人行持善法，比如：有一位乞丐正在乞討，有人想給他一毛錢，但有人說：到底是真乞丐還是假乞丐，誰知道啊！有些乞丐特別富裕，比如某某乞丐在銀行裡就存有幾百萬。要小心，不要上當受騙！他人聽了，就沒有給。當然，自己不想給也無可厚非，但也沒有必要阻止他人行善。

紀曉嵐描述過這樣一個人：在清朝時，有一位秀才很有智慧，但他有一個毛病，經常對好人好事挑剔。有

第五課

一次，一位老師死了，學生們紛紛捐錢操辦後事，事事辦得周全妥貼。但他說：世間哪有這樣好心的人，分明是沽名釣譽，將來好攀附鑽營。

有一位貧民，其母病餓交加，死於路旁。他跪在母親的遺體旁，向路人乞錢買棺，以安葬母親。他面容憔悴，形體枯槁，聲音酸楚悲哀。很多人為之淚下，紛紛施捨。但這位秀才卻說：這人是借死屍發洋財！那躺在地上的，是不是他母親還不知道！什麼大孝子？騙得了別人，可騙不了我！

有一次，他路經一座表彰節婦的牌坊，看了一陣碑文後，嘲笑說：她家裡奴僕眾多，誰知道她到底是不是真正的節婦。因為尖酸刻薄，他一輩子一無所成，最後窮困潦倒而死。

因此我希望，無論是出家人還是在家人，都不要看別人的過失。但有些人往往吹毛求疵，在雞蛋裡挑骨頭，看別人過失方面表現得很有才華，而在認識自己過失方面卻特別低能，甚至經常掩蓋、不承認，這就是所謂的業力現前。在生活中，我們經常發現這種人，好的方面，讓他講考《入行論》的一個偈頌，一分鐘就解釋完了，而講別人的過失，卻天南海北、滔滔不絕地講個不停。以前讀書時，有些學生也是這樣，一講壞事就興致勃勃，一講好事卻一聲不吭。

作為修行人，尤其是大乘佛教徒，應像《佛子行》

中所說的一樣⑯，不說他人過失，因為這會毀壞自己的功德，也毀壞菩薩律儀。而恆觀清淨心，對自他的事業和善行都不會有障礙。學院有個別高僧大德，聽到他人行持善法就深深地隨喜，聽到他人說過失，就不往下聽，也不往下說。而有些人雖然不喜歡說過失，但卻特別喜歡聽，這也不是很好。

現在網絡上有一群人，對他人做好事一概否認，比如聽到哪裡做慈善，就說：這是假的，他們想通過慈善發財；聽到哪裡講經說法，就說：他們講得如何如何不好，等等；聽到哪裡造佛塔，就引用佛經說造塔沒有功德等……但他們的追隨者還特別多，這就是眾生的可憐！以此惡業，在眾多生世中，都將感受痛苦的果報。

因此，希望大家不要成為這樣的人，不如話少一點的好。有些人語言特別少，除了點點頭以外什麼都不說，看起來就像啞巴一樣，很讓人討厭，但實際上他們卻減少了很多語言的罪業。以前上師如意寶講《百業經》時，大多數人都發願，以後在說話方面要注意。但時間久了，惡習就會復發，所以要高度警惕！

現在有些居士，雖然學習了《入行論》、《大圓滿前行》等論典，但在相續調柔方面，卻讓我很失望。為什麼這麼講呢？因為雖然他們口口聲聲都說，自己已經

---

⑯《佛子行》：「以惑談他菩薩過，則將毀壞自功德，故於大乘諸士夫，不說過失佛子行。」

系統學習佛法五六年了，但其語言、行為、心態卻讓我很不滿意。有時我也安慰自己，一個人的行為不如法，並不代表所有人都不如法；有時則生起厭離心：依此類推，大多數人都僅此而已，只是徒有名相，不一定有很大的幫助。

如何亦令師不喜，是於妙法有表裡，

惡業利刃輪自己，今當於法表裡一。

有些人不管怎麼做，所作所為始終令老師、上師、善知識、高僧大德不歡喜，即或偶爾滿意，長期也不認可。此時有人心中很不高興、很不平衡：別人並沒有做什麼善事，也沒有以三喜供養，為什麼對他這麼好，而對我這麼差？其實，在這個時候應該想：這是自己前世對依止上師、修行妙法表裡不一的原因導致的，即世人常說的當面一套、背後一套。比如：當著上師、高僧大德的面，就說奉承話：您老人家是諸佛菩薩的真正化現，只要見聞憶觸都會得到解脫，我們好有福氣啊！而在背後，不但沒有信心，反而說過失，甚至誹謗。現在這樣的惡業利刃已經輪轉到了自己頭上，從今天開始乃至生生世世當中，我再也不能這樣做，應這樣提醒自己。

在依止上師的過程中，若長期讓上師不歡喜，對自己的解脫就會有很大的障礙，所以要盡力讓上師生起歡

修心利刃輪釋

喜心。若上師身口意的加持融入自心，這就是一切所得當中最殊勝的獲得。以前上師如意寶曾經講過，他老人家雖然沒有見過無垢光尊者和麥彭仁波切，但通過祈禱，他們的意傳加持確實已經融入自己的心，所以今天攝受弟子才有不共的能力。因此，對很多人來講，讓上師生起歡喜心，進而獲得上師的加持，是非常有必要的！

但現在很多修行人言行都不一致，以此必將感受痛苦。《諸法集要經》裡面講：「愚人空妄說，而不能修作，彼言行相違，當受無量苦。」意謂：愚人經常空口說妄語，而不能好好地行持，彼言行相違的緣故，當感受無量痛苦。因此，做人不能表裡不一，不要表面很甜、很美，背後卻又苦、又澀，而應表裡如一。有些人當面很粗暴，或說話聽起來很不舒服，背後卻從來不說壞話，句句都很負責任，這樣的人就很可靠。

若在即生中，始終無法讓上師歡喜，則應痛改前非，否則業力還會延續到來世。佛經講：提婆達多表面上對佛陀非常恭敬，背後卻經常惡口罵佛、惡心向佛。很多比丘問佛陀：為什麼提婆達多在您面前這麼調順，而背後卻在僧團裡挑撥離間，說您的壞話呢？佛陀說：不僅今世如此，在過去世他就諂誑成性，比如提婆達多變成鶖雀，我變成白鵝時，我就以偈（「舉腳而徐步，音聲極柔軟，欺誑於世間，誰不知諂誑。」意謂：雖然你在水池中，舉腳下步很緩

慢，聲音特別柔軟，但這是以諂詭的手段在欺誑大家，這是誰都知道的。）揭露過他的過失。所以，若現在不下定決心改正過失，後世將受苦無窮。

道友當中，有些人我還是比較喜歡。因為他的語言直截了當，當面直接說出自己的觀點，雖然當時聽起來有點難以接受，但除此之外，背後再不會有什麼。總之，大家不要做表裡不一的人，否則生生世世都會讓上師不歡喜，道友不歡喜，所修法也不成功。

眾人群齊反駁時，是輕有慚及有愧，

惡業利刃輪自己，今當警惕不防護。

在生活中，眾人全部變成了自己的怨敵，或對自己不滿，所有人一起反駁自己，說自己壞話，或說自己不對，甚至在自己沒有任何錯誤時，他人也會如此。這是自己前世對世間有慚有愧的人不在乎，沒有把慚愧當作功德，而經常輕蔑、毀壞，這樣的惡業利刃已經輪轉到了自己頭上。因此在即生中，應當警惕不防護，即不要放逸，應恆時守護三門。如《雜阿含經》云：「善護於身口，及意一切業，慚愧而自防，是名善守護。」意謂：應善護自己身口意的一切業，若以慚愧而自我防護，則是善於守護者。

若修行人經常有慚愧心，來世就不會墮落。若沒有慚愧，造很多惡業，來世就會變成旁生、餓鬼眾生、地獄眾生，即使獲得人身，也特別低賤。但現在社會，無

修心利刃輪釋

慚無愧弘揚得很廣，大家都覺得沒有慚愧很了不起，這是很可怕的！

最近我看到一張九十多歲老人的照片，她頭上長有一隻羊角。很多新聞工作者和科學工作者都覺得很奇怪，人頭上為什麼會長羊角呢？其實，這就是所謂的業力不可思議。《楞嚴經》中講：「以人食羊，羊死為人，人死為羊；如是乃至十生之類，死死生生互來相噉，惡業俱生窮未來際。」如果人吃了羊，將來羊就會變為人，人就會變為羊，互相噉食、盡未來際。而在人時，羊角長在頭上，則是下世變羊的預兆。可是一些醫學家，卻不信佛理，偏偏要在細胞上去尋找羊角的種子。

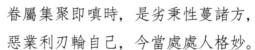

眷屬集聚即嗔時，是劣秉性蔓諸方，

惡業利刃輪自己，今當處處人格妙。

自己的眷屬、親朋好友，集聚在一起時，就會產生嗔恨心，甚至說自己的過失，誹謗自己。這有可能是他們性格不好，為人處世不善巧導致的。但最主要的，是自己往昔秉性特別惡劣，不好的行為蔓延到了十方，即自己前世無惡不作，傷害、毀壞了很多人，現在這樣的惡業利刃已經輪轉到了自己頭上。所以，在即生做事的過程中，當自己受到別人譴責，心裡充滿痛苦時，一定要想：這是自己前世秉性特別惡劣，對他人不好，這樣的業力之輪已經旋轉到了自己頭上。從現在開始，我處

第五課

處都要人格善妙。因為只有先做一個好人，才有聞思修行、弘法利生的機會，來世才會獲得安樂。

為什麼法王如意寶特別強調人格呢？這是因為做人是基礎，然後才能做事、作佛。《法句譬喻經》中講：有一家人有一獨生子，在上學時，他驕橫不馴，不敬師長，不學知識，以致學無所成。後來父母讓他回家操持家業，他好吃懶做，言行極不檢點，所有人都看不起他。但他從不反省，整天埋怨他人。

在走投無路時，他往見佛陀，欲求出家為僧。佛陀說：你不具備世間的功德，出家的因緣、條件不成熟。你應該回家孝養父母、尊敬師長、誦習經論、精勤做務、改正惡習，在做人合格時，再考慮出家。佛陀的語言對他觸動很大，回家後他就變了一個人，在三年中上敬下愛、勤勞持家、精進修學，所有人都讚歎他。三年後，他又到佛陀面前祈求出家，佛陀就歡喜地攝受了他，並說：你有世間的人格基礎，出家有機會成就。後來他精勤修行，獲得了阿羅漢果。

所以，無論是在家人還是出家人，做人一定要過關。若不過關，連世間的功德都沒有，出世間的功德就無從談起；而在世間，別人見你說話做事稀奇古怪、神神道道，任何一個單位都不會接受。尤其是欲出家修行而獲佛教至高無上境界者，一定要打好人格的基礎，若連好人都不是，則困難重重。想必大家都清楚，出家人

的層次比世間人要高，從別解脫戒方面講，在家人最多守五條戒，而出家人要守二百五十條戒。所以，首先要完善自己的內心、語言和行為，還應提高各方面的素質。

無論是藏傳佛教還是漢傳佛教，都有一個很好的傳統，出家前要考察一段時間，這樣就能避免人格不好的人混入僧團。在我們學院，法師、管家一定要長期嚴格審察，不要一曝十寒、敷衍了事、得過且過，千萬不能讓一些連世間功德都不具備的人，進入這個高素質的人才群體。因為，只有具備智慧、悲心、戒律等世出世間功德的人才，才能肩負弘法利生的重任，否則會對佛教帶來負面影響。當然，其他佛教寺院和團體，在這方面也要引起注意！

以上教言特別珍貴，希望大家重視！藏地俗話說：一句真正的教言，在降生時聽到，到死時都應完好無損地保存在自己心中。不過做到這樣非常困難，但至少要讓它在幾月、幾年當中發揮作用，不要像對待世間文件那樣。否則，對聞思修行、弘法利生是很不利的。

第五課

第六課

　　《修心利刃輪》，乃阿底峽尊者的上師達瑪繞傑達，所造的兩部最著名論典之一。還有一部是《孔雀滅毒論》，篇幅與《修心利刃輪》差不多，也特別殊勝。前段時間我講過，若以後有機會，也準備共同學習。

　　因為，學習修心法門，能讓我們的心有很大轉變。若沒有學習這些論典，整天只學一些理論，那就與世間的研究者和學者一樣，理論是理論，人心是人心，兩者根本無法相融。在生活中，出現任何痛苦遭遇時，也不可能以佛法來面對。

　　其實，在如今這個煩躁的社會當中，佛法是非常有用的。當然，在衣食無憂、身體健康、心情快樂時，很多人都無暇領略佛法的價值。一旦受到他人呵斥、誹謗，身心遇到難以排遣的痛苦時，若沒有修煉佛法的功德，則不可能像前輩大德一樣輕鬆面對。

　　現在社會，為什麼有這麼多人喜歡佛教，尤其是藏傳佛教呢？就是因為在藏傳佛教中，完整而系統地保存著前輩大德給我們留下來的，對治痛苦的方法、教言、竅訣，而且無數人在運用的過程中，都領略到了它的無窮魅力。因此在座的各位，哪怕在這裡待一天、聽一堂課，也應該將所聽到的教言銘刻於心。

　　雖然從我口中，你們根本得不到有加持的新鮮口

修心利刃輪釋

訣，這一點我自己也有自明自知，但前輩大德們的教言絕不可能沒有殊勝的加持。因為在歷史上，成千上萬修行者依靠這樣的甘露妙藥，在生時都唱出了歡樂之歌，無論面對任何災難和痛苦，都保持了修行人的本色，離開世間後都前往到了清淨剎土。

在法義上，此修心法門非常容易理解，只要有小學水平，不可能不懂。因為其所講內容，並不像戒律、俱舍、因明、中觀、般若五部大論一樣，理論上講得特別多、特別深。但在實際修持過程中，卻很難做到。所以，要不斷在自己的身心、行為、語言當中去串習，尤其是在遇到痛苦時，一定要以它獲得全勝。

若修行的力量比較強，雖然剛來學院時，性格粗暴、野蠻、剛強難化，但到離開學院時，也會像布匹染上顏色一樣，與以往截然不同，完全判若兩人。若修行的力量很弱，雖然剛來學院時性情還比較調柔，但在離開學院時，很有可能變得面目可憎，性格、脾氣暴躁、易怒。因此，大家一定要認真修習所獲得的教授，否則修行唯有以失敗而告終。

古代大德經常用馴服野馬來比喻修心。雖然剛開始野馬桀驁不馴，但在馴服後，就會變得很溫順。同樣，剛開始修行時，對佛理一竅不通，自心日日夜夜隨著世間八法、貪嗔癡慢轉。但到後來，心完全與佛法相融，變得極其調柔。因此，修行人時時刻刻都要觀察自己的

第六課

心，尤其應運用本論所講的竅訣來觀心。我認為，除了前世業力現前之外，都會得到利益。

上一節課講到，應處處表現出賢善的人格，這特別重要！法王如意寶在《教誨甘露明點》中講：要成為一位虔誠的佛教徒，必須具足賢善人格、清淨戒律、無垢智慧這三點。若誰具足，他就是三世諸佛之子，也是我的摯友。

以前，很多噶當派的上師都說：佛法可以通過長時間學習而精通，若人格惡劣，則很難調伏。當然，並非完全沒有辦法，只是很難。我家鄉有人屢犯錯誤，前前後後一共在監獄關了二十年左右，但出獄時人格還是很差。這是前世的業力所致。但也有極少數人，通過努力修行，變得非常賢善，比如奔公甲大師。在家時，他身上隨時帶著三四把長短不等的鋒利刀子，打架、殺人特別厲害。後來他出家為僧，通過精進修學，終成一位特別了不起的格西，堪為一代佛教徒的典範。在現實生活中，很多人在家或沒有學佛時，都特別衝、特別橫，但後來通過學習大乘佛法，完全變了一個人。所以，人格並非完全不能改變。

無論是出家人還是在家人，人格都很重要！若一個人有好的人格，無論他在任何群體當中，都會給大家帶來溫暖。比如：一個發心部門有二十個人，若有一個人人格特別好，大家看到他都會生起歡喜心。若有一個人

人格特別不好，誰看到他都害怕、不舒服，甚至不敢、不想跟他說話。因此，皆應養成高尚的人格。

但現在漢地，因為歷史的原因，人格方面的教育特別差。無論是60後、70後，還是80後、90後，都缺乏人格方面的教育。當然，很多人在電腦技術等方面還很不錯，因為從小就學這些。但若沒有接受慈悲、正直、利他的教育，長大之後所學知識也不一定用得上，即或用上了，也不一定能用於正道。希望大家在這些方面詳細觀察，不要再成為歷史的受害者。

不過人格教育最好從小抓起，就像古代一樣，重視家庭教育（包括胎教）、學校教育和社會教育。若從小生長在崇尚聖賢的氛圍中，長大之後就會成為好人。若沒有這樣的氣氛，除了分數、電視、電影等之外，再也沒有所謂的賢善，長大之後就會成為廢物，即或學歷很高，是本科生、研究生、博士生，用處也不大。尤其現在中國的獨生子，從小就成為家庭中的王子或公主，長大之後，也不可能有忍辱負重、捨己利人、顧全大局等崇高品格，自然未來的前途也很渺茫。

下面講今天的正文：

凡親皆成怨敵時，是內存有歹毒心，

惡業利刃輪自己，今當時時無諂詆。

在世間，所有親朋好友都對我們不滿，甚至特別恨我們，變成了怨恨的敵人，當然有些也對他們很好，甚

第六課

至無微不至地關懷、照顧。此時很多人都想不通，抱怨社會、抱怨他人：我對你們這樣好，你們為什麼對我這樣？現在你們有錢、有地位了，看不起我了……若是真正的修行人，則會想：這可能是自己今生的行為導致的，也有可能是前世以特別狠毒的心來對待他們的原因，現在這種惡業利刃已經輪轉到了自己頭上，從今天開始，自己身口意時時刻刻都不要有諂誑和虛偽。

其實，不管是佛教徒還是非佛教徒，皆應做老實、賢善、智慧之人，尤其是正直，世出世間一切成就皆源於此。《佛遺教經》（全名為《佛垂般涅槃略說教誡經》）中云：「諂曲之心與道相違，是故宜應質直其心。」意謂：諂曲的心與所有佛法的道完全相違，所以應該保持一顆正直的心。麥彭仁波切的《二規教言論》也講了很多正直的功德，比如：「鄭重取捨苦樂時，自己如何他亦爾，如是直士獲富樂，狡者與此皆相違。」因此，一定要實事求是，保有正直之心。在生活中，有些人比較直，他人覺得難以接受。但我認為，心不虛偽很關鍵，尤其是佛教徒。

佛陀在《雜阿含經》中講：在過去世，有一次阿修羅王病得非常嚴重，他去求帝釋天，希望能治好他的病，讓身體恢復健康。當時帝釋天要求：你要將幻術傳授給我，我才治好你的病。阿修羅王說：我要跟阿修羅眾商量，他們同意，我才傳你。但商量時，有一詐偽阿

修羅對他說：帝釋天質直好信不虛偽，你對他說，若學阿修羅幻法，會墮入地獄，於無量百千歲中感受痛苦，帝釋天就會放棄這個打算，並治好你的病。於是阿修羅王告訴帝釋天：阿修羅幻術皆虛誑之法，學之會墮入地獄，於無量百千歲中受苦。帝釋天說：我不需要這樣的幻術，你回去吧！我想辦法把你的病治好。佛陀講了這個公案後，告訴比丘：出家學道之人，亦應不幻不偽、賢善質直。

因此，作為出家人，道德修養、言行舉止務必高尚、脫俗。但在末法時代，往往有極個別出家人的言行很不如法，經常以誘惑、欺騙的手段來對待他眾，這實在太不應該。因為在世間，有些從來沒有受過佛教教育的人，也從不做貪污等天地不容之事，只憑良心食用清淨的食物，從事清淨的事業。其實，人活在世間的時間並不長，應真實不應諂誑，要留清白於人間。否則，來世會受到親朋好友輕毀、侮辱、誹謗等，而無從感受快樂。

為什麼有些人一生快樂無憂，而有些人災難、痛苦層出不窮、接踵而至呢？這與前世的業有一定的關係。所以，要盡量懺悔前世所造之業，在即生中也應如理如法而行。作為凡夫人，完全像白蓮花一樣，出淤泥而不染、清清白白、無有垢染，也有一定的困難，因為都有各自不同的煩惱、習氣、障礙。但我們畢竟是學習大乘

佛法者，在造惡業方面，跟世間人相比，至少要減少一半。若能做到，也是一個大的進步。希望大家在這方面好好考慮考慮。

　　自患瘤瘤水腫時，是無戒肆耗信財，

　　惡業利刃輪自己，今當斷奪信財等。

　　在修行過程中，當自己身患各種瘤疾時，比如腫瘤、水腫等，一定要想：雖然這與即生自己在飲食、行為等方面不善有關，但最重要的，是自己往昔該守的別解脫戒和菩薩戒等戒律沒有好好地守護，同時還肆無忌憚地享用、浪費信財，這樣的惡業利刃已經輪轉到了自己頭上。現在不但要好好看病、吃藥，還要勵力懺悔，並斷除搶奪他人信財等惡業。

　　不過，若真是前世破壞戒律等惡業致使身體生病，看病、吃藥也不一定有效，比如：有人到醫院去了好多次，花了很多錢，吃了很多藥，但始終沒有好轉。後來回家一邊懺悔一邊等死，病卻突然好了（其實這是業力清淨所致），很多道友都是這樣。

　　說到醫院，雖然我並非百分之百沒有信心，但現在很多醫院，醫生的工資與他們為醫院所盈利潤完全掛鉤，若每月規定的款項沒有完成，在醫院就待不下去。所以，有些醫生在CT等檢查報告中，根本沒有發現任何病症，卻非要對病人說：你這裡有個什麼，必須開刀，致使很多人都成為試驗品或犧牲品。可能這是人類在動

物實驗方面造了很多惡業的原因吧!

話說回來,沒有清淨的戒律,沒有聞思修行的功德,享用信財的果報是非常可怕的!《大寶積經》中云:「世有二人應受信施。何等二?一者勤行精進,二者得解脫者。」說得非常清楚,世間可以接受信眾供養的只有兩類人:一、戒律清淨,精進聞思修行者;二、自相續像阿羅漢一樣,已經獲得解脫者。《戒律花鬘論》中云:「無學道者主人享,有學道者授受享,具有禪定能力者,得到開許而享用。」意思是說,已經摧毀一切煩惱的諸阿羅漢眾以主人的方式享受信財,諸如預流果位的有學道者以接受信士供養的方式享受信財,具足清淨戒律並精進聞思修行的僧人們以世尊開許之方式享用信財。所以,在享用他人信財時,一定要小心、再小心!

第六課

《寶蘊經》中講:有一次,釋迦牟尼佛講享用信財的過患,有五百比丘聽後特別害怕,都不願意再當出家人。佛陀不但沒有反對,反而以「善哉善哉」來讚歎他們的行為。所以,作為出家修行的人,在享用信財方面一定要小心,還應為施主經常迴向。

尤其享用僧眾的財物,更應引起注意。法王如意寶的上師托嘎如意寶,在接近圓寂時曾教誡弟眾:我一生沒有很多功德,不過我在享用僧眾財物方面特別謹慎。因此,僧眾的財物無論多少,都不要隨意浪費、損壞,

否則來世的果報極其可怕。

在世間，很多公務員、老師等隨便將自己的工資用在不正當的地方，還自認為沒有過失。其實過失非常大，因為這些錢來自於國家的稅收，而國家的稅收來自於農民、工人等，若自己不但沒有好好地為人民服務，還肆無忌憚地鋪張浪費、大吃大喝等，即生看來雖然自己有權力，但來世卻很痛苦。

尤其是政府官員，在浪費方面更應引起重視。如果自己有福報，吃喝好一點也無可厚非，但最大的問題就是浪費。前兩天我也講過，我親眼看見一些政府官員的餐桌上三分之一都沒有吃，最後全部倒在垃圾桶裡，旁邊的人看了都不忍心。因此，我很想呼籲政府官員，包括商人吃自助餐。如果享用自助餐，能吃多少就盛多少，就不會有浪費的現象。否則，對社會也極不負責任。不過有很多富貴人，包括演藝圈的人，在這方面做得很好。他們特別惜福，生怕浪費了福報，後世得不到快樂。

在講因果報應時，很多出家人都很害怕。其實，作為身穿袈裟、口念經咒、聞思修行、弘法利生的出家人來講，適當地享用一些信眾的財產，不但沒有過失，反而對自他都有好處。因為，念一句諸佛菩薩的名號，其功德也無量無邊。我認為，最應該擔心的，就是那些不做善事、不積功德，毫無顧忌地享用人們血汗錢的人。

現在社會浪費非常嚴重，這很不應該。前段時間，一個微博上講：有幾位中國人結伴到德國柏林旅遊，餓了便在一家中餐館吃飯。但他們無視服務員的提示，點的菜太多，很多都剩下了。付完錢，走出餐館沒幾步，服務員就叫住他們，說：有幾位德國女士對你們有意見，請回餐館！回到餐館，一位德國女士說：菜剩得太多，太浪費了。他們反駁道：我們已經付過錢了，剩多剩少，不用您管！這句話激怒了眾女士，其中一位打電話叫來了城市秩序局的工作人員，按規定對他們罰款50馬克。工作人員還鄭重地向他們解釋：「需要吃多少，就點多少！錢是你們自己的，但資源是全社會的，你們不能也沒有理由浪費！」

對這個問題，大家都需要冷靜思考。尤其現在，很多國家都在鬧飢荒，每天都有很多人餓死，尤其是非洲，共有幾千萬人受災，水和糧食都很短缺，很多老人、小孩都像餓鬼一樣。若肆意浪費，沒有節儉的習慣，一旦將來出現糧食危機，就很麻煩。所以，大家要一邊反觀自身，一邊看看周圍的世界。

傳染病驟縈身時，是做失毀誓言事，

惡業利刃輪自己，今當斷眾不善業。

在修行的過程中，突然出現傳染病纏縛於自己的身體，比如身患霍亂、流行肝炎、麻瘋病等，此時很多人都會想：這到底是誰給我傳染上的呢？其實，無論得甲

乙丙丁任何等級的傳染病，都與即生的不良行為有關，但最重要的，還是自己前世的業。是什麼業呢？講《事師五十頌》時說過：誹謗上師會得傳染病，會受到猛獸等動物危害，以及遭受世間各種誹謗等。也就是說，是往昔失壞密乘誓言的過失直接導致的，比如：沒有遵守金剛道友之間的誓言，對上師、佛法沒有恭敬心等。現在這樣的惡業利刃已經輪轉到了自己頭上，從今天開始，自己一定要好好守護密乘誓言，並斷除所有不善業。

現在世間，很多疾病尤其是傳染病，一年比一年嚴重，特別是在人口密集之地。而且很多病人非常可憐，要麼沒有錢治療，要麼怎麼治療也沒有一點效果。其實，這是前世的惡業導致的，應該勵力懺悔。當然，在懺悔的同時，也應採取相應的醫療措施。按照《毗奈耶經》的教義，佛教徒生病後，也應看病、吃藥。當然，這也是金剛降魔洲建立醫療基金會的原因。不過基金會已經建立好幾個月了，到現在還沒有一點收入。

在漢地，因為從小疫苗、衛生條件比較好等原因，患肝炎、肺炎、肺結核等疾病的人比較少。而在藏地，

修心利刃輪釋

⑰《事師五十頌》：「誹謗上師之弟子，患傳染病危害病，中邪瘟疫染諸毒，大愚之人依此死。遭受惡王及毒蛇，水火空行與盜賊，妖魔鬼怪眾所殺，墮入無間之地獄。何時何地永切莫，擾亂金剛上師心，設若愚者如此作，定於地獄受燉苦。佛經真實而宣說，誹謗上師之眾生，長久住於無間獄，此等恐怖地獄中。是故一切精勤者，永遠亦莫惡言謗，智慧高超不炫耀，賢德金剛阿闍黎。」

尤其醫療條件比較差的地方，患肝炎、肺結核的人非常多。去年，我和慈誠羅珠堪布想辦法，給學生打肝炎疫苗，希望他們長大之後，不要再像現在很多藏民那樣可憐。

對學院很多道友來講，平時應好好保養或保護自己的身體，生病時也要找醫生看病、吃藥。同時，各個發心部門應注意預防傳染病，比如：吃自助餐、買消毒櫃等。但有些道友可能是修行太精進、沒有時間的原因，基本上不洗碗筷，這樣容易繁殖細菌，而感染疾病。所以希望大家要注意衛生，不要貪圖獲得「濟公弟弟」、「濟公妹妹」等美名。發心部門的道友，將碗筷洗淨後，最好放在消毒櫃中，在慈善學校我們就是這樣安排的。在這方面，希望大家自覺，不要懶惰，負責人也應經常看一下。

於諸所知蒙慧時，是行本應放置法，

惡業利刃輪自己，今當串修聞等慧。

在平時聞思修行的過程中，有些人的智慧被各種無明煩惱所蒙蔽，迷迷糊糊、懵懵懂懂：聽聞時，講了半天也聽不懂到底在說什麼；思維時，對法義一點都沒辦法理解；修行時，心一直散亂。這是什麼原因呢？這是往昔行持了本來應該捨棄的名聞利養、貪嗔癡慢等世間法，而應該接受的出世間法卻放置不顧，這樣的惡業利刃已經輪轉到了自己頭上。所以從現在開始，一定要串

第六課

習聞思修行的智慧，並使之趨於穩固。

現在眾生的顛倒非常嚴重，比如：在聽聞佛法時，雖然身體坐在聽法的行列，但根本不知說了什麼，雲裡霧裡、不知所云。而一說世間法，或一講是非，眼睛也睜大了，心也清醒了，情緒也高漲了，東南西北、國內國外、自己他人，無所不知、無所不談，姿勢、神態維妙維肖，盡改聽法時的憂愁狀態。而聽的人也專心致志、聚精會神。

不過，每個人都要為自己的語言付出代價，所以皆應小心謹慎。有些人嘴特別多，這未必是一件好事，因為這會耽誤自己的修行，若所講相違於佛教教義和世間真理，惡業利刃遲早會輪轉到自己頭上，哪怕你講時，別人再喜歡聽。

因此，對自己今生來世負責之人，皆應聞思修行佛法。不過，年齡輕者應以聞思為主，年齡長者應以修行為主。薩迦班智達在格言裡面講過⑱：前世沒有好好聽聞佛法的原因，即生會很愚笨；為了來世不要變為愚昧者，即生再難也要精勤聽聞。有些人雖然有一些世間知識，但對佛法方面的道理卻一無所知，這也不算真正具有智慧。佛陀在《大寶積經》中講：「如是雖有人，內具諸明解，不聞於正法，善惡何能曉。」所以，欲具取

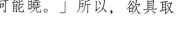

⑱《薩迦格言》：「是因前世未求學，今見終身成愚者，因恐後世成愚昧，今生再難亦勤聞。」

捨善惡智慧者，皆應聽聞正法，否則即使滿腹世間學問，也不能明辨善惡。但現在很多知識分子，在這方面都很欠缺，這不能不說是一大憾事！

因為，現在人類最需要的，就是出世間更甚深的因果道理。若懂得這些道理，世間知識就很容易通達，甚至不學而知。《正法念處經》中云：「以聞法故，滅於不善覺觀之心；猶如日光，滅於闇冥。」所以，皆應以聞法的日光滅除黑暗的不善之心，而這正是一切學問之歸宿。

很多人剛開始學佛時，最簡單的佛法道理都不懂，但後來不但自己明白，還能引導他人，所以學習非常重要。但現在絕大多數人，都缺乏對知識的渴求、熱愛，一直盲目追求錢財、名聲等，這致使人類社會不可能有很大的進步或突破。

作為修行人，一定要了知：生生世世最有用的，就是聞思修行佛法，斷除自相續的無明愚癡。當然，在短暫的人生中，浩如煙海的佛經、論典全部瞭如指掌，也有一定的困難。但我們能學多少，就能解除多少煩惱，因為它就像甘甜的蜂蜜，嘗之皆心曠神怡。

所以，希望佛教團體能把主要精力放在佛教教育上，對人類來講，不管是暫時還是長遠，其貢獻或利益是不可思議的。就像一座學校，若所有老師和學生都熱愛有用的知識，其影響就會越來越廣、越來越深。若老

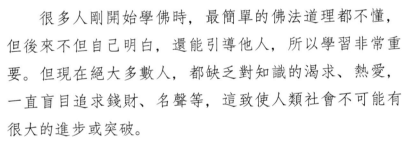

師和學生都不熱愛有用的知識，學校就不會有好的前途。

我們可以想一想前輩大德的利生事業，如無垢光尊者、宗喀巴大師、麥彭仁波切、全知上師法王如意寶等，雖然他們的色身已經融入法界，但他們的法身智慧卻依然照亮人們的心田。其原因，就是他們住世期間，將培養人才放在最主要的位置。

所以在座的各位，以後不要想僅僅自己過得快樂。很多道友都說要去接寺院，其目的就是為了老了有一個歸宿。這樣的目標非常可憐，因為建立佛教道場就是為了利益眾生，希望大家都這樣發願！

行法睡眠壓逼時，是積障礙微妙法，

惡業利刃輪自己，今當為法而苦行。

在聽法或修法的過程中，有些人經常打瞌睡，一直迷迷糊糊。這是什麼原因呢？這是往昔積累了很多障礙微妙法的惡業所致。比如：對他人修行正法製造違緣，對佛法不恭敬，對傳承上師不恭敬，毀壞或者破壞經書、佛像等。如今這樣的惡業利刃已經輪轉到了自己頭上，從現在開始，一定要為了佛法而苦行，還應恭敬佛法，對自己傳過四句偈的傳法者，也要比自己的父母、眼目更加尊重、珍愛。

可能我們都見到過，個別人一聽課就開始睡覺，一直睡到迴向，好像課堂成了他的睡覺之地，特別可憐！

當然，他們也不願意這樣，有的甚至用拳頭或其他東西來打自己，但邊打也邊睡著了，這就是所謂的業力現前。不過，也有可能是晚上沒有睡好，或對佛法和解脫的興趣不夠。若對佛法和解脫有興趣，即使晚上睡得差一點，也不會在聽法時睡覺。所以，從一個人的行為，也可看出他的內心世界。

現在世間，很多人都很貪睡，尤其是年輕人，這是很不好的。薩迦班智達曾經說過：人類的壽命本來就不長，若一半甚至更多時間花在睡眠上，那就太可悲了。

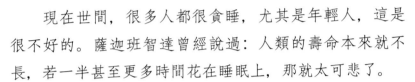

以前，很多科學家都認為，人每天至少要睡8個小時。很多人都信以為真，認為睡少了會影響身心健康和壽命。但最近有一些新聞報道說，美國加州大學聖地亞哥藥學院和美國癌症學會聯合研究六年後發現：「每天僅睡6、7個小時的人，比每天睡超過8小時，或少於4小時的人死亡率要低很多。每天睡7小時的人死亡率最低，只睡5小時的死亡率也低於睡夠8小時的人。」而佛經中講，晚上三分之一的時間睡眠，即中夜入睡，上夜和下夜精進修行。因此，對現在的人來講，可根據自己的情況，睡5、6、7個小時。

總之，我們應該了知：即生睡眠重，是前世對佛法製造違緣和障礙的果報現前，於今生，應為了聞思修行佛法而努力苦行！

第六課

第七課

　　無論是學院裡面還是學院外面，很多道友聽了此法都覺得很受益，也許是他們照顧情面，說一些好聽的話，也許在修行過程中真正得到了利益。當然，任何一部法融入心，都能不同程度地對治煩惱，佛法的加持不可思議故。我本人經常感覺到，不管是學顯宗還是學密宗，哪怕是一個偈頌的內容，反反覆覆在心中串習，都有不可言說的作用和力量。我相信，除了極個別前世所造極重惡業成熟的人之外，學修此法都能得到很大的益處。

　　現在末法時代，修行的違緣多之又多，而順緣卻少之又少，比如信息，絕大多數都增長貪嗔癡慢疑；再加上，自己無始以來熏習的貪嗔癡等煩惱特別堅固，所以要讓心真正平靜下來，確實不容易。不過，若我們能運用所學的佛法知識，比如以前生後世的因果關係照破所遭遇的一切，而將生活中發生的種種事情轉為道用，也會減少對心靈的刺激，乃至徹底淨化內心，而這正是智者的行為。當然，眾生的根機、信心和接受能力並不相同，各自主修的法也不一樣。

　　對像我這樣的人所說的語言，也許有人能得到一點點利益，也許有人會認為沒有意義。但我想，阿底峽尊者的上師這樣的智者，其語言無疑是價值連城的如意

寶，末法時代的眾生能遇到這樣的寶典，的確很有善緣。平常很多人在生意成功、事業發達、考上公務員等時，都認為緣分很好，其實這是不是福報很難說，但遇到大乘佛法千真萬確是福報，希望大家珍惜！

但有些人剛開始對佛法非常歡喜、極其珍惜，慢慢就被其他思想和學說同化，將非真理當作真理，而誤入歧途，這樣的現象比比皆是。所以，希望大家能以正確的心態來觀察自己的因緣，並端正學習態度，尤其要生起歡喜心。我以前講過，心很重要。若心很歡喜，比如將每天一個小時左右的佛法交流，當作生活的一種享受，再苦、再累也會覺得舒服、快樂。若沒有這樣的信心和歡喜心，即使聽半個小時或十分鐘，也可能心煩意亂。

下面講正文：

喜惑嚴重散亂時，未修無常輪迴過，

惡業利刃輪自己，今當極度厭生死。

在修行過程中，有些人特別喜歡做一些增長貪嗔癡煩惱的事，比如：不願意看經書，喜歡看暴力、色情等特別不清淨的書籍和影視；心在真正的佛法中，短時間也沒辦法安住，但卻經常散亂，比如：交朋結友、吃喝玩樂、旅遊觀光、遊山玩水等。這是什麼原因呢？這是自己往昔沒有觀修壽命無常和輪迴過患所致。

為什麼我要求大家經常修共同加行呢？因為，若沒

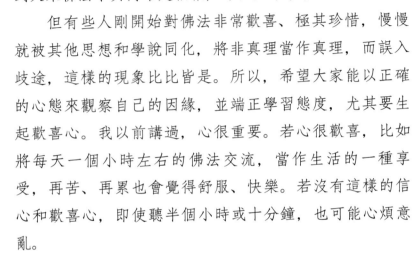

第七課

有修共同加行裡面的暇滿難得、壽命無常、輪迴痛苦、因果不虛四個引導，生生世世都很難遇到佛法；即使值遇也被散亂所擾，經常被業力控制，而不願意行持背誦等善法。現在很多人，包括學會裡面的人就是這樣，一個禮拜看一兩節課光盤都覺得累，而看幾十集沒有任何實義的連續劇，卻通宵達旦、不食不眠地看著；或不願意看佛書，而看世間各種各樣亂七八糟的書，熬更守夜、不吃不喝也不感覺到累。這就是前世沒有觀修壽命無常、輪迴痛苦的惡業利刃已經輪轉到了自己頭上。

　　若我們現在還不認真改正這樣的過失，未來的生生世世仍會流轉在輪迴當中。如《中觀四百論》云：「未來無有際，常時為異生，如汝過去世，理應勿復爾。」意思是說，若不斷生死之業，未來的時間無有邊際，你將常時成為無有自在的異生凡夫，就像你在無數的過去世中一樣，所以按理不應再像以前一樣懈怠。

　　佛陀在《佛說解憂經》中，講了很多輪迴的痛苦，僅僅聽聞也不寒而慄，比如：「又彼有情，無始輪迴，入地獄中，所飲銅汁，過大海水；如彼豬狗，食不淨物，如妙高山。又彼有情，生死別離，愛戀泣淚，亦如海水。又彼有情，更相殺害，積聚彼頭，過梵天界；蟲食膿血，亦如海水。」因此，從現在開始，一定要對生死輪迴極度厭離，再也不能拖延聞思修行正法的時間。

　　以前，佛陀前往鹿野苑轉四諦法輪，在路上遇到了

109

一位叫憂呼的求道者，他被佛陀的相好莊嚴所吸引，驚奇地問：您這麼莊嚴，是依止哪一位師父修出來的？佛陀說：我沒有上師，是獨自悟道的。憂呼問：您去哪裡？佛陀說：我前往舍衛國轉無上法輪。他說：我也願意聽聞，以後再去依止您。說完就走了。但不久他就離開了人間。佛陀以道眼照見後，非常感嘆他的可悲。本來他對佛陀有信心和歡喜心，但因覺得未來還有時間，致使痛失解脫良機。因此，在值遇解脫道時，一定要抓住機遇，否則會為失之交臂而扼腕歎息。

但現在很多佛教徒都沒有緊迫感，他們常說：我現在沒有聽法的時間，等我退休以後，或等我工作做出成效，或等我做完這個項目，我再來聞法。其實，這是很愚癡、很可憐的。若這樣拖延，明日復明日，明日何其多，最終必將以失敗而告終。所以，修學佛法不應一拖再拖，而應當下抓住機遇，否則在無常面前，修行絕對不會成功。

若再不觀修壽命無常和輪迴痛苦，以後對善法就會興趣索然，而值遇惡法則興致勃勃。現在極個別出家人，因為剃光頭、穿僧服的原因，表面看來特別莊嚴，但內心卻充滿貪嗔癡，一聽聞佛法就打妄想、心散亂，興趣並不是很大；而一遇到世間亂七八糟的東西，尤其是造惡業，興趣、特長就淋漓盡致地展現出來。作為佛陀的追隨者，本來是不應該隨意呵斥的，但極個別人確

實需要引起注意。當然，很多在家人也並不清淨。所以，希望大家不要自認為純潔無瑕，而應以《修心利刃輪》做切實的自我檢討。

在講課前，我每翻閱本論，都感到非常慚愧，一直呵斥自己，總覺得沒有講法的資格。在諸佛菩薩和僧眾面前，我也這樣承認。但我也經常看到，很多佛教徒都很傲慢，自認為了不起。其實，作為凡夫人，誰都沒有了不起的境界。而聖者雖然具有不可思議的境界，但在人們面前卻裝作凡夫，甚至特別可悲的凡夫。所以，大家皆應通過《修心利刃輪》這面鏡子，找到自己身口意的缺點，並盡力以懺悔等方式改正。

當然，修行不好的原因與今世無約束、太放逸有關，也與前世的業有關。若前世沒有好好修行，即生就會很差勁。若前世修行很好，即生遇到佛法，修學起來就不會有困難。但不管怎麼樣，此生皆應努力栽培。

學院裡面有些法師，進步特別快，好的方面極有歡喜心，不好的方面無論他人如何慫恿都不會聽從。就像格言裡面所講的一樣，若自己無能為力之事，即使他人百般唆使，也不會去做。比如江海，泳技不高者，縱使他人多番鼓動，也不會輕易跳入，而這就是智者的選擇；若跳入，縱使奮不顧身，也是愚者的行為。在修行過程中，希望大家皆能以此反觀。

如何皆現下墮時，是曾輕視業因果，

修心利刃輪釋

惡業利刃輪自己，今當精勤積福德。

有些人無論怎麼做，身口意的功德不但沒有一點上進，反而越來越下墮。藏族有一句俗話叫做：「烏鴉的孩子一天比一天黑。」與此相同，有些人修行不好，身體的行為、口中的語言、自心的調整，一天比一天下降，沒有一點進步。比如有人常說：剛開始我境界還可以，現在煩惱越來越重，人際關係越來越緊張，經濟狀況越來越差，什麼不好的事情都出現在自己身上，而好的事情一點跡象都找不到。此時，很多人都會抱怨他人對自己不關心等。其實，這與自己今生也有一定的關係，主要是前世沒有謹慎取捨因果導致的。

若前世在因果方面非常小心，即生各方面進步都會很快。若前世不重視善有善報、惡有惡報等甚深因果道理，反而經常輕視、蔑視、誹謗它，而且還做了很多違背因果的事，在即生中，這些惡業就會成熟在自己身上。而此時哭泣、跳河都沒有用，唯有重新做人。

昨前天，一位老師痛哭流涕地給我講了很多他的故事：「因為打麻將的原因，我在我們縣城特別出名，可以說輸得傾家蕩產、一無所有。個別領導勸我，要重新做人。我也想重新做人，但在經濟上實在沒辦法自立……」雖然作繭自縛很不好，但在造了大的惡業以後，反省的心也會很強烈。若能痛改前非，則善莫大焉！

這裡也講了，當修行等任何事情沒有一點進步，反而越來越倒退時，一定要想：這是自己以前曾經輕視業因果的惡業利刃輪轉到了頭上，從現在開始，我務必注意業因果，尤其應當精勤積累福德，比如為僧眾發心、放生等。否則，誰也沒辦法相救。

　　但有人經常說：上師！您給我吹一吹，我最近很不順，運氣特別不好。其實，不要說上師的一口氣，全世界所有風都吹到你身上，甚至把你吹到虛空，旋轉無數次後落下，能不能好轉也很難說。就像自己犯了嚴重錯誤，臨當判刑，親朋好友等皆無濟於事一樣。如佛陀在《妙法聖念處經》中講：「身語業非虛，輪迴諸惡趣，自作自纏縛，善逝不能救。」意思是說，身語意造的業是不虛的，輪迴以及諸惡趣的痛苦，皆是自作自纏縛，善逝如來也不能救。那更何況說，上師給你摸摸頂、吹一吹、打一打、加持加持呢？當然，這是著重講業的已作不失、未作不遇，並非否認諸佛菩薩不可思議的加持力。

　　我認為，此時一定要好好懺悔，否則很難拔除。佛陀在《佛說觀普賢菩薩行法經》中講：「其有眾生，晝夜六時禮十方佛、誦大乘經、思第一義甚深空法，一彈指頃，除去百萬億億阿僧祇劫生死之罪。」因此，若我們覺得自己業力非常重，就應多禮佛，還應多誦大乘經典，並多觀修大中觀、大圓滿等空性方面的修法。這樣

的話，一切業力都會清淨。當然，交一些錢請僧眾念經也有必要，尤其是在自己的身體、心情、工作、家庭等方面，面臨各種各樣的壓力和違緣時。這樣厄運就會轉為吉祥。

至於念什麼經，最好打卦來確定。但現在很多人都認為，沒有必要打卦、念經，其實還是很重要的。而打卦，找別人打也可以，自己打也可以。若自己打，我以前翻譯過文殊菩薩和觀音菩薩的打卦方法⑲，在卦象確定後，自己從中挑選幾項即可。也可根據自己的情況而定，比如出現違緣念蓮師、沒有悲心念觀音、開智慧念文殊、為了往生念彌陀等。

有些人很保守，什麼事都要問上師，或有神通的瑜伽士。其實，自己懂得佛法的道理後，有些事情是可以自己抉擇的。一般來講，不是特別重大的事情，我不會去問他人。比如，最近自己很多情況不太好，就自己打卦，想一想，看自己念什麼經，請僧眾念什麼經。這樣的話，很多時間和金錢都可以節省下來。

　　凡作佛事逆反時，是曾指望邪惡方，

　　惡業利刃輪自己，今當退離邪惡方。

在生活中，有些人在生意不好、心情不愉快、家庭不和睦、事情不順等時，馬上會作一些佛事，比如念經等。但為了解脫而作佛事的，卻非常罕見。不過有人在

⑲即《顯密寶庫》25冊當中的《文殊占筮法》與《觀音占卜法明鏡論》。

作佛事後，不但未能如願以償，反而更加不順，好像起到了逆反作用。這是什麼原因呢？這是前世指望、依靠邪惡方的鬼神、魔眾、邪師等不正當力量所致。比如：依止的上師不具足正知正見，依止的法很邪惡，所念修的天尊是危害佛教和眾生的邪魔等。而且，還以自己的行為對許多眾生帶來了危害。現在這樣的惡業利刃已經輪轉到了自己頭上。從今開始，一定要遠離惡知識和邪惡的鬼神等，同時還應改善自己的身口意。

修心利刃輪釋

當然，也有人在作完念經等佛事後，效果非常明顯，比如疾病痊癒等，於是到處宣揚三寶的加持不可思議。但若在作佛事後沒有效果，再加上見解不穩固，佛教的基礎不牢，就有可能產生邪見，比如：作佛事一點用都沒有，上師、佛陀、僧眾、寺院全是假的。即或是佛教徒，也有可能不再修學。但我認為，這完全是錯誤的，因為會加重惡業，當然也不一定馬上被雷劈死。

其實，不僅作佛事有這種現象，看病、吃藥也有這種情況，比如：有些人吃了某位醫生所開的藥，效果奇佳；而有些不但沒有一點效果，反而病情更加嚴重。那我們能不能否認所有醫生和藥物全部是假的呢？當然不能。因此，不能怨天尤人，而應痛改前非。

《正法念處經》中云：「如是罪業，作時喜笑，得殃報時，號哭而受。」意思是說，在造惡業時歡歡喜喜、開開心心，在感受果報時，就會痛苦呻吟、傷心落

淚。在現實生活中，也有這樣的現象，比如：某罪犯在偷盜、強姦、搶劫等時，信心十足、能力超群；而在感受果報時卻哭哭啼啼、可憐兮兮！而欲遣除這樣的惡果，唯有勵力懺悔、行持善法。

在《法句譬喻經》中，有這樣一則公案：有一個人什麼都不如意，便以拜火來求福報和庇佑。每天晚上，他都用很多木柴堆在一起，並在熊熊大火面前禮拜，直至火滅方止。這樣精進不斷地拜了三年，也沒有一點好轉。於是他轉拜太陽和月亮，白天從日起拜到日落，晚上從月升拜到月降，在三年中，一直這樣不休不眠地禮拜，但也沒有任何好轉。於是他轉以祭祀天神來求福，在三年中，一直以殺豬、殺羊、殺牛等來供養天尊，但也沒有好轉。後來他聽說佛陀在舍衛城，便去拜見。佛陀告訴他：你所求與所行相違，若欲獲得快樂，則應棄惡從善、修己崇仁，如此而行命運方能改變。他頓生悔意，不久就獲證阿羅漢果。因此，大家一定要記住本頌所講的竅訣。

不過，若前世所造業特別嚴重，即生也難以逆轉。就像已判無期徒刑的人，即生很難獲得自由一樣。所以，這一輩子生活就會很苦。前段時間，我家鄉有一位八十多歲的老太太死了。我很小的時候，她就特別貧窮，當時她家是我們村最窮的。而現在她死了以後，家裡連念經的錢都沒有。一般在藏地，若家中死人，都會

為亡人念經，條件好的念49天，條件特別差的也要念7天。但他們說，7天都成問題。因為她的孫子是我資助的大學生，所以很多情況比較了解。聽到這個消息，我就想，有些業力確實很難改變。

所以，若罪業特別嚴重，很有可能一輩子生病，或不順，或貧窮，或醜陋等。比如，有些無論怎麼做整容手術，反而更加難看。若罪業很輕，稍微做一點整容手術，就特別漂亮。就像以前有人見到佛陀，馬上就漂亮了一樣。在財富等方面也是如此。因此，大家一定要懂得因果的奧秘。若每個人都相信因果，社會、國家就會進步，反之則會倒退。希望大家在這方面深入思考、分析，不要變成鼠目寸光。

祈禱三寶不靈時，是於佛教不誠信，

惡業利刃輪自己，今當唯依三寶尊。

在依止上師三寶的過程中，有緣分、有福德、有信心的人，比如前輩大德，通過祈禱，許許多多修行的境界、感應，馬上就會出現。當然，這也是我們最羨慕的。

最近，我讀了幾本藏地特別著名的高僧大德的傳記，讀著讀著，就特別羨慕他們的修行境界來得特別快，同時也深深地對自己產生失望：我通過這麼長時間努力修行，也見不到本尊、護法神，這是為什麼啊？但轉念又想：他們都是佛菩薩再來，或無量劫前就開始行

修心利刃輪釋

117

持善法，所以即生稍微修行就能開悟。而我無始以來都沉溺在輪迴當中，造了無數的惡業，即生幸喜遇到了上師和佛法，否則還要不斷沉溺苦海。雖然我跟他們有很大差別，但也算是不幸當中的萬幸了！

其實，在祈禱上師三寶的過程中，始終沒有一點感應，也不一定不好，有些聖者長期修行也沒有一點徵兆，比如無著菩薩在雞足山修學了六年，在顯現上連一個好夢都沒有。比較而言，我們在六個月中至少會有一個善夢，所以也不要過於失望。當然，也不應產生自己比無著菩薩強的傲慢心。

而頌詞說，祈禱三寶不靈時，是對佛陀、佛教、佛法、僧眾不恭敬，以及沒有虔誠信心導致的。因為信心是進入佛門的根本，若對佛也不信，對法也不信，對僧也不信，即使表面上再怎麼祈禱，也不一定有感應。《大方便佛報恩經》中講：表面上提婆達多經常在三寶前祈禱，但他對佛陀一點信心都沒有，口口聲聲都說「我是一切智人」，認為自己跟佛陀沒有任何差別。這樣的話，三寶的加持就沒辦法融入他的心。同樣的道理，如果我們對上師三寶沒有真誠的信心，對眾生也沒有悲心，那再怎麼作佛事，比如：祈禱三寶、祈求本尊、以酒、水果等來供養護法等，所求也不會如願。因為，三寶三根本的加持，只成熟在信心和善良的田土當中。若心田特別乾涸、荒蕪，就不一定能獲得三寶的加

持。

在了知是前世今生對佛法僧三寶沒有虔誠信心的惡業利刃輪轉到自己頭上以後，從今開始就應一心一意地信仰三寶，不應口是心非、表裡不一。若只是表面上特別信，形象上做個皈依，實際上對上師三寶並沒有恭敬心和歡喜心，沒有覺得他們是一切功德之主，那罪業也沒辦法遣除，功德也不可能顯現。若對三寶真正有信心，行為和發心就不會與之背道而馳。

《守護國界主陀羅尼經》中講：當時阿闍世王（即未生怨王）對很多因果道理都不相信，他問佛陀：人死以後，轉生地獄、餓鬼、旁生及人天，誰人見過，怎麼能了知？佛陀一一告訴他轉生五道的相以後，他仍半信半疑。於是佛陀以神通力，讓他見到了自己因殺害父親等惡業所感，而即將轉生的地獄。他毛骨悚然、恐懼萬分地說：「如我今日無依無怙，從今決定歸佛法僧。」並在佛陀前發露懺悔此生所造的一切惡業。

佛陀告訴他：譬如鐵球，直接投入水中，則會沉沒。若將之打造成一個缽器，放在水中，則會浮在水面上。有智慧的人就像缽器一樣，不會沉入苦海。你所造惡業應當墮入阿鼻大地獄中，於一劫中感受痛苦，但因你有智慧發露懺悔，短時墮入即會獲得解脫。就像壯男女以手拍球，暫時著地即會騰起一樣。從此命終，你就會往生到兜率天，並獲得彌勒菩薩的授記。

因此，大家一定要相信因果，這非常重要！在藏地，不管是出家人還是在家人，都經常講：這個人修行很好，他很相信因果，沒有問題。學院評委組選法師時，也經常聽到有人問：這個人智慧和人格還很不錯，但他在取捨因果方面怎麼樣？在習慣上，大家都以取捨因果為標準來判斷一個人。以後，所有佛教徒都要重視這個問題。如果只是嘴會說、手會寫，文憑、地位很高，而在因果取捨方面一點約束都沒有，那這個人就很可怕，因為他會以自己的聰明、權力、財富等，做很多壞事。所以，若誰不但相信因果，而且取捨因果非常細緻，那他絕對是一個很好的修行人。

妄念晦氣魔起時，是於本尊咒積罪，

惡業利刃輪自己，今當摧諸惡分別。

在平時修行或生活過程中，有些人一直妄念紛飛，同時因以前毀壞別解脫戒、菩薩戒和密乘戒的晦氣，出現種種魔眾干擾的邪惡景象，比如：心情不好，出現各種不正常現象等。這是什麼原因呢？實際上，這是自己往昔對一切本尊沒有真正信心導致的，比如誹謗本尊的身相等。現在有些人非常可憐，本來他不懂雙運像，但看到就指指點點、罵罵咧咧；對本尊咒也是這樣，本來自己不知道它的功德和作用，但卻說念誦沒有意義等，從而積累了無邊無際的惡業。

其實，很多本尊的身像、咒語、修法、儀軌，不僅

僅是藏傳佛教的專利，漢傳佛教也有。比如：在《乾隆大藏經》中，就有雙運毗盧遮那佛的念誦儀軌等。但很多漢地的人都不了解，進而幼稚可笑地指責、批評、謾罵密宗和藏傳佛教。雖然在即生中，他們有造惡業的自由，但來世感受精神癲狂，遭受各種分別惡念纏縛等時，卻唯有感受痛苦。就像現在有些人根本沒辦法聞思，分別念極多，心事重重，各種違緣層出不窮一樣。為什麼有些修行人，在十多二十年，乃至整個修行過程中，沒有很多尋思分別念，做善法特別順利呢？就是因為他們前世斷除了這樣的惡業。

我們經常看到，本來某人五部大論學得很好，極有前途，但過一段時間就產生分別惡念：不對，我最近頭特別痛，心亂如麻，一定要離開，三寶加持！眾生的業力真不可思議，說變馬上就變了，無論他人如何勸說都沒有用。有時我都覺得很可惜！在學院裡面，很多人都特別不錯，從他們的智慧、能力、相貌等各方面來講，將來攝受一大群弟子都沒有問題，但後來業力現前待都待不住。這很有可能是對本尊和咒語積累了罪業所致。

因此，在即生中，對上師、本尊、咒語以及甚深的密法等嚴厲對境，千萬不能誹謗，否則果報極為慘烈！相信大家都見到過這樣的事例。因為，蓮花生大士到藏地後，把密法交付於特別厲害的土地神等護法神守護。在沒有皈依蓮花生大士和三寶之前，在世間他們就非常

厲害，後來雖然皈依了，但因他們的性格和所守誓言的原因，若發現誰誹謗上師、毀壞密法，就會不同程度地給予懲罰。雖然上師特別慈悲，沒有一絲害意，但也沒有辦法。

在「文化大革命」期間，藏地很多密宗寺院都受到了嚴重破壞，而那些為了立功，故意砸毀佛像、燒毀殿堂的人，在即生中，百分之九十以上，都有各種各樣的悲慘遭遇，甚至因此而離開人間。當然，我並非害怕大家批評密宗，使其無有容身之地。而是因為，若在這方面不謹慎，無意之中就會造很多惡業。其實，這根本沒有任何必要。若自己實在沒有緣分，不想修學密法，悄悄離開就可以了。若故意誹謗密宗的佛像、佛法等，惡業利刃遲早會輪到自己頭上。與其後來可憐兮兮地感受痛苦，還不如提前摧毀自己的惡分別念。

若沒有摧毀惡分別念，很有可能馬上誹謗。在西晉末五胡十六國的後趙時期，趙國君主石虎特別尊崇佛圖澄大師，以致全國上下所有人都恭敬、依止、承事他。後來趙國受到晉國軍隊的威脅，石虎便對三寶產生了邪見。佛圖澄開導他：今生你能當國王，是你前世供養一座寺院的僧眾（其中有六十位聖者）的福德所致。而國家受到外敵入侵，此乃常事，又何苦怨謗三寶呢！石虎很有智慧，聽後便深信不疑，跪拜稱謝。方便的時候，希望大家能看一看《高僧傳》中這段歷史。

因此，大家都需要懂得佛教的教理，尤其應樹立因果正見。對非佛教徒來講，他造惡業，也情有可原。但若皈依佛門多年的人，還在不斷造惡業的話，那就太不應該了。所以，應經常學習《業報差別經》、《修心利刃輪》之類的經論。之後，在一切不幸降臨時，就能堅信是前世的惡業所致，而不會對上師三寶產生邪見，從而避免各種不明智的選擇。比如，通過學習一生獲得阿羅漢果位的微妙比丘尼的公案（詳見《賢愚經》），就會深信即生任何痛苦遭遇都是前世的業所致，而不會怨天尤人。

下面我簡單介紹一下，《六度集經》當中所記載的一個佛的本生故事。若有興趣，大家最好找原始資料詳細閱讀，之後內心就會有很大觸動。

往昔，菩薩（佛陀因地）出生在一個特別貧窮的人家，家人不願意養他，將他放在十字路口，希望好心人撿走。當天是整個國家的吉祥日，到處都舉行巨大的盛會。在當地的盛會中，一位有德之士講：今天出生的男孩和女孩都貴而賢。一戶姓四的人家苦於沒有孩子，聽說後非常高興，便四處尋找他人遺棄的孩子。在一位獨身女人處，他們以財寶換得菩薩，將之抱回家中餵養。

幾個月後，家中婦人懷孕，認為再也沒有必要養他姓之子，便把他扔了出去。隨後，一位牧羊人將他撿回家中撫養。後來四姓人家產生悔意，可能是怕生下女

修心利刃輪釋

孩，又把他抱回家中養了幾個月。在婦人生下男孩後，又把他扔了出去。一隊商人將他抱上車，中途就送給了一位前來索要他的獨身女人。養了沒有多久，四姓人家良心頓發，又以財寶將他換回家中，兩個孩子平等撫養。

幾年後，養父嫉妒菩薩比自己的親生兒子長得好看，有智慧，就把他扔到了山林中。一個樵夫發現後，便抱回家中養育。不久四姓人家良心發現，又以財寶將他換回家中。但他無論是學習知識，還是其他任何方面，都超勝親子，因此養父產生了極大的惡心，設計殺之而後快。但事與願違，不但沒有殺掉他，反而將自己的親生子殺死。接著，養父又設計殺害他，但也沒有成功，反而讓他娶了一位好妻子。很快，養父就在嫉妒的烈火中死去。

在這個公案中，菩薩對傷害自己的人，不僅未生一剎那惡心，反而發願在成佛時度化他們，最後事事吉祥。而黑心殺害他的人，卻以惡業殺害了自己和親子。實際上，在漫長的輪迴中，所有眾生是獲得痛苦還是快樂，完全是由自己心行是善還是惡決定的。因此，學佛的道友務必在轉變心行上下死功夫。如《法苑珠林》云：「若人心柔軟，猶如成鍊金，斯人內外善，速得脫眾苦。」當然，作為凡夫人，摧毀一切分別念，一切行為如理如法，也很困難，但每天都要嚴格反省自己。

第七課

因此，一邊聞思一邊修行最好。但有人認為：佛學院只有聞思，沒有修行。這種說法並不符合事實。去年所有漢僧都在修加行，而且時間和質量要求都很嚴格。當然，在修的過程中，也在聞思。我認為，聞思和修行並行，力量最大。如果什麼聞思都沒有，光是坐著，除了根機已經成熟的人以外，可能都很困難。而每天除了聞思以外，若不摧毀自己的煩惱和分別念，也很可怕。所以，早起晚睡都要修行，長期堅持，修法的力量就會越來越強。否則，光是口頭上說得好聽，相續與佛法就會越來越遠。噶當派有這樣的教言：若佛法與補特伽羅距離越遠，離解脫就越遙遠，而這正是我們所不願意看到的。

　　總之，在漫長的輪迴中，最榮幸、最快樂、最有意義的事，就是聞思修行佛法如意寶，而非發財、身心快樂、家庭幸福等。所以祝願大家，都能活到老、聞思修行到老！

修心利刃輪釋

第八課

通過這次學習《修心利刃輪》，尤其是其中的以溫和方式調伏自相續，我想很多人的修行都會有很大進步，因為每個偈頌都講到了我們身上的不良狀況，又講到了產生這些不良狀況或過失的原因，即前世今生所造惡業所致，最後還宣講了對治的方法。就像醫生看病，在認清病症後，還要準確斷定病因，最後才對症下藥一樣。若能依法服用，改正自己的過失就不會有任何問題。

如熊⑳漂泊山野時，是將師等擯出境，

惡業利刃輪自己，今莫將誰驅逐境。

在世間，有些人就像動物中的熊一樣，沒有自己固定的住處、家園和生存空間，無依無靠、到處漂泊，特別可憐！可惜，他們不像雲遊僧那樣，對家鄉等沒有貪執。為什麼他們會漂泊在山野、城市、路口等呢？這是他們前世有權力、威勢時，將德高望重的說法師、灌頂師等嚴厲對境，開除或擯除僧團或其他團體所致。現在這樣的惡業利刃已經輪轉到了自己頭上，即前世的業力於即生已成熟於自身。

為什麼他們感受的果報這樣淒慘呢？因為他人被開除後，往往走投無路、漂泊不定、痛苦不堪。而且，有

⑳有些版本是「如僕」，指像無依無靠的僕人一樣，到處漂泊。

人被開除是無緣無故的，也就是說理由並不充分。所以，管家、法師等有一定能力的人，要開除某人，一定要有真正的理由，比如已犯根本戒等，這樣就不會有過失。若明明沒有過失，卻依靠道聽塗說、栽贓、誹謗等不正當理由，將他人開除，過失就相當大。比如：在公務員中，有些被領導隨便開除；在企業中，有些下層人員被隨便解雇等。因為這些無辜受害者遭遇特別可憐，在下一世，自己就會變成以乞討為生的漂泊、流浪者。

所以從現在開始，在驅逐任何一個人時，都要通過智慧詳細觀察。若未經詳細觀察，不具備相應條件，就隨便將他人驅逐出境，業果就非常嚴重。因為，有權力、地位的人，以諸如「你給我滾」之類的一句話，就可以讓他人的一生有很大改變，甚至淪落到特別悲慘的境地。因此，大家在這方面一定要小心謹慎。

我以前講過，在《密宗大成就者奇傳》裡面，有一位梅志巴上師，他在布扎馬西拉寺見解上有非常大的突破後，就開始行持雙運等密宗行為。有一次，他跟一個女人一起喝酒，一個沙彌看見後，馬上告訴了僧眾的管家。管家來到時，女人已經不見了，酒瓶也沒有了。後來他顯神通，從自己口裡吐出乳汁，而沙彌卻吐出酒來，這件事情就這樣平息了。

過一段時間，一位管家（阿底峽尊者）親自發現他跟女人一起在宿舍飲酒，便找來幾位管家準備開除他。但他

127

通過念誦咒語等，使女人變成了金剛鈴，而酒瓶裡全是乳汁。管家等人不服，便每天跟蹤他，監視他的所作所為。有一天，當他們突然出現在他面前時，梅志巴尊者沒來得及通過咒語變化，就被僧眾開除了。

他離開寺院後，在恆河上鋪了一張牛皮坐墊，就像達摩祖師乘蘆葦渡江一樣，直接渡過了恆河。阿底峽尊者看到後非常後悔，因為開除了成就者。後來尊者一直在烈日炎炎的氣候下四處尋找，找到後尊者向他懺悔，並問如何才能懺淨罪業。他說：第一，你要去藏地雪域弘揚佛法；第二，你每天都要做小泥塔。

在《阿底峽尊者傳記》中則講：他們去開除他時，梅志巴上師穿過牆就走了。後來尊者問度母：我怎麼懺悔呢？度母告訴他：若想懺悔清淨，則應到藏地去弘揚佛法，還要每天做七七四十九個擦擦像（即小泥塔）。

雖然說法不同，但都共同認為阿底峽尊者並未認出梅志巴上師是一位大成就者（當然，他當時並沒有獲得最高的境界，後來才圓滿證悟），而且當時他也是顯現神變離開的。因為這個原因，阿底峽尊者到藏地後，有時外出弘揚佛法，在馬背上都要做擦擦像。

以前，曲恰堪布也講過一個擯除上師的公案：一座寺院有一位上師，後來這位上師戒律不清淨，有了女人。僧眾知曉後，私下商量：上師戒律不清淨是因為有了女人，我們明天早上把這個女人開除就可以了，上師

第八課

不能開除。第二天一大早，僧眾就集聚在一起。上師問：你們想幹什麼？他們說：我們要把那個女人開除。上師說：既然你們要開除她，那我也走了。然後上師就離開了這座寺院。當時曲恰堪布說：他們很笨！開除女人，上師肯定會走。

據《大方廣寶篋經》中記載：於一年三個月安居期間，文殊菩薩已經發願安居，但中間一直不知去向，在最後一天自恣日才露面。當時迦葉尊者是管家，就問文殊菩薩：你這三個月跑到哪裡去了？文殊菩薩回答：第一個月我在皇宮，和王妃們在一起；第二個月我在童子學堂；第三個月我在妓院和妓女一起生活。迦葉尊者特別不滿，馬上擊犍椎集合僧眾，準備開除文殊菩薩。

佛陀告訴文殊菩薩：你一定要對這些聲聞比丘大顯神通，讓他們對大乘佛法生起信心。於是文殊菩薩安住等持，迦葉尊者一看，十方無量無邊剎土，都有迦葉在擊犍椎，而這一切地方都見到文殊菩薩坐在釋迦牟尼佛前。於是佛陀問迦葉尊者：你想開除哪一位文殊菩薩？迦葉尊者當即知罪，並在佛前懺悔。佛陀告訴他：在這三個月中，文殊菩薩令皇宮五百女人，皆不退轉阿耨多羅三藐三菩提，令五百童子和五百妓女皆不退轉無上正道；同時，他還度化了無數人和非人，讓他們各自獲得不同境界。

迦葉尊者很驚訝，問：文殊菩薩說什麼法，能教化

這麼多眾生？佛陀說：你問文殊菩薩，他會回答你的提問。於是迦葉尊者問文殊菩薩：您以什麼方法度化這麼多眾生？文殊菩薩回答：除了說法之外，還用貪求、現大莊嚴以及威猛的行為等來度化眾生。

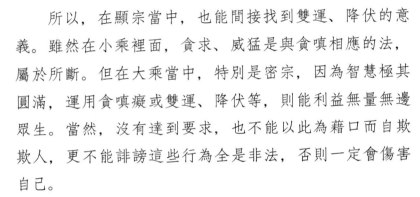

所以，在顯宗當中，也能間接找到雙運、降伏的意義。雖然在小乘裡面，貪求、威猛是與貪嗔相應的法，屬於所斷。但在大乘當中，特別是密宗，因為智慧極其圓滿，運用貪嗔癡或雙運、降伏等，則能利益無量無邊眾生。當然，沒有達到要求，也不能以此為藉口而自欺欺人，更不能誹謗這些行為全是非法，否則一定會傷害自己。

總之，通過學習本頌，希望管家或執事，在擯除他人時，一定要有正當理由，不能隨隨便便就將他人開除！

遭霜雹等不幸時，是未如理守戒誓，

惡業利刃輪自己，今當清淨誓言等。

在整個國土，或自己所居之地，經常出現冰雹、霜災、乾旱、洪水、地震等四大災難，這是受災地的人們，前世沒有守持別解脫戒、菩薩戒和密宗誓言導致的，現在這樣的惡業利刃已經輪轉到了自己頭上，從今開始，應誠信因果、斷惡行善，並守持清淨的誓言、戒律和人規。即使整個社會越來越缺乏道德規範，所有人都往下墮，自己也要尊重自然法則、人規和佛法，這樣

130

自己的身口意才會清淨。

但對凡夫人來說，所有戒律、行為都清淨也很困難，假若有破損，也不要破罐子破摔。在藏漢兩地，有些出家人還俗後無惡不作，有些居士犯了一兩個錯誤，就完全跟他人同流合污，這極不應理。在顯現上，阿底峽尊者入密之後，也經常出現過失。作為凡夫人，在受別解脫戒、菩薩戒、密乘戒後，一點都不違犯也不可能。所以在犯後要好好懺悔，沒有犯的地方則應盡量保護。若認為一條戒犯了，一切都沒有希望了，而不取捨善惡因果，則極其愚癡。

《百喻經》中講：以前有一個人，有250頭牛，他每天都精心飼養牠們。後來不幸，有一頭牛被老虎吃了。但他愚癡地認為：既然已經死了一頭，那就不全了，要其他牛也沒有用。於是便將其他249頭牛全部趕到坑裡殺了。同樣，若250條比丘戒有一條毀犯，就認為已經不具足比丘戒，而不守持其他249條戒律，那就與這個愚人的行為沒有任何差別。

當然，在《三戒論》等相關律學著作中，毀犯四根本戒中的一條，戒體還存不存在，是有辯論的。但不管怎麼樣，犯了一條戒，比如說妄語，在好好懺悔的同時，也要守護其他戒。若一次做壞事，從此之後所有惡業全部要做，所有善事全都不做，那就是愚癡的做法。

在末法時代，因為環境越來越惡劣，再加上眾生的

131

業力和煩惱越來越重，在有生之年當中，要守住所有別解脫戒、菩薩戒和密乘戒，也很困難。但我認為，一定要至誠發願。在上課前，一位藏族老鄉到我家中說：「現在環境太惡劣了，您一定要加持我，讓我在臨死之前千萬不要殺害任何眾生。若我道心毀壞、危害生命，那就讓我提前離開世間。我四十六歲，人也老了。」我說：「你還比較年輕，如此發願非常善妙！」

有些人心很善良，發自內心地發善願，這一定會成就。大家都知道微妙比丘尼，她為什麼遭遇那麼慘呢？就是她前世發惡願造成的。她說：「如果我害了你的孩子，那就世世讓我丈夫被毒蛇所殺，兒子被水沖、狼食，自身被活埋，自己吃自己兒子的肉，父母以及家人皆失火而死。」當時她根本不信善惡報應，發惡願也有如是果報。若有信心，發善願功德更大。

總之，大家千萬不要因為一條戒出現問題，就認為再也沒有希望了，而自暴自棄。相反，從現在開始，一切戒律、誓言皆應更加清淨。

欲望極大財乏時，是未布施供三寶，

惡業利刃輪自己，今當精進作供施。

世間有各種各樣的人：有些人財富不多，但欲望特別大；有些人欲望不大，但財富特別多；有些人欲望和財富都很大；有些人既沒有欲望也沒有財富。此偈著重講第一種人。

有些人欲望極大，尤其貪著財產，可以說欲壑難填，比如去百貨商場，對所有東西都產生貪心，但在財富方面卻很匱乏。這是什麼原因呢？既不是社會不公，也不是父母不平，而是往昔自己沒有下施可憐眾生，上供上師三寶的惡業利刃已經輪轉到了自己頭上。

如今了知原因後，為了自己將來的生生世世，都成為具福報、少欲望的人，一定要精勤上供下施。否則，沒有這樣的發願和福德，心裡想富裕、快樂，也是不可能的。《毗奈耶經》中云：「若人不作福，常受於苦報，若能修福者，今世後世樂。」意謂：人若不修福報，今生來世都會感受痛苦；若修福，今生來世都很安樂。所以，大家皆應精勤上供下施，否則很有可能永遠變成特別可憐的人，即使在其他方面有一點點功德，在財富方面也很欠缺。

《佛說貧窮老公經》（此經很短，方便時希望大家能看一看）中講：有一位活了兩百歲的老人，特別貧窮。為什麼他壽命很長，而缺乏財富呢？這是因為，他前一輩子緣一位前來化緣的修行人（彌勒前世），造下了善惡業故。也就是說，在六天六夜當中折磨，不給修行人吃，差點餓死；後來將之放走，強盜準備殺修行人吃肉時，又救了修行人的命。因為前世吝嗇的緣故，今生貧窮；因為前世救命的緣故，今生長壽。

因此，很多因果上的問題，肉眼不一定看得到。但

修心利刃輪釋

肉眼看不到，並不一定不合理。以前，我家鄉有一位特別愚笨的領導，「文革」期間他批評《極樂願文》說：「說極樂世界在西方，肉眼看不到，這多麼荒謬啊！……」現在他還沒有死，天天都念阿彌陀佛。可能當時受惡友影響，再加上自己很愚笨，於是就像提婆達多一樣誹謗佛法僧。

雖然有些因果肉眼看不見，但肉眼看不見並不代表不存在。我們好好想一想就會了知：在這個世界上，肉眼看不見的東西非常多，但不能因為肉眼看不見就否認、排斥，否則很多真理都會被抹殺。因此大家都要相信因果，因為無論是自身還是他身，這都是堪驗的。我看到身邊很多人，有人在無勤當中，智慧就自然而然流露出來，財富也滾滾而來。而有人無論怎麼勤作，智慧和財富都不如他人。所以不得不相信因果，這對自他今生來世都有好處。

這裡講，應精進供施。因為人生很短暫，手中的財富悉皆無常。若在自己擁有權利和各方面的機緣時，沒有將之用於正途則極為可惜。當然，也不能出離心特別強，所有東西全部上供下施，自己都無法生存。我覺得這也沒有必要，至少要能維持基本的生活。但也不能欲望難以滿足，或者特別吝嗇。自己所擁有的財富，每年都應上供下施一部分。即或一個月只有幾百塊錢工資，也應以十元錢買香、花供佛，以十元錢布施可憐眾生。

當然，除了實物以外，還應觀想；除了自己做之外，還要隨喜。但也不能以觀想和隨喜為藉口，而助長吝嗇之心。若有福報，則應多供施；若沒有福報，也要結上善緣。

相貌醜陋眷凌時，未造佛像嗔焚燒，
惡業利刃輪自己，今當造像性寬容。

有些人相貌很醜陋，自己都不願意看，一照鏡子就覺得：哇！這麼難看哪！天哪！自己對自己特別失望，甚至嚇了一跳。當然，親朋好友等也不會喜歡，還會經常受到侮辱、欺負等。這是什麼原因呢？其因有二：第一，前世沒有造佛像、佛塔等，即使造了，外相也不莊嚴，尺寸也不合格。第二，經常生氣、發脾氣。大家都清楚，嗔火焚燒相續時，特別不好看，尤其一邊哭一邊罵人，即使平時長相不錯，看起來很慈悲，也很難看、很可怕。

另外，故意毀壞佛像也是醜陋之因。在解放和文革期間，以及國內外滅佛運動中，很多人都用各種殘忍的手段來摧毀佛像，比如在文物館裡，很多佛像都沒有手腳等，那到來世，這些人即使能獲得人身，也會變成殘疾等不莊嚴的人。

若前世造了這些惡業，當惡業利刃輪到自己頭上，即使自己不喜歡，也不得不承受，因為業力已經成熟。不過，現在很多人都採取整容的方式來改變相貌，尤其

熱衷以旅遊的方式去韓國整容，返回時海關人員都不敢相信是本人。聽說在韓國，大多數父母都會為孩子留下整容費，到18歲時，就讓他們去整容。當然，整容對身體危害非常大，效果如何也與業力有關。

　　所以，以後有機會就應造佛像，而且不管是做唐卡還是做銅像、金像等，尺寸都要合格，外相也要莊嚴。現在這個時代，網絡特別發達，在造佛像等時，一定要盡力造莊嚴。否則，若技術、工藝很差，一傳上網，負面影響就很大。這樣的話，在眾多生世中，自己諸根都不會齊全。北宋時出版的《釋氏要覽》中云：「若匠人造像，不具相好者，五百萬世，諸根不具。」意思是說，泥匠、石匠、木匠等匠人，若造像不具足相好或不莊嚴，在五百萬世當中，諸根都不會具足。而現在依靠電腦和科學技術，一尊像輕而易舉就變成千尊萬尊，所以應嚴格要求。否則，懂因果的人都會擔心、害怕。反之，若造像特別精美，自己生生世世都會長得莊嚴、俊美。但有些人並不好看，卻自認為很好看，可能眾生業力不同，增加自信心吧！

　　頌詞還講，為了以後不醜陋、身相莊嚴，還應「性寬容」。也就是說，要經常修安忍，始終像彌勒菩薩一樣，樂呵呵的。不要因為一點點小事，就開始發脾氣，旁邊的人看了都膽戰心驚。我昨前天講過，有些人性格不好，別人並沒說錯、做錯，自己卻經常生氣、發脾

氣，這是不行的。雖然每個人都有很多不好的習氣，但在學了這些教言以後，還是應該盡量改變。不過在這方面，我也很慚愧，只有邊學習邊檢討，盡量用教言來對治煩惱。

其實，很多世間人有意義的事做得並不多，每天都為一些雞毛蒜皮的小事煩惱。尤其在大城市裡面，很多家庭都像小戰場一樣，經常為了一些小事吵架、打架，每天都發出叮叮咚咚等不正常響聲。若是真正的修行人，則應寬容。即使修行以前就性急，什麼事情都容易產生貪嗔癡等煩惱，在學佛以後，因為對整個人生有很深的感悟，也應有所改變。當然，也不能隨順他人的無聊行為，在對今生來世沒有任何意義的情況下，也不能浪費財產、時光、人生，應時常提醒、勸勉自己好好學習、精進修行！

如何做皆貪爭時，是入剛強劣相續，

惡業利刃輪自己，今當根除我與你。

有些人無論是到寂靜的寺院、佛學院、禪修中心，還是到熱鬧的城市，以任何方式做任何事情，始終離不開恩恩怨怨，比如對親方產生如熊熊烈火般的貪心，對敵方產生如滾滾沸水般的嗔恨。這是什麼原因呢？這與今生沒有修行有關，也與往昔心行特別剛強難化、粗暴野蠻，具有邪見、成見有關，現在這樣的惡業利刃已經輪轉到了自己頭上。

在現實生活中，相信大家都看到過，有些人性情特別溫和，做任何事情都很容易成功，尤其在善法方面。而有些即使到了佛學院、閉關禪修中心等寂靜處聞思修行，貪嗔癡等煩惱也難以對治，這就是很多生世性格特別不好導致的。比如：若前世貪心特別嚴重，在短短幾個月或幾天當中修不淨觀，是不可能斷掉貪心的；而長時串習嗔恨，比如天天打仗的人，即使去寺院出家，短時間也很難斷掉嗔恨。

但不管怎麼樣，在即生當中，一定要根除你和我的執著，因為這是排斥、毀壞、消滅敵方，包容、維護、保護自我的罪魁禍首。那怎麼根除呢？按照大乘佛教的教義，應該自他換位思考，常修自他交換。如《入菩薩行論》云：「若人欲速疾，救護自與他，當修自他換，勝妙秘密訣。」意思是說，如果想在很快的時間當中，救護自己與他人，則應修自他交換這一大乘佛法最甚深的秘訣。因此，我們皆應以此法來平息自他分別，否則修行永遠也不可能成功。以前朗日塘巴尊者說過，利己是一切痛苦的根源，利他是一切快樂的源泉。若沒有利他心，修持正法尤其是大乘佛法，則不可能有機會。

有人經常認為：我已經是出家人或居士了，為什麼貪嗔癡還那麼嚴重呢？當然，前世的業也不可否認，但最關鍵的，還是今世要好好修行。無論是大乘顯宗的修心法門，還是密法，一定要串習。不能因為現在煩惱

第八課

重，就覺得修行沒有希望而不修持，應再三堅持修行下去。到一定的時候，回顧自己的一生就會知道：剛開始修行時，分別念就像瀑布一樣，稍後就像緩緩流淌的河水，再後就像大海水，最後如如不動如須彌山王。也就是說，剛開始修行分別念重是正常現象，但若長期串習，則不可能不生起覺受。

有些修行人，因為具足前世的福報和即生的努力，無論時間再長、再辛苦、再勞累，都願意修行下去。而有些人只是試一下，修不好就離開。所以經常換道場、換上師、換傳承，這是不成功的標誌。我小時候放犛牛，有些犛牛很聰明，在一個有草的地方一直吃，吃飽了就睡著。而有些犛牛這裡吃一點、那裡吃一點，從早到晚跑來跑去，結果到太陽落山，肚子還是餓的，睡都睡不著。當然，這個比喻也不敢用在修行人上，但也可以說明，在遇到上師和佛法後，應該幾十年如一日地穩重修持，不應跑來跑去。人生很短暫，若沒有正確定位，修行則不可能成功。就像一位學生，換了很多老師，最後的結果就是學業不成功。當然，求法是可以的。希望大家在這個問題上好好觀察，看如何才有利於修行成就？

修行皆不切要時，是劣見解入心中，
惡業利刃輪自己，今當所作悉利他。

有些人不管修顯宗、密宗任何一法，比如暇滿難

得、菩提心、往生四因、生起次第等，皆不能切中要點，致使修行不成功。（而無垢光尊者等前輩大德，無論修什麼法，比如金剛亥母、文殊菩薩、觀音菩薩等，很快就能成就。）這是常見、斷見、自私自利等惡劣見解，已經入於自己相續的緣故。而其因有二：一是無始以來串習惡劣習氣，二是即生沒有樹立正見。所以，即使表面上在修密法等，內心卻耽著外道等低劣見解。但在這樣的惡業利刃輪到自己頭上時，也不能灰心失望，認為修不成功而馬上放棄，應該斷除自私之心，精勤利益他眾。在此基礎上，一切修行都會成功。當然，這也是在修行之前，念皈依偈和發心偈的原因。

《入菩薩行論》中云：「於此無我軀，串習成我所，如是於他身，何不生我覺？」意思是說，既然能將無我的身體串習成為我所，那為什麼不能緣他身生起我的感覺呢？若不懂得這個道理，要像愛我一樣愛一切眾生，就很困難。若懂得，自私自利心就會逐漸淡化。遠離了自私自利，修行才能成功。因此，我們為什麼不捨棄私利而利益眾生呢？希望大家都要記住這個要訣。

若真正生起了利他心，在此基礎上，哪怕修短短時間，比如早起後修半個小時，晚睡前修半個小時，其功德也無量無邊。有些人白天一直為弘法利生發心，這已逃脫自我執著的網罟，其力量、利益不可思議。因此，大家做任何事都應發菩提心，都要減少我執，這就是前

輩大德留給我們的竅訣。比如：今天不管是修生起次第、圓滿次第，還是修加行、正行，抑或念誦懷業祈禱文等，都要以消滅我執、利益眾生的心態攝持。

當然，在短暫的今生中，要度化天邊無際的眾生，也不一定具備這個實力或能力。但只要努力，度化少量眾生，或一個兩個，還是有可能的，而這就是人生的價值。在佛傳中，佛陀因地一生度化一個眾生，也是非常精彩的傳記。所以在臨死之前，能為佛法和眾生做一件好事，也是非常有意義的！

但現在很多修學禪宗、淨土、密宗的佛教徒，口口聲聲都為了自己獲得解脫、獲得快樂，可以說這就是每位凡夫人最大的毛病，因為這並不是大乘佛教的究竟宗義，最多是小乘的希求和願望。所以，大家在修行過程中，應經常調整自己的心態，不要隨著無始以來的習氣轉。若出現我的念頭，則應攻擊、摧毀它，這樣修行才會有進步。

當然，大多數道友進步都比較快。六年前講《入行論》時，很多人自私自利心特別重，而現在雖然有自私自利心，但跟往年相比完全不相同，因為都生起了利他心。因此，只要堅持聞思修行，見解和行為都會有所改變。

第九課

通過學習以溫和的方式教誨這一科判，就能了知：在即生中，自己身上發生一些不愉快的事情，都不是平白無故而來，而是有因有緣的。所以，在生活或修行過程中，遇到一些不開心的事情，就要想：這是自己前世或今生所造惡業所致。但很多人往往抱怨外境，將情緒發洩在他人身上，這極不應理。若是真正的修行人，則應通過調整或反觀自心的方式來斷除煩惱，而這正是智者的行為。

行善自心不調時，是圖即生大富貴，

惡業利刃輪自己，今當策勵求解脫。

如果在行持聞思修行、弘法利生等善法的過程中，自心越來越沒辦法調伏，甚至剛開始性情還比較調柔，後來煩惱卻越來越重，心也越來越剛強，此時千萬不能責怪上師、道友、佛法，更不能捨棄他們（當然邪而不正者除外），而應了知這是自己前世今生貪圖即生大富大貴，或今生的榮華富貴所致。很多人特別希望即生獲得世間圓滿，比如：名聲、財產、地位、勢力、妙色等，但這完全與解脫道相違。現在這樣的惡業利刃已經輪轉到了自己頭上。從今開始，應鞭策、鼓勵自己追求解脫，生起從三界輪迴出離的心。

出離心非常重要！若沒有生起出離心，則不算真正

的修行人，因為貪著世間五欲六塵，絕對會墮落。《方廣大莊嚴經》中云：「若著五欲者，即失解脫樂，誰有智慧士，而求大苦因？」意思是說，如果誰貪著五欲，一定會失去究竟的快樂——解脫，所以真正有智慧的人，怎麼會去追求巨大痛苦的因——世間八法、榮華富貴呢？但很多人整天都追求這些，特別可怕！

所以，修行人都要生起出離心。若沒有出離心，一邊貪著今生的健康、快樂、成功，一邊修菩提心、大威德、大圓滿，也不能調伏自心、獲得解脫。若有出離心，並將追求名聲、地位、財富等世間法的精力、時間用在追求解脫方面，就像《前行》裡面所講的一樣，則一定能夠獲得成就。

在《雜阿含經》中，有這樣一則公案：有一天早晨，佛陀和阿難尊者從給孤獨園外出化緣，看到很遠的地方有一對像乞丐一樣的年老夫妻，他們身體戰慄，非常可憐！佛陀問阿難尊者：你看到這一對可憐的夫妻沒有？阿難回答：看到了。佛陀說：這兩個人在少年時，若非常努力地勤求財物，則會成為舍衛城第一大富翁；若出家學道，則會獲得阿羅漢果位。若在壯年時努力地勤求財物，則會成為舍衛城第二大富翁；若出家學道，則會獲得阿那含果位。若在中年時努力勤求財物，則會成為舍衛城第三大富翁；若出家修道，則會獲得斯陀含果位。可惜，他們在世間法和出世間法方面都沒有努

力，今天落到這種慘狀。

從這個故事可以看出，佛教並不承許：一切都是前世所造、命中註定，今生努不努力結果都一樣。《百業經》中也說：若沒有懺悔，則會變為旁生；因為懺悔的原因，不但不會轉為旁生，連人道都不會棲息，而會直接獲得解脫。因此，雖然今生與前世有關，但在即生當中也應努力，若努力則有成就的機會。

但現在世間很多人，都將學法的因緣一推再推，比如有人對我說：我要回去賺錢，等事業、家庭好起來後，再來修行；我一定要成功，等成功以後，再來學院發心，再來做功德，再好好聞思修行……把人生看作常有，而不知道是無常的。不過我也常勸他們：「你不能太慢了，否則永遠也沒有修行的機會了。」所以，大家一定要抓住機會精進修學。

其實，只要精進，解脫就在當下。米拉日巴尊者曾說：「你們以我為金剛持，當然會得到加持，可是你們以為我是化身，這對於我固然是淨信，然而對於法卻成了無比的大邪見！這是因為你們對於佛法的偉大果利不了解的緣故。」當然，也有古佛再來的，比如六祖、無垢光尊者等。但最根本的，還是自己要努力聞思修行，若斷除煩惱、智慧圓滿、弘法利生事業廣大，後人也會稱你為普賢如來、文殊菩薩、觀音菩薩等的化現。若即生沒有努力，解脫則無比遙遠，因此務必勵力求解脫。

誦經思擇後悔時，無愧喜新好高攀，

惡業利刃輪自己，今當交往悉謹慎。

在行持念誦經典、思擇法義、聞思修行等善法的過程中，有時會沒有感應或感覺，所以經常產生後悔心，比如：我長年做了這麼多念誦等功德，現在看來完全錯了，等等。有些為上師發心的人，在與上師發生小小的摩擦、誤解、矛盾時，也開始抱怨，比如：我已發心十幾年，這太浪費時間、太不值得、太愚笨了。當年，我為什麼依止這麼一個人，為什麼做這件事情？！

其實，這是很愚癡的！若為個人當僕人，十幾年過了什麼感應都沒有，最後抱怨也情有可原。但為弘法利生發心，則不應該產生後悔心，因為行持善法後生起後悔心，會摧毀自己的善根，而這樣的後果自己根本不願意看到。不過在被業力催動、驅使下，自己也無能為力、無可奈何！

實際上，這是往昔自己在眾人面前無慚無愧，做什麼事都不講因果規律；人與人之間交往，喜新厭舊，沒有長遠情誼，甚至所修佛法也換來換去；好高攀、好高騖遠造成的。

在生活中，很多人特別喜新厭舊，不要說十年二十年，在兩三年中，從行為、表情上也看得出來，因為前後截然不同、判若兩人。有些人特別喜歡高攀有名聲、地位的人，以及禪宗、大圓滿等大法、高法，眼中根本

瞧不起沒有名聲、地位的人，對暇滿難得、壽命無常、因果不虛等基礎法，也不屑一顧。每當我看到這些口口聲聲說大話、高談闊論的人，就感到很可笑，因為他們根本不懂佛法，也沒有佛法的境界。其實，這是以上所講的惡業利刃，已經輪轉到了自己頭上。

從今以後，在交往他人時，一定要小心翼翼。因為，若經常與一些沒有內在知識，僅有外在名聲的人交往，則不可能有好的結果。即使名聲與內證相符，自己也不一定相應。所以，所尋找的上師與佛法，一定要與自己相應，一定要有德行，一定要是正法。《法集要頌經》中云：「不親惡知識，不與非法會，親近善知識，恆與正法會。」因此，皆應親近善知識，皆應修學正法。因為，唯有他們能對自己生生世世帶來快樂。但很多人往往將戒律清淨，有德行、禪定、智慧的高僧大德不放在眼中，整天四處尋找名相師、高法、大法，那自己的相續就會與正法南轅北轍。

在《出曜經》中，有這樣一則公案：當年，耆婆醫師迎請佛陀和僧眾到家中應供，除周利槃特之外。當他向佛陀供養淨水時，佛陀不接受，並說：還缺周利槃特比丘，他沒有到，我不接受供養。耆婆說：他在四個月中連一個偈頌都記不住，而牧人都比他強，這麼笨的一個人，請來有什麼必要呢？佛陀說：若不請來周利槃特，我不接受淨水。（其實，當時周利槃特已經獲得聖果，但耆婆

根本不知道。）於是他勉強把周利槃特請來。佛陀告訴阿難：你將我的缽盂給周利槃特。佛陀等周利槃特得到缽盂後，又讓周利槃特將缽遙遞給他。於是周利槃特示現神變，將缽盂遞到佛陀的手中。耆婆醫師見後，非常慚愧，並馬上作了懺悔，覺得毀辱了聖者。但他對其他比丘又退失了恭敬心。

當時佛陀廣說前世因緣：以前，耆婆醫師是一位賣馬的商人。有一次，他將一千匹馬吆到鄰國去賣，途中一匹母馬產了一匹小馬，他覺得帶著牠耽誤時間，就送給了他人。鄰國國王特別擅長看馬，當聽到那匹母馬的鳴叫聲時，就斷言牠生下來的小馬，與一千匹馬的價值相等，並說：若沒有得到牠生下來的小馬，就不買這一千匹，若得到這匹小馬，這一千匹全都可以買下來。後來商人不得不返回尋找。但小馬提前就以人的語言對新主人說：若舊主人來找我，你就說需要以五百匹馬來換。商人到後，新主人就提出了這個條件。商人只好以五百匹馬來交換這匹小馬。

佛陀告訴耆婆：當時的小馬就是周利槃特，而商人則是你。以前，你先輕賤小馬而看重五百匹大馬，後來你看重小馬而以五百匹大馬交換。而今日，你也先輕賤周利槃特而重視五百比丘，後來又重視周利槃特而輕賤五百比丘。

從這個公案可以看出，耆婆生生世世對眾生都沒有

平等心。若對眾生平等，則不管表面看來小也好、大也好，都會平等待之。若心不平等，前世重高法、大法，輕小法、低法，恭敬有地位、名聲的大人，輕賤無地位、名聲的小人，即生在行持善法的過程中，就會產生後悔心。在修行和發心過程中，也會發生許多自己不想看到的事情。

在漢地，為什麼有些人會說自己前世是什麼，即生如何具有神通、神變，就是為了獲得他人的恭敬，讓自己受到好的待遇。很多人也很盲目：他真有神通，跟佛陀沒有差別，於是盲目依止。當然，這與佛教徒的綜合水平比較低有關，也與自己前世的業力有一定的關係。所以我特別希望大家，一定要明辨真假，並謹慎自己的言行。

當然，從本質上講，佛法並沒有真假之別。藏傳佛教的四大教派：格魯、薩迦、寧瑪、噶舉，都是純潔的佛法。但因人的分別念作怪，所傳授的卻不一定是真正的佛教教義。所以導致現在非議、批判藏傳佛教的人日益增多。其原因並不在於佛教，而在於佛教徒。

我曾經講過，極個別人打著藏傳佛教的旗號，他們心中裝的並不是佛法和眾生。而部分信徒並不想獲得解脫，在追求自己目標的過程中，發現了這樣的廣告，便像餓狗和精肉碰在一起一樣，飢不擇食地依止，過一段時間就後悔、誹謗。比如：我給某某上師供養了多少多

第九課

少錢，但他們寺院根本就沒有造佛像、佛塔等；在當地，這位上師並不是真正的上師……甚至上師和弟子在法院見面，很不愉快！

正因為剛開始佛教徒沒有以智慧觀察，導致出現了很多鬧劇。所以很多對佛教半信半疑，或準備學習的人，在聽到這些消息後，就開始害怕、遠離，甚至到處說：以後再不能親近這些人，尤其穿紅袈裟的。因為他們沒有學習過因明，所以心中想：既然他是這樣，那跟他穿一樣衣服的人也是如此。而將本來具有不遍過失的推理，當做正理。

因此，大家都要對佛教負責任，不要一直埋頭聞思，應時常抬頭看看周圍的人、周圍的事，尤其應關注佛教徒在尋找心靈諾亞方舟時到底發生了什麼？若不關心，對自他都不一定有好處。當然，每個人的精力、發心、發願都有限，即生真正對佛法做出巨大貢獻，對誰來說都很困難。但都要盡量幫助周圍的人，哪怕讓一個人不誤入歧途，也很有意義！

總之，為了不讓自他做後悔的事，每個人都要認真觀察自相續。否則，現在雖然是佛教徒，也在學院多年聞思，但再過幾年，若自己定力不夠，行為不如法，很有可能對佛教帶來不良影響。在這方面，大家不得不注意！

他之狡詐欺己時，是自私慢貪念大，

惡業利刃輪自己，今當於物悉寡欲。

在即生中，他人經常用一些狡詐、虛偽的手段來欺騙、欺惑自己，使自己上當受騙。這是前世自私自利、貢高傲慢，對人、物的貪欲極其強烈，這樣的惡業利刃輪到自己。從今開始，應盡量知足少欲，對人和物都不要有過多欲望。

實際上，現在整個地球很多人的行為都不規範，就是欲望太大造成的。因為人受欲望支配，就不會顧惜生命的珍貴，甚至除了自己以外的所有生命都不會尊重，也不會管周圍的環境，對道德等也會肆無忌憚地踐踏。當今世界，很多人對財色名利都不滿足，每個人的欲望都像熊熊烈火一樣燃燒，這樣痛苦就會不斷增上，甚至毀壞整個社會。

不過從根本上講，就像斷法中所講的一樣，還是我執慢魔在作怪。若我執慢魔一直存在，生老死病等各種痛苦就會不斷發生。《大寶積經》中云：「欲斷諸有苦，遠離老病死，當捨於憍慢，常行菩薩道。」所以，想斷除世間一切痛苦者，皆應捨棄我執傲慢。因為只要我執存在，就會有貪求、欲望，最後一切痛苦都會出現。因此，所有人都要認真修學佛法。

但修學佛法一天兩天也很難有成效，一定要長期努力，尤其應重視修學業因果。我去學校和知識分子交流時發現，他們根本提不出因明、中觀等佛教甚深問題，很多都卡在業因果上。比如，很多人提出的問題，都有

這種傾向：若真的有善有善報、惡有惡報，那某人做善事，為什麼他即生不快樂？而某人無惡不作，為什麼他今生如是幸福？這說明善惡因果的道理值得懷疑。

其實，對稍微懂得一點佛教理論的人來講，根本不會有這樣的疑惑。佛陀在《雜阿含經》中告訴弟子：農民在耕地、灌溉、播種之後，不會想今天、明天、後天收穫果實，他會想：我現在播種之後，隨著時間的推移，在因緣成熟時，就會有收穫。同樣，作為修行人，在修學戒定慧三學之後，也不應想今天、明天、後天得到成果，隨著時間的流逝，在因緣成熟時，修學戒定慧的善果，就會在自相續中成熟。

又如，母雞孵小雞，牠不會想用爪或口破開蛋殼，讓其兒安隱出生。因為長時愛護的緣故，其兒就會從卵中順利產出。同樣，行持任何一個善法都不能想：我今天做善事、守戒、修禪定、聞思修行，明天、後天、這一輩子，一定要成熟果報。因為，這根本不符合因果規律。

昨前天，我講了一個有250頭牛的寓言。第二天，兩位資助智悲學校的居士對我說：為了聽這一堂課，早上七點鐘吃了一碗麵，就匆匆忙忙往學校趕，中午也沒有時間吃午飯。到學校剛好趕上聽課，晚上下課就11點多了，所以晚飯也沒有吃。雖然一天只吃了一碗麵條，但還是聽到了一堂課，其中250頭牛的公案印象特別深

151

刻，對自己影響很大。所以在座的各位，不要每天都聽課卻沒有一點感覺，就像每天都吃好吃的東西，而感覺不到好吃一樣。不管是教證還是公案，都要得到利益，就像每天只吃一餐飯，感覺特別香一樣。

這兩個比喻，以及其所表達的意義，希望大家都要記住。否則，當他人駁斥因果規律時，就無言以對。比如當他人問：為什麼我做善事得不到報應？此時就可以反問：農民會不會問，為什麼我現在種莊稼，還那麼貧窮？最後再告訴他：現在生活窮苦，是因為去年莊稼沒有種好，而不能怪現在種莊稼沒有收成，因為現種現收誰也沒辦法，所以你的想法並不正確。

不知是否與這個比喻有關，在講因果規律時，很多農民都容易接受，而知識分子卻成見很深。以前，一位講辯證唯物主義的老師，經常對我們講「種瓜得瓜、種豆得豆」，但他卻說沒有善惡因果。我很不滿，無論是在課堂上還是在課後，都經常與他辯論，始終堅持善有善果、惡有惡果。雖然他盡力破斥，語言也很蒼白，但他卻說：「索達吉，索達吉！你思想有問題。」

總之，在生活中行持善法時，應遠離自私自利、無有傲慢，對人和物都不要有強烈的貪欲。

講聞反增貪嗔時，是未深思魔過患，

惡業利刃輪自己，今當思擇斷違緣。

按理來講，通過聞思修行、講經說法，應該斷除自

152

相續的貪嗔癡等煩惱。可是，有些人反而成了產生貪嗔煩惱的因，要麼處於對自方的貪心，要麼處於對他方的嗔恨。這是很長時間沒有深思魔眾過患的惡業利刃輪到自己，致使魔王波旬有機會以各種方式干擾自心。從今開始，應思擇魔的過患，斷除種種違緣。如《禪宗永嘉集》云：「正慧堅固，不被魔攝。」意謂：若自己智慧堅固，魔事就不會發生。

不過，這需要提前做準備。在《現觀莊嚴論》和《般若攝頌》當中，講了46種魔障，若提前有所認識，到時就不會受危害。所以，在平時生活和聞思修行的過程中，為了不受貪嗔癡等煩惱危害，一定要長期思維魔的過患。

對修行人來講，值遇魔眾乃正常現象。佛經中說：有一位比丘尼禪定非常好，除了早上外出化緣之外，其他時間都在林中入定。魔王波旬發現後，特別不高興，便想毀壞她的禪定。它變成一位莊嚴的男子，到她面前說：你住在這裡有什麼目的？是不是失去了親人？……用一些漂亮的語言來引誘她。這位比丘尼說：你到底是人還是魔？我在禪定中如如不動，你不可能毀壞我的境界。然後魔王波旬就離開了。在佛經中，諸如此類的公案非常多，但要獲勝一定要有修行。

現在有些修行人，表面上看來有名聲、財富、地位，但對修行來講，卻不一定是件好事，因為心很容易

被腐蝕。學院裡面有些女眾說，我找到了一個道場，便匆匆忙忙離開學院。其結局就是離開聞思修行的道場，到處漂泊不定，甚至破戒還俗。當然，也有極個別人變成道場的住持。因此，大家的心不要經常變動，尤其是女眾。

其實，無論是在國內外，住持道場都不容易。今天有些女眾說：某國家有某仁波切，這位仁波切的道場特別好，若去那邊，家人也會支持，周圍的人也會幫助，這樣的話，還是很成功的！若定力不夠，聽到這樣說，就會想：我到那邊道場，很有可能變成最高法人代表，然後就會擁有鈔票、勢力、前途。回來時，別人對我的評價也會與以往不同……但結果是什麼樣，卻很難說。

在修行過程中，有時違緣會以順緣的方式出現，到一定的時候自己就會說：若我以前沒有離開，就會如何如何。但被業風吹動時，上師、道友等也無法阻攔。就像《前行》裡面所講的一樣㉑，「千萬不要向南方走……」，「不要朝南方走……」，「不要向南方走了……」，但他仍要往南方走，最後遇到了特別可怕的對境。

表面看來，很多東西特別美好，實際上背後卻隱藏著獠牙畢露的魔王波旬，在面具脫落時，想逃避也沒有辦法，而後悔莫及，所以提前就要有所準備。《諸法集

㉑詳見《前行引導文》中，匝哦之女的公案。

要經》中云：「智者善調伏，心種種過患，則超出魔網，得渡於彼岸。」若誠心誠意祈禱三寶，不離善知識、出離輪迴、行持善法的心很真誠，所有魔王波旬都會羞恥離去。若沒有這樣的心，出現一些特別歡喜的景象時，就很難應付、對治。所以，在修行過程中，要善調自心、戰勝魔軍，尤其是在末法時代。

一切妙行變劣時，是曾恩將以仇報，

惡業利刃輪自己，今當頂戴大恩人。

一切好的行為都變為惡劣，一切好事都變為壞事，比如：有人想好好發心，做一些好事，但結果卻與計劃背道而馳；有些道友剛出家時，很想一輩子做清淨的出家人，但到後來也未如願以償；有些人想在某個利益眾生的事業上做貢獻，但到後來反而成為毀壞自他的因。這是什麼原因呢？這是自己前世曾經恩將仇報，這樣的惡業利刃輪到自己。從今開始，凡是對自己有法恩、財恩的人，都要恭敬，還應滴水之恩、湧泉相報。

我經常講，上師如意寶一輩子特別重視報答恩德。所以，哪怕對我們有小小恩德，也不能忘記，否則就成了忘恩負義之人。麥彭仁波切講過：忘恩的人，所有天眾、護法神、人類都會拋棄，就像扔在路邊的屍體一樣，誰都不會理睬。不僅不會理睬，在感受因果報應時，所有事情都不會有開心的結局。

以前，500隻狐狸經常跟一頭獅子在一起，獅子每

修心利刃輪釋

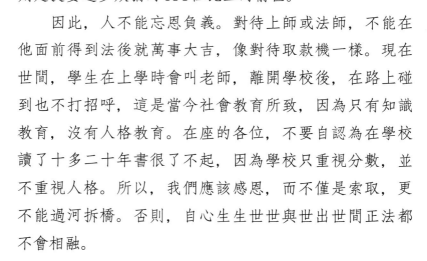

天獵殺動物時，牠們就跟在後面享用，所有生活都依靠牠。後來獅子落入坑中，其他499隻狐狸都跑了，其中一隻想報答恩德，就將旁邊的黃土填入坑中，讓獅子跳出。獅子跳出後，非常感恩這隻狐狸，但狐狸卻謙虛地說：這是我應該做的，非常感謝你長久以來的幫助。這隻獅子是釋迦牟尼佛前世，狐狸是阿難前世，其他狐狸則是提婆達多欺騙的499位比丘的前世。

因此，人不能忘恩負義。對待上師或法師，不能在他面前得到法後就萬事大吉，像對待取款機一樣。現在世間，學生在上學時會叫老師，離開學校後，在路上碰到也不打招呼，這是當今社會教育所致，因為只有知識教育，沒有人格教育。在座的各位，不要自認為在學校讀了十多二十年書很了不起，因為學校只重視分數，並不重視人格。所以，我們應該感恩，而不僅是索取，更不能過河拆橋。否則，自心生生世世與世出世間正法都不會相融。

作為凡夫人，修出大的成就，確實很困難。但在有生之年當中，無論是心態還是行為，對老師等具有恩德的人，都要盡量感恩、報恩。比如：在我最貧窮時，這個人給了我兩塊錢；在我最痛苦時，這個人安慰過我……現在我有能力，只要有機會就應報答他的恩德。雖然這是執著，但有時善的執著也值得稱許。

麥彭仁波切說過，轉法輪並不是自私自利心，而是

大悲心。同樣的道理，在世俗中，知恩報恩也值得提倡。所以，不能以勝義空來破斥世俗有。若是這樣，那我們也可以說：世界不都是原子組成的嗎，你還要用碗啊？你還要吃飯啊？原子組成的人，怎麼還要吃原子呢？這不是原子吃原子嗎？若以專業術語來糊弄，我們也會，所以沒有必要亂說。

修心利刃輪釋

通過學習以溫和的方式教誡斷除我執，能了知：即生所遭受的一切痛苦和不幸，都是前世所造惡業利刃輪到自己頭上所致，因此不能怨天尤人，而應勤斷眾惡、普敬一切，並代受所有眾生的痛苦，以摧毀輪迴衰敗的根源——我執、我愛執和我所執。

總之不幸臨頭時，如鐵匠由自劍傷，

是惡業刃輪自己，今當於罪不放逸。

在平時生活中，遇到任何不幸的事，比如：身體多病、心不快樂、工作不順利、人際關係不融洽、經常產生貪嗔癡煩惱等，此時應想：就像鐵匠被自己所造的鋒利寶劍所傷，或軍人被自己所磨的寶刀砍中一樣，是往昔所造的惡業利刃輪到自己頭上。從現在開始，應依靠善知識的開示和殊勝的教言，用正知正念守護自己的相續，於罪業小心謹慎、不放逸。

有些人不懂因果，認為一切事情都是偶然發生，或忽然產生的，而沒有警覺罪業的心，這特別可憐！因為沒有懂得，一切痛苦皆是惡業或集諦或前世今生的惡因所致的道理。若以前造了惡業，即使特別了不起的高僧大德，也會感受種種痛苦和不幸。藏地無著菩薩的傳記中講：他童年時遭遇了種種不幸，比如：三歲時母親去世，五歲時父親去世，後來由外祖母撫養。到九歲時外

祖母也去世了，從此便無家可歸。後來才慢慢遇到善知識，最終成為一位了不起的大德。

但有人偏偏認為：我是出家人又是法師，還行持了很多善法，為什麼即生還會遇到種種不幸和痛苦呢？實際上這種想法並不合理，因為善惡業的果並不相同。比如在做善事時，發生種種不愉快的事情，雖然做功德對自己非常有利，但前世的惡業仍會成熟於自身。也就是說，現在所造功德的果於將來成熟，今生所遭受的痛苦是前世所造惡業所致。

作為佛教徒，這個道理一定要清楚，否則很難對因果生起誠信，比如：在修行過程中出現身患疾病、家人死亡等不幸時，就會覺得行持善法沒有意義，上師三寶或諸佛菩薩不靈驗等。

《法句譬喻經》中，有這樣一則公案：佛陀的功德極其超勝，經常受到人們的讚歎。五百婆羅門妒火中燒，經常尋找佛陀的過失，欲誹謗之。他們想出辦法，讓屠夫殺生請佛及僧應供。若佛讚歎屠夫的功德，則說：你不是說殺生有很大罪過嗎，為什麼還要讚歎呢？若佛沒有讚歎，則說：你不是說供養有很大功德嗎，為什麼不認可呢？商量好後，就讓屠夫迎請佛陀及其眷屬前來應供。

佛陀知道度化他們的因緣成熟，於應供時示現種種神變後，對他們宣講了有關因果的道理：「如真人教，

以道活身，愚者嫉之，見而為惡。行惡得惡，如種苦種。惡自受罪，善自受福，亦各須熟，彼不相代。習善得善，亦如種甜。」他們心開意解，便跟隨佛陀出家學道。

所以，就像種瓜得瓜、種豆得豆一樣，種善因就會得到善果、種惡因就會得到惡果，兩者不能混淆，也不能錯亂。否則，就變成了種瓜得豆、種豆得瓜，在世間這也是講不通的。當然，通過懺悔，就像火燒壞種子一樣，惡業也可以摧毀。

若不懂得這些道理，即使學佛多年的出家人和居士，也會冒昧提出各種問題，內心也會經常萌生邪知、邪見。其實，這是沒有長期聞思的原因所致。若長期聞思佛法，有時聽一堂課也會遣除眾多疑惑。剛開始學佛時，很多人滿腹懷疑，但通過長期聞思，到最後好像什麼問題都沒有了，其原因就是通過長期聞思已斷除了增損、增長了智慧。在前輩大德的傳記中，也可以看到這樣的示現。

所以，若自己過得很痛苦，則應了知是前世的惡業成熟，並勵力行善斷惡。就像一位犯人，幹了許多殺人放火的壞事後，被關在獄中感受痛苦，此時應想：我以往太無知了，幹了此等危害社會、毀壞自他的壞事，以後一定要重新做人，再也不能幹這樣的蠢事了。若決心很堅定，在出獄後，就會義無反顧、毫無貪戀地斷絕再

第十課

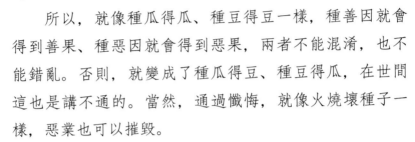

次進入監獄的罪業。因此，作為真正的修行人，在值遇痛苦時一定要想是惡業所致，而不應想是怨敵加害造成的。否則就會邁入愚者的行列，去找他人拼命、算帳。

總之，通過學習這部論典，在遇到不幸的事情時，就要想到這個竅訣：所有不幸都是自己所造惡業所致，而不能怨天尤人。比如前世造了開刀的業，即生就會感受開刀的果報，等等。因此，應勵力懺悔、行善斷惡。當然，要全部清淨罪業也不容易。因為，阿羅漢也會感受前世惡業的果報，佛陀也以身示範因果不虛的道理。

於惡道中受苦時，如箭者由自箭傷，

是惡業刃輪自己，今當於罪不放逸。

眾生於地獄、餓鬼、旁生三惡趣中，感受無量無邊的痛苦，並非無緣無故；就像射箭的人，箭沒有射好，而傷害了自己，或像開槍的人，沒有擊中他人，而殺害了自己；也就是說自作自受，即往昔所造惡業利刃輪到了自己頭上，無法逃避，唯有承受。作為修行人，在替它們懺悔的同時，還應改正自己身口意的過失，並勤勉行持善法。否則，將來很有可能像這些惡趣眾生一樣，墮入三惡趣中感受痛苦。

但最關鍵的，不能以善小而不為，惡小而為之，而應勤積小善，勤除眾惡。因為，因雖小而果巨大，積小善則成大善、積小惡則成大惡。而積累惡業，必墮三惡趣。

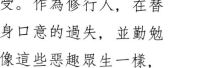

修心利刃輪釋

蕅益大師講過這樣一個公案：淞江有一位姓朱的人，以殺豬賣肉為業。有一晚半夜他去方便，聽到有人說話，覺得可能是來了盜賊，便拿著棍棒悄悄逼近。最後發現，是豬圈裡兩頭豬在用人語對話。一頭豬說：可憐啊！我明天就要被宰殺了。另一頭豬說：你一共要做七次豬，這是第六次，很快就會脫離痛苦了！我要五次做豬，現在是第一次，這才是真正的痛苦！這位屠夫聽到牠們這樣說，從此之後就斷除了殺生等惡業。

　　佛經中也有這樣的記載：一個人在殺羊時，羊一邊哭一邊笑。他問：你為什麼要哭呢？羊說：你殺了我以後，會五百次遭殺，所以為你而哭。他又問：那你為什麼要笑呢？羊說：這是我第五百次轉生為羊，今天被殺後，所有殺生的罪業和補償生命的債都還完了，所以為自己而笑。因此，我們千萬不能再積累罪業！

　　對修行人來講，若堅信所有痛苦和安樂，全部都是善惡業決定的，自己的修行就會有很大的進步。《正法念處經》中云：「若善若不善，業果皆決定，自作業自食，皆為業所縛。」意思是說，善業感善果，惡業感惡果，自作自受，被業繫縛。所以大家一定要堅信，三界任何一個眾生都逃脫不了業力的束縛，只要造了業，就不可能不受業力支配，而完全自由自在。

　　當然，作為凡夫，失去正知正念而造惡業，是很難避免的。但若是智者，則應像《大乘大集地藏十輪經》

第十課

中所講那樣，在發現造惡業後，立即精勤發露懺悔，這樣所造惡業就會得以清淨。

家庭㉒痛苦臨頭時，如養子孫殺父母，

是惡業刃輪自己，今當恆常生出離。

在家庭中，自己經常感受吵架、打架、爭論等痛苦，就像撫養子孫後，不但不報恩，反而殺害父母爺婆一樣，這是惡業利刃輪到了自己。現在世間，很多家庭都不平安、不幸福，雖然自己為家庭付出了很多，但得到的卻是恩將仇報，這是前世惡業所致。在懂得這個道理後，再不能對家庭、感情等輪迴之事，產生羨慕和追求之心，應恆時從輪迴火坑中尋求出離，並出家修行。

其實，出家修行是最好的選擇，至少再也不會流下很多無有意義的眼淚。當然，有的出家人也有痛苦，比如：不願意聞思修行，守持不了清淨的戒律，被貪嗔癡的對境所束縛等。但是，具有出離心的清淨出家人，還是超越了被束縛於輪迴家庭中的世間凡夫的痛苦。

《賢愚經》中講：有一貧窮婆羅門，妻子長得特別醜陋，脾氣又不好，家庭經常吵吵鬧鬧，極其痛苦。他們生了七個女兒，每個脾氣都不好，長相也很難看，她們所嫁之夫又窮又醜，性格都很惡劣。但他們時常回家，不但增加父母的辛勞，家中僅有的一點財產也要強行要走。有一次，婆羅門為了收割莊稼，向隔壁鄰居借

㉒家庭：另有版本中是「未來或外在」。

了一頭牛，但牛卻在田壟間丟失。他傷心至極！偶到林中，遠遠看見佛陀在參禪，心中非常歡喜。心想：他是最快樂的人，沒有惡婦罵詈鬥諍，沒有諸女懊惱，沒有貧女婿煩損，也沒有莊稼要收割，和丟失他人牛的痛苦等。佛陀知曉他的心意，歡喜攝受他出家，並為之宣說佛法，當即他就證得了阿羅漢果。

對當今社會來講，絕大多數人貪欲極其強烈，各種痛苦接連不斷。而出家人的生活非常簡單，物質和精神方面的壓力都很小，只需要唯一專心對治自己的煩惱。所以很多人都喜歡出家，比如到喇榮五明佛學院後，很多居士都不願意再離開。

前段時間，有些領導問：你們喇榮五明佛學院能不能開放？旅遊的人多，對當地各方面的建設都有利。當時我們極力反對，並陳述理由：很多旅遊的人到學院後，雖然以前並不一定信佛，但看見出家人的生活很清淨，都產生羨慕和出離之心，永遠都不願意離開，這樣學院的壓力就會越來越大，所以不能開放。當然，我們並不反對他人出家。相反，希望更多人都能認清世間的痛苦，對輪迴產生出離心，踏上出家修行之路。

不過出家的功德很大，很多人在出家時都會遇到違緣，可能這也是釋迦牟尼佛如此示現的原因吧！《大乘本生心地觀經》中云：「若能發心求出家，厭離世間修佛道，十方魔宮皆振動，是人速證法王身。」而且，我

們發心出家，厭離生死而修學佛道，魔王波旬的眷屬就減少了，所以它會以嫉妒心製造各種違緣，比如：讓家人抓你，讓親朋好友勸你等。因此，很多剛出家的人，心中都會產生猶豫、煩惱。若心不堅定，魔王就獲得了勝利。

總之，在家庭、事業等方面，遭遇各種來自家人等製造的痛苦和不幸時，要想是自己前世緣父母等家人造了許多惡業所致。比如：身患傳染病等疾病，死也死不了、活也活不了，不但沒人照顧、理睬，連去醫院看病的費用都沒有，身心非常痛苦。在即生中，若感受諸如此類的痛苦，則應想：這是自己前世的業力導致的。

現在大多數孩子都不孝順父母，這很不應該。在動物界中，杜鵑鳥（亦名布穀鳥）從不造窩，也不孵卵。等葦鶯外出覓食時，牠就將葦鶯蛋扔掉，而將自己的蛋產在葦鶯棲息的窩中，讓葦鶯孵化。杜鵑蛋孵化比較快，小杜鵑出殼後，其他即將破殼的葦鶯蛋就會被牠一個又一個地擠出窩中，而獨享恩寵。但過不了多久，小杜鵑就會遠走高飛，而不顧葦鶯的撫養。人若忘恩負義，忘記含辛茹苦撫養、關心、牽掛自己的父母，則與惡禽杜鵑沒有任何差別。因為，他們致使父母的期望始終以傷心失望收場。

雖然有人口頭上說：「我業力深重！」但也只是說說而已，心中並沒有這麼想。實際上，心裡除了這樣想

之外，還應觀想：像我這樣感受痛苦的眾生多之又多，我應代替三界輪迴所有眾生的痛苦。心的力量不可思議，這樣觀想能減輕罪業、增加福報！

往昔世尊轉生於地獄拉馬車，心想同伴嘎瑪熱巴的馬車也應由自己來拉，並對獄卒這樣說。雖然獄卒否認了他的說法，但以發心力，他頓時從地獄超升天界。往昔世尊轉生為商主匝哦之女，當感受鐵輪在頭上旋轉的果報時，他想：在輪迴中，還有許多像我一樣用腳踢母親的頭，而感受這種痛苦的眾生，願所有這些眾生的痛苦都成熟在我身上，由我一人來代受！他剛剛萌生這樣的念頭，鐵輪便騰空而起，他從痛苦中解脫出來，而在空中七肘高處相安無事，享受快樂。

雖然長期這樣觀想很困難，比如在生病住院一個月期間，每時每刻都觀想：「眾生的痛苦由我來代受！」這肯定做不到。但在動手術等痛苦最大的時候，一定要盡力思維、盡力觀想。若內心真正生起代受的想法，值遇生老死病等痛苦就非常有意義，因為以這樣的觀修能淨除多世的罪業。在噶當派中，這個竅訣是非常甚深的教言，希望大家銘記於心！否則，面對痛苦就很難有正確的心態。

戊二（以粗暴教訓威猛之利刃降伏我執）分四：一、以認清我敵承接；二、略說打動能毀無我怒尊之心相續及降伏方式；三、廣說宣告所毀我執魔過且降伏；

第十課

四、以將我執摧毀無遺而攝義。

己一、以認清我㉓敵承接：

如是我已認清敵，我識暗竊之盜匪，

裝己欺騙偽君子，奇哉無疑是我執。

有時我執以溫和方式很難調伏，故需以粗暴方式降伏，所以在講了以溫和方式教誡之後，還需要宣說威猛教訓的方法。

通過上面的論述，相信我們都已認清，「我」是對自己帶來痛苦的罪魁禍害，也就是說，即生所有痛苦，都不是別人強加的，而是自作自受，所以「我」才是真正的敵人。作者還進一步說：稀奇啊！以前根本不知，暗中偷偷竊取自己所有善根、財富等的最壞盜匪，裝著是自己而欺騙自我的最狡猾偽君子，竟然是我執。現在依靠上師的竅訣和前輩大德的教言，才真正懂得這個道理！

實際上，無始以來我們為「我」屢屢感受了各種痛苦。如《入行論》云：「如是汝屢屢，棄我令久苦，今憶宿仇怨，摧汝自利心。」所以，皆應憶念過去的仇怨，奮力摧毀曾經無數次傷害、欺騙過自我的自私自利我執心。實在說，這才是人生最重要的事情！

不過，「我」或我執的危害性隱藏得比較深，並不

㉓所謂我執，即緣於自相續五蘊計我之識。其耽執之境，稱為補特伽羅或人我。

修心利刃輪釋

像貪心、嗔心、嫉妒心、傲慢心等煩惱一樣，容易被發現。所以，除了阿羅漢、菩薩和佛陀之外，世間普通凡夫都很難消滅它。但它才是真正痛苦的唯一源頭，所以一定要修學佛法。否則，即使花眾多錢財，去哈佛、耶魯、劍橋等著名大學求學，也不可能懂得這個道理，那就不要說根除它了。而學習佛陀的教言，則會了知：欲獲得快樂，唯有消除我執。最起碼也要做好人、做好事、斷除惡業、懺悔罪業、精進修行，否則快樂便成了無源之水、無本之木。

己二、略說打動能毀無我怒尊之心相續及降伏方式：

為什麼要以忿怒大威德來摧毀「我執」呢？因為，天天用慈悲心、溫和的語言等寂靜方式，很難斷除我執。就像天天對孩子讚歎、微笑，他會越來越不聽話，所以有善巧方便的老師、家長，往往會以鞭子等來責打。對付我慢、我執也是如此，以寂靜相無法調伏時，則需以忿怒相來摧毀。當然，這也是諸佛菩薩顯現忿怒相的原因。不過諸佛菩薩雖然顯現忿怒相，卻沒有嗔恨心，為了摧毀眾生無始以來漂泊在輪迴中的我執，才以大慈悲如此示現。

現今業刀揮頭上，怒姿頭上旋三匝，
張二諦足方智目，露四力牙壓仇怨，
亦是對敵明咒王。

第十課

168

現今於頭上揮舞息增懷誅四種事業中的誅業利刃，即在顯現忿怒姿勢的大威德頭上，旋繞三圈大威德所使用的兵器，這表示用世俗菩提心斷除珍愛自我的執著，用勝義菩提心斷除執我的執著，用勝義菩提心和世俗菩提心相融斷除對我所的執著。大威德兩足叉開站立、雙目怒睜，兩足代表勝義諦空性智慧和世俗諦如幻方便顯現，雙目代表智慧和方便。大威德四顆獠牙畢露，代表具備佛陀的四力、四無畏，以此壓伏邪魔外道、我執等仇怨。大威德還是對付、鎮壓我執怨敵的明咒王，因為明咒王大威德能準確擊中眾生我執的要害，徹底降伏我執。

關於降伏，密宗認為：以證悟降伏我執，以大悲降伏他眾；若沒有降伏我執，則不可能降伏他人，所以首先要證悟空性。若真正證悟空性，則可通達大威德的威猛顯現，也可以大悲和智慧雙運的方式降伏我執。但有人說：「某某人對我很不好，您可不可以用金剛橛把他誅了？」以嗔恨心降伏無有是處。若真正要降伏他人，則應首先降伏我執，在徹底降伏我執、證悟空性時，自然而然會生起大悲心，那時方可用金剛橛或寶劍等兵器來降伏他眾。但降伏並不是殺害，讓其感受痛苦，而是超度他們的神識。

持業兵刃能擊入，輪迴無有自在處，
我執厲鬼極凶殘，失自他妙當勾招。

持著業力兵刃，能將眾生擊入無有自在的輪迴當中，這是我執厲鬼極其凶殘的本來面目。正因為它是自他眾生失去妙利的元凶，所以應當將它勾招過來。

祈大威德予勾招，打打擊中我敵心，

踐踏禍根妄念頭，刺中我敵凶手心。

祈禱大威德予以勾招我執，用智慧和方便狠狠地捶打、打擊我執敵人的要害：踐踏禍根我執妄念的頭（修降伏法時，經常有金剛瑜伽男女跳金剛舞，這表示踐踏我執妄念和魔眾的頭），始終不讓它有機可乘；刺中我執怨敵凶手的心臟，將之掏出、粉碎。也就是說，一定要通過降伏法，將我執徹底摧毀、消滅。

吽吽聖尊顯神變，匝匝緊捉此仇怨，

啪達啪達救脫諸束縛，卸卸斬斷執著結。

「吽吽」是迎請的咒語，迎請忿怒大威德聖尊顯現各種各樣的神變。「匝匝」是融入的咒語，迎請大威德後，請他緊緊捉住我執怨敵。「啪達啪達」代表智慧方便雙運，用此咒語超度，以從我執束縛中得到解脫。「卸卸」代表徹底斷除我執為主的一切執著。也就是說，迎請來大威德後，讓他捉住怨敵，將其超度，最後徹底消滅「我執」，而獲得解脫。

迅降怒尊大威德，陷輪迴業淤泥中，

業惑五毒臭皮囊，祈求當下速撕破。

祈禱忿怒本尊大威德迅速降臨，祈求您施展威力，

第十課

當下速速撕破引導眾生沉溺輪迴的臭皮囊，讓眾生沉陷輪迴的業——我愛執和我執，以及輪迴淤泥中的業惑五毒。

雖然以修菩提心等溫和方式也能斷除我執，但一般來講，在修行過程中，修忿怒法比較容易消滅我執，所以哪怕是在般若法門中，比如斷法，也要觀想金剛忿怒母。通過這次學習《修心利刃輪》，希望大家在方便的時候，多修大威德金剛來降伏一切痛苦之源——我執，而不要以嗔恨心來摧毀他眾，因為這樣會增加我執，也不利於世界和平。當然，在正式修大威德之前，需要接受灌頂。在上世紀九十年代，和本世紀初，為了摧毀分別念化現的危害佛教的邪魔外道，學院共修過幾次大威德㉔，這也是很有必要的。

㉔大威德心咒：「嗡，舍哲沃哲達納納，薩瓦夏中納夏雅，東巴雅吽吽帕帕所哈。」

第十一課

下面繼續宣講《修心利刃輪》當中的以粗暴方式教訓，現在講第三個科判。

己三、廣說宣告所毀我執魔過且降伏：

三惡趣中雖受苦，不知長懼造作因，

踐踏禍根妄念頭，刺中我敵凶手心。

前面講，自相續無始以來的我執、我愛執和我所執，以寂靜的方式很難調伏，需要以忿怒、威猛的大威德來摧毀。在屬於般若法門的斷法中，是用施身等修法來摧毀我執的。而大圓滿本來清淨，則以本淨智慧來摧毀我執，也即讓我執融入法界光明智慧。在瑪哈約嘎和阿努約嘎中，則以生起次第和圓滿次第的修法來斷除我執。這裡所講的修法，非常接近無上密宗的修法。

阿底峽尊者的上師達瑪繞傑達，是一位密宗瑜伽士。傳記中講，他在森林中修行時，就像無著菩薩一樣，因為自相續生起了大悲菩提心，附近所有眾生都有慈悲心。他終生修持大威德金剛，隨時都運用大威德的修法來摧毀我執，所以在他的著作中，經常提及大威德的修法和教言，比如《孔雀滅毒論》等。

在條件具備時，我們也需要修持大威德。在漢地格魯派的教法中，能海上師、清定上師等也傳授過大威德的修法。在寧瑪派的伏藏品中，大威德的大修法特別

多，比較簡單的是麥彭仁波切所造的「雅曼達嘎修法儀軌」，但要得到密法灌頂才能修持。在因緣成熟時，希望大家能通過大威德的修法，摧毀給修行帶來各種違緣的魔眾，以及自相續的我執。尤其是我執，千萬不能讓它抬起頭來興風作浪，一定要用腳踐踏，用智慧寶劍刺中它的心臟，將之徹底摧毀、消滅。雖然說起來很簡單，但與我執作鬥爭卻不那麼容易。不管怎麼樣，先要知道利害關係，再通過修持逐漸消除。

頌詞講：沉溺在地獄、餓鬼、旁生三惡趣中的眾生，雖然感受了無量無邊漫長、劇烈的痛苦，但卻不知道畏懼惡因，仍肆無忌憚地造作墮入三惡趣的惡業。因此，應提起正知正念，以大威德金剛的修法，踐踏禍根我執分別妄念的頭顱，刺中我執怨敵凶手的心臟，徹底消滅無始以來讓眾生沉溺輪迴的元凶——惡業的造作者我執分別念。

若沒有摧毀我執，就會不斷造作惡業，這是非常可怕的！《正法念處經》中云：「火刀怨毒等，雖害猶可忍，若自造惡業，後苦過於是。」意思是說，即使受到火、刀、怨敵、毒藥等危害，也可以忍受，但若自己造作惡業，後面的苦果就遠遠超過前者。現在很多人非常擔心發生地水火風四大災難，以及因釣魚島事件引發戰爭等，實際上只要眾生的我執存在，就會互相爭鬥、作戰，也會不斷出現各種災難，所以最關鍵的就是斷除我執。

因此，在修行過程中，每個人都要經常思維：無始以來，我在輪迴中感受了無數苦難，就像瓶中的蜜蜂一樣痛苦，其作者就是我執和我愛，也就是說自作自受。現在我已遇到殊勝的佛法，心態應該與世間人截然不同，不要再去追求世間福報和名聞利養，一切生活境遇都要反觀自心。

在印度帕單巴（單巴桑吉）尊者的眾多弟子中，被譽為嚴飾的佼佼者——單巴根噶，曾在帕單巴前祈求獲得五種悉地：「請加持我成為沒有故鄉沒有家室的人（所以修行人，不應過分貪著自己的家人和故鄉）；請加持我成為沒有啖食沒有嚼食㉓的人（但有些修行人，總想改善生活，讓伙食越來越好）；請加持我成為沒有摯友沒有怙主的人（世間人認為，無人幫助、無依無靠，是非常痛苦的）；請加持我成為人們無論如何也看不到的人（就像米拉日巴一樣，不需要他人關心自己的苦樂）；請加持我不要生起芝麻許的福報（有福報對修行不利，貧窮可憐容易調整心態）。」之後，就小心謹慎地開始了艱難的苦行，經過刻苦不倦的觀修，獲得了殊妙的禪定境界。

所以，真正修行很好的人，生活中的一切痛苦遭遇都是修行的順緣。若修行不好，順緣也會變成違緣，比如對上師生邪見，對道友生嗔恨心，甚至對佛像、佛塔也產生各種邪分別念。其實，這樣的相續已被魔眾干

㉓啖食和嚼食各有五種。五啖食者：一飯，二麥，三麥豆飯，四肉，五餅。五嚼食者：一根，二莖，三花，四葉，五果。

擾、纏縛，其所作所為都會成為修行的違緣和障礙。因此，最根本的就是摧毀我執，若沒有消滅這種自私自利心，修行永遠也不可能成功。

當然，也不可能在下完課後，每個人都像米拉日巴和無垢光尊者一樣，沒有我執、我愛執、我所執，自然而然唱起金剛道歌。但反反覆覆聞思修行，內心還是會有很大的收穫，這也是修行人與非修行人之間的差別。尤其是修心法門，通過長期聞思修行，心相續會非常調柔，性格會越來越溫和。若一曝十寒、朝秦暮楚，過一段時間就會恢復到原來的心態。但不管怎麼樣，對每個人來講，這個修心法門非常實用，每個偈頌都是摧毀我執的殊勝教言，所以一定要珍惜！

求樂強烈不積因，耐苦薄弱貪婪重，

踐踏禍根妄念頭，刺中我敵凶手心。

世間人都希求快樂的生活，尤其是城市人，追求特別強烈，比如希望擁有房子、車子等。但卻不知道積累快樂的因，精進行持上供下施、守持清淨戒律等善法。即使行持，稍微有一點痛苦也無法忍受。雖然忍耐痛苦的心力極其薄弱，但對人和物的貪婪心卻很嚴重。其實，貪婪的因是非理作意，貪婪的果是痛苦。所以，一定要摧毀、踐踏罪魁禍首我執的頭，用智慧寶劍刺中我執怨敵凶手的心，讓它永遠消失。

在這個世界上，極少部分人不貪婪，大多數人貪心

和欲望都很強烈。但貪婪並不能讓我們獲得所需要的財富，因為沒有積累善因，即使祈求上師三寶、財神、天神，也不可能得到。《大莊嚴論經》中，有一則公案：有兩兄弟特別貧窮，哥哥想求天尊發財，把家中的事全部託付給弟弟，比如耕種等，自己天天都以大量鮮花等供養天尊，祈求天尊降下財富，或賜予發財的機會。經過祈禱，天尊開始關注，並觀察他有沒有福報，若沒有福報則無法幫助。（世間也是如此，即使關係再好，若自己沒有智慧和知識，也愛莫能助。）

第十一課

　　天尊通過詳細觀察，發現這個人沒有一點一滴福報，不要說發財，連給他一點財富的因都沒有。但直接說怕他接受不了，便變作弟弟的形象來到他面前。他問：「你為什麼不在家種地，來這裡幹什麼？」弟弟回答：「我不願意種莊稼，想直接收穫果實。」他責備說：「不下種卻想收穫無有是處！」並說偈：「四海大地內，及以一切處，何有不下種，而獲果實者。」天尊當即現出原形說㉖：既然你承認，沒有種子就不會產生果，你以前沒有種過布施的因，現在求我發財也不可能……

㉖《大莊嚴論經.五十九》：「汝今自說言，不種無果實，先身無施因，云何今獲果？汝今雖辛苦，斷食供養我，徒自作勤苦，又復擾惱我，何由能使汝，現有饒益事？若欲得財寶，妻子及眷屬，應當淨身口，而作布施業。不種獲福利，日月及星宿，不應照世界，以照世間故，當知由業緣。天上諸天中，亦各有差別，福多威德盛，福少鮮威德。是故知世間，一切皆由業。布施得財富，持戒生天上，若無布施緣，威德都損減，定慧得解脫，此三所獲報，十力之所說。此種皆是因，不應擾亂我，是故應修業，以求諸吉果。」

漢地很多人都想發財，一說財神灌頂，人多得不得了。在有時間的時候，我也想給大家灌個黃財神的頂，我看了一下，這個灌頂比較簡單，並不是特別難。喬美仁波切有灌100位本尊頂的歷史和方法，而且不是很複雜，也不需要自己有什麼修行境界，只要能念誦，會用手鼓和金剛鈴就可以。但若以前自己沒有積累善因，即使獲得了灌頂，或與黃財神很有緣，他也不可能賜予悉地。

但是，祈禱非常重要！前輩大德在教言中講：任何一位本尊都需要祈禱，就像可憐的乞丐，若不乞求，則不可能獲得他人的施捨。比如度母，雖然她有無邊的智慧，但若沒有祈禱的因緣，則不可能獲得她的幫助。若至誠祈禱：這件事情，您一定要如何如何加持！度母就會觀待你的信心和各方面的因緣，賜予加持。同樣，九本尊等也是如此，沒有祈禱則不可能獲得悉地。因此，一定要以特別虔誠、恭敬的心來念誦儀軌和祈禱文，以打動本尊的心。

在上師如意寶等所造的《懷念上師》和《遠喚上師》等祈禱文中，有些語句非常尖銳，比如：若以信心祈禱，鬼神也會賜予悉地，您是大悲本尊，我以信心和恭敬心來祈禱，若沒有賜予加持和感應，那您就不如鬼神了。就像遇到很厲害的乞丐，為了面子上過得去，也不得不給錢一樣。若以這種方式祈禱，本尊和上師也不

可能不賜予悉地。

　　當然，若一點福報都沒有，祈禱也不可能有很大的效果。《前行引導文》中講，人若沒有福報，即使精進祈禱，單堅護法神也只能賜予一塊油脂。所以，自己一定要有前世的因緣，即上供下施的福報。即生修本尊時，也要一邊祈禱，一邊以香、花等五供來作供養，這非常重要！

　　現在有些人疑問很多，經常在「微訪談」時向我提出問題，比如：如果說有極樂世界，那與《金剛經》講一切相皆是虛妄矛不矛盾呢？其實，這是未分清實相和現相、空性和顯現導致的。因此，作為佛教徒，一定要系統聞思顯宗和密宗的教法，若只了解幾個佛教的專用名詞，或個別經論的表面意思，則會認為極樂世界有阿彌陀佛與萬法皆空互相矛盾。若真正通達佛陀三轉法輪所講的道理，就不會有這樣的疑惑，也不會想：釋迦牟尼佛連大學教授都不如，因為他的教言中有自相矛盾的錯誤等。

　　總之，大家一定要懂得安樂的因是善法，想未來快樂就不要造惡業。否則，若對因果一無所知，或了解得很膚淺，而一直造惡業就很可怕，因為苦果遲早會成熟於自身。

　　急於求成不勤修，行事繁多悉不竟，
　　踐踏禍根妄念頭，刺中我敵凶手心。

第十一課

當今有很多人急於求成，在修行和世間事業上，妄想很短時間獲得巨大成果，或得到極大成就，但自己卻不專心致志、勤奮努力地修行；雖然事情做了很多，但都半途而廢，這是可怕的分別妄念所致。比如他想：三個月獲得虹身成就，一個月全部修完加行，得到別人十年都得不到的密法等。雖然自己心裡特別著急，但也沒有用，因為沒有經過次第修學，想成功則無比渺茫。還有人心不穩定，今天依止這位上師，明天依止那位上師；今天修這個法，明天修那個法；今天去這個道場，明天去那個道場；今天做生意，明天當老師；這是很難獲得成就的，因為這些事情根本不可能在很短的時間中成功，而且任何一件事情都沒有做圓滿。因此我們一定要認清，為什麼自己在世間事業，和出世間聞思修行、弘法利生上沒有成就，全部半途而廢，就是心太著急、太不穩定造成的。從今開始，一定要與無始以來讓我們痛苦的敵人——妄念分別做殊死搏鬥，將之徹底摧毀。

《百喻經》中講：有一位特別愚笨的國王，十分喜歡剛降生的小公主，他將所有大臣召集起來問：在這個世界上，有沒有辦法讓我的公主快快長大成人？誰有辦法我賜給他財富。有一位聰明的大臣說：我有辦法讓您的公主在很快的時間中長大，但現在沒有藥，需要到遠方去採集。不過在公主未服藥之前，你不能看她。國王同意後，大臣就外出採藥。十二年後，他返回宮中，叫

修心利刃輪釋

179

公主服下他採的藥，便帶去見國王。國王特別歡喜，說：在這麼短的時間中，真的讓公主長大了！他覺得這件事非常有意義。其實，任何事情都不可能一蹴而就，必須經過漸進積累的過程。

但現在很多人造了許多惡業，又沒有勤奮努力把事情做圓滿，雖然心中期望得到好的結果，也往往事與願違。如《入行論》云：「不勤而冀得，嬌弱頻造罪，臨死猶天人，嗚呼定受苦。」意謂：自己不勤奮，卻希望得到好的成果，忍耐力微弱，而頻繁造作損害之事，明明已被死主擒捉，卻還想如天人一般長久留住。嗚呼！這樣的人一定會感受無量無邊的輪迴痛苦。

我們經常看到身邊的人，自己根本不在聞思修行上下功夫，卻要求很高，比如：面見本尊、入三摩地、開顯神通、成就虹身等。當今社會有很多這樣的人，他們根本不願意努力付出，比如認真學習、勤奮工作等，卻做著黃粱美夢，希望有錢財、地位、名聲等。實際上，世間任何成就的背後都需要巨大的付出，否則很多事情都不可能成辦。因此，將來他們肯定會感受痛苦。

但很多人都往外看，所有過失都推得乾乾淨淨，比如：別人對我怎麼不好啊！這個法不是很殊勝哪！上師特別壞啊！道友有什麼過失哪！從來不觀察自己，覺得自己十全十美。其實，敵人就是自己，而自己一直沒有發現是「我」搞錯了，反而認為所有痛苦的因緣，都是

外面的世界和眾生製造的，天天抱怨環境不好、世界醜惡等。實際上，稍微改變自己的看法，就會發現外面的世界很美好。因此，想不再做業力束縛的眾生，就要消滅罪魁禍首——無始以來的妄念分別。

喜新無愧無長情，奢想盜奪勤奔波，

踐踏禍根妄念頭，刺中我敵凶手心。

平時喜新厭舊，無有慚愧之心，情誼不長久，卻奢望、妄想從他人那裡得到財富，為了盜取、搶奪他人的財產而辛勤奔波，其原因歸咎於我執分別，因此一定要踐踏分別妄念，根除我執敵人。

我們經常看到，很多佛教徒或修行人，剛開始的時候熱淚盈眶、感激不盡，可能是有新鮮感的原因，對上師、佛法、道場信心特別大，慢慢就淡化、抱怨、誹謗、逃離，這種現象非常普遍。為什麼會這樣呢？就是妄念分別所致。若不喜新厭舊，有恆常心，就會在一個道場長期修行，最後任何貪心都不會生起。可是，因為我執分別太強，心無法調柔，甚至不信因果，奢想搶奪本來不是自己的財產等，就會無惡不作。若懂得這些道理，分別念就會有所改變，心也會慢慢調柔。

唐代龐蘊居士，依靠禪師認識心的本性後，經常喜愛布施，毫無吝嗇之心。後來有兩個人想做生意，卻苦於沒有資本，就找他借一千兩銀子，龐公欣然答應。他們又說，經商需要驢馬載運，龐公就將驢馬給了他們。

兩人拿著銀子、吆著驢馬，走了三十里路，在樹下歇息。他們談論說：龐公這個人很不錯！今天我們借了這麼多錢，他都沒讓我們寫借條，我們以後也不用還了。此時，旁邊的驢子用人語說：我可以離開你了，前世我向你借了三升糧食暗昧未還，今世為驢為你馱行李三十里，已經還清債務，我要回龐公處了。他們聽到這話，非常害怕，立即返回將銀子還給龐公，並說：我們產生不還錢的想法時，驢子就講了牠轉驢還債的經過，我們害怕來世如此，就趕緊將銀子歸還。

　　在古代，不但人們相信因果，連動物都能宣說因果的道理。而現在，人們的因果觀念越來越淡薄。就是泰國，雖然95%以上的人信仰佛教，但因網絡和媒體的衝擊，許多年輕人都不信因果，包括泰國僧王在內的很多人都非常關注這個問題。而以前，泰國的民間和寺院，流傳著非常多的因果故事，現在關心的人卻越來越少。在中國，看一看《高僧傳》在內的高僧大德的傳記，就會知道：在漢傳佛教界中，很多高僧示現過種種瑞相，稀有的故事比比皆是。但從清末開始，應該踐踏的妄念頭人們不去踐踏，反而踐踏儒釋道等傳統文化，致使倫理道德越來越退化。所以，我非常嚮往古人的清淨生活。

　　為什麼人們會踐踏古有的文化呢？因為喜新厭舊、無有慚愧之故。雖然西方文化有其吸引人心的地方，但

從真正價值上講，遠遠不如傳統文化。因為，若沒有孝順父母、友愛兄弟姊妹等傳統教育，人與人就不會互相尊重，也沒有道德約束。這樣的話，人與旁生就沒有任何差別，一旦發現對方沒有利用價值，馬上就會不歡喜，甚至拋棄。而現在，人們並不認為喜新厭舊是過失，反而認為是時髦、是新潮。尤其是年輕人，對待父母、親人、朋友等的理念，完全是錯誤的。所以，家庭、社會的問題層出不窮。因此，人們都需要學習傳統文化！

當然，也不能像有些人所說那樣，所有古董都值錢，所有古文化都很好，新的知識全部要拋棄，這也過於極端。有些老佛教徒經常講：不能學科學，不能用網絡，除了念「嗡瑪呢叭美吽」和「南無阿彌陀佛」之外，什麼都不准看，什麼都不准做。這也不一定現實。因為，我們現在生長在這樣的環境，不可能否認所有新的技術和知識，否則只有以失敗而告終。

但我們也不能跟著時代的潮流，認為將頭髮染成五顏六色好看，因為這樣的追逐並沒有價值。否則，即使拼命競爭，但回頭一看，一輩子賽跑的結果一點意義都沒有，所追求到的都不需要。因此，應該希求真正有價值的東西，拓展善的理念。

總之，在這些問題上，包括出家人在內，都需要求得平衡。也就是說，應該接受古文化，不要認為：古的

修心利刃輪釋

全部老了，不需要了，老的全部古了，需要淘汰了，我要跟隨高技術、新潮流。但也不能認為：所有老古董都好，除了念觀音心咒和阿彌陀佛之外，其他現代的都不需要。因為人在生活中，根本不可能塞著耳朵、閉著眼睛、捂著嘴巴。

對修行人來講，若佛教的教義沒有融入自心，即沒有境界，雖然口中說得再好聽，也不一定能利益他人。如果自己有境界，即使說得不多，對眾生也有利益。因此，最關鍵的就是要得到佛教的境界，對過去、現在、未來的問題，有分析和觀察的智慧。

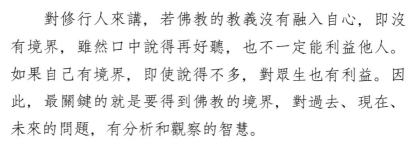

擅長邪命欲望強，苦積有財為吝縛，

踐踏禍根妄念頭，刺中我敵凶手心。

有些人特別擅長邪命養活，欲望極其強烈，苦苦積累的財富也不用在上供下施上，被吝嗇束縛得緊緊的，其原因就是禍根我執、我愛分別妄念作怪，因此一定要將它們徹底消滅。

佛經裡面講了五種邪命，對追求清淨生活的人來講，務必遠離。實際上，過清淨、簡單的生活，特別適合修行。因此，大慈大悲的佛陀不墮兩邊的生活非常值得讚歎。很多出家人自出家開始，心都處於知足少欲的狀態，這種生活是非常有意義的享受。若被欲望束縛，以五種邪命養活自己，所積累的財產又捨不得做任何善事，這樣的人必定會感受無量痛苦。

《出曜經》中講：有一富貴人，特別吝嗇。阿難尊者先給他講布施的功德，他生不起信心，還說：快到中午了，你去乞食吧！就把阿難尊者打發走了。後來，阿那律、大迦葉、目犍連、舍利子等佛陀的大弟子前往勸說，讓其布施，也不見效。舍利子對佛陀說：我們都沒辦法，應該您去。佛陀當即示現神變，剎那間就到了他的家中，為他宣說五戒。因為佛陀的智慧、威力極其超勝，他不僅全盤接受了佛陀的教誨，還決定馬上供養佛陀一件供品。

但在倉庫選供品時，每拿到質量好的他都捨不得，而差的又找不到，所以慳吝心和布施心鬥爭極其強烈。（有時我本想處理茶葉，但一看覺得都很不錯，又全部堆在那裡。後來我讓他人處理，自己不看，就處理掉了。）此時佛陀宣說了這樣一個偈頌：「施與鬥共集，此業智不處，施時非鬥時，速施何為疑？」他聽到後，覺得自己吝嗇心太強，實在不應理，就供養了一件質量上乘的。佛陀終於破除了他的慳貪。

雖然吝嗇心很不好，但很多人往往特別吝嗇，什麼都捨不得。有時我看到一些乞丐，根本用不上的東西，比如袋子等，也積累很多。有些佛教徒也是如此，沒有用的東西也捨不得扔，一直放在那裡。這是分別妄念所致。

作為出家人，不管在任何環境中，衣物等生活資具

修心利刃輪釋

都要簡單，比如三衣，有兩套就足夠了，不應積累太多。而信眾的供養，也要盡量用在供養上師三寶和弘揚佛法上，自己不應過多享用。在泰國等南傳佛教的國家，寺院對財物規定得非常嚴格，漢地有些清淨道場，也不准碰金錢。這非常好，應該隨喜。因為生活越簡單越快樂，而一旦失去這種行為，名聲和成就都毀壞了。

現在信眾們特別崇敬的極個別藏傳佛教的活佛、堪布，確實樹立了藏傳佛教的光輝形象，但也有少部分人依靠邪命養活，比如在信徒面前反覆讚歎自己所喜歡的某某財物等。雖然這樣自己能得到它，但在別人心目中，也失去了本來應有的崇高。《正法念處經》中云：「出家而邪命，失法失名稱，人中輕如草，未來入惡趣。」依靠邪命養活的出家人，一會失毀聞思修行佛法，二會失毀本應擁有的名稱，人們會像輕蔑雜草一樣踐踏他，未來也會墮入惡趣。

在我的印象中，在座絕大多數出家人都很好，在藏地求學期間，根據自己的福報過著平平淡淡的生活，到了城市也遠離邪命。但若在短暫的人生中，沒有慚愧，依靠非法手段謀取財物，不但損害自己，還會對佛教帶來負面影響，造成的危害是極大的。當然，作為出家人，接受供養也是合理的，這在《毗奈耶經》中有明顯宣說。但接受以後，最好用在利益眾生和弘揚佛法上。享用信財時，自己到底能享用多少，也要有自知自明，

第十一課

因為自己清楚自己的修證。若邪命養活，在即生中，雖然少數愚笨的人會因為你有房子、車子等，而讚歎有加，但後來的苦果在何時了脫卻很難說。

有時反觀自己和他人的行為，會發現很多不如法的地方，這與各自的業力有一定的關係。雖然明明知道這是邪命養活，在真正行持的過程中，也很難逃脫。但不管怎麼樣，應該懂得這個修心法門，了知現在所作的邪命養活為主的一切不如法行為，全部是我執引起的，提前就要對我執有所預防。不然，若我執太重，自認為這樣做很好，今年能好好聞思修行，明年後年能不能也不好說。

現在我對很多人，一方面很信任，一方面又不敢太相信。因為，現在雖然特別努力地聞思修行，但過一段時間，很有可能會像得了一種特別可怕的病一樣，變成另外一種人。他們會說：不行！我心情不好，不能再聞思，我要離開。現在菩提學會有很多這樣的人，剛開始特別虔誠，後來突然就像得了重病一樣，馬上神智不清，而離開聞思修行的團體，這是沒有經常祈禱三寶的原因。

雖然現在看來，很多道友的態度、行為、聞思、成績、修行等都很好，但在我的心目中，只是暫時好，長期則不一定。若能待十年、二十年，應該很不錯。前兩天我也說了，我們選的堪布、堪姆，大多住了十三年以

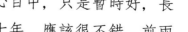

上，十七八年、二十年的也為數不少。至少說明他們的人格是穩重的。若只參加一兩次考試，在一兩年中聽聽輔導，甚至三天打魚、兩天曬網，就說明沒有耐心，其根本原因就是沒有調伏我執。這樣的話，一輩子都不可能有很大提高。因此，人不應該不穩重，因為變來變去也不一定精彩！

第十一課

第十二課

實際上，在修行過程中暴露出來的很多過失，並不是外境導致的，而是自己的內心，也就是說，修行不好的根源是我執太重。這一點，在某些教言中不一定找得到，希望大家認真學習這部論典，在以後的修行歷程中，對這個問題有清晰的認識。以前，很多道友經常抱怨這個、抱怨那個，認為修行不好的主因是上師、佛法、親朋好友等。雖然外境等俱有緣之類的法，也會起到一定的作用，但最根本的還是內在的我執。

雖然《修心七要》等教言經常講，唯一我執是怨恨的敵人，一定要摧毀、踐踏它，但我們卻常常忘記這個根本問題，在修行過程中特別喜歡外求。通過這次學習《修心利刃輪》，聽說很多道友還是有不同受益，當然也不一定每個人感應都很強烈，但從總體上看，大家通過這次共同學習，也懂得了很多以往並不了知的道理。

以前，我們總將修行不好的原因，推在他人等外緣上，現在終於能回過頭來反觀自己，了知是自己在即生或前世造了很多惡業所致。在懂得這個道理之後，一定要好好懺悔，再不能造惡業。當然，凡夫人習氣非常重，百分之百做到所有罪業都不造也很困難。比如：今天因緣聚合發願不造惡業，後來在對境現前時，因為煩惱深重，就會失去正知正念而幹壞事。

為什麼有些人經常犯錯誤呢？其原因就是福報不夠。而有福報的人，修行的順緣隨時都可出現。佛經中講，人的福報是有差別的，有福報的人不管到哪裡，都能遇到好的上師、好的道友和真正的佛法，同時自己現前煩惱的機會也很少，即使現前煩惱也能有效對治；而沒有福報的人，遇到對境經常產生困惑，修行總是遇到違緣。如果我們能看一些前輩大德的傳記，並以自己的修行旅程與之對照，就會了知人的福報確實有很大差別。

但不管怎麼樣，即生能遇到釋迦牟尼佛的殊勝正法，是非常稀有的，因為在地球上七十多億人口當中，能值遇佛法的人並不多，而且大多數都不能真正聞思修行，只是求三寶保佑而已。因此，我們能聞思修行《修心利刃輪》，是非常有善緣的。

我希望在座的各位，通過這次學習《修心利刃輪》，一定要讓自己的心穩定下來。現在很多修行人，最大的違緣就是心浮躁，定不下來。這跟所受教育、成長環境、前世煩惱等有密切的關係。實際上，做任何一件事情，沒有足夠的時間，是不可能成功的。前面也講過，很多人修行不成功的原因，就是今天想這個，明天想那個。若在一個佛教團體好好安住，認認真真、勤勤懇懇地聞思修行，就會有所成就。

前兩天，我們選了幾位法師，對學會的輔導員進行

輔導。但有的法師說，我不一定能待三年，我不一定能待一年。這一句話，是他們內心的真實寫照，讓我非常失望。因為讓我了解到了兩點：第一，他們弘法利生的發心很薄弱；第二，他們沒有誠心誠意安住學院求學的決心。好像是在兩三年中考察工作，或像新聞記者採訪完一兩個人後，馬上收拾行李準備離開一樣。當然，他們也有藉口，比如身體不好、心情不好等。但我認為，對凡夫人來講，身體永遠健康，所有煩惱都沒有，也是很困難的。所以，一定要有堅定的心，否則不可能弘法利生，即使有利他的發心也很薄弱。

當然，在修學和輔導講課的過程中，若確實站不起來，也可以把課停下來。但若只是身體稍微有點不好，並不是很嚴重，也應該堅持。我身體不好的時候非常多，有時輸液也要慢慢走來講課。所以希望法師和道友，對聞思修行和弘法利生，不要像世間的上班或工作那樣來對待，否則內心不可能有大乘佛法的菩提心。

在某些學佛團體中，有些居士天天都找這個藉口、那個藉口，比如：朋友結婚，需要參加婚禮；親戚生病，需要看望；領導出遊，需要陪同……這是很不好的。當然，作為世間人，完全沒有事情也不可能。但要觀察輕重緩急，每個人都應捫心自問：在自己的生命當中，最重要的是什麼？自己的人生方向是如何定位的？自己是怎樣對待聞思修行的？

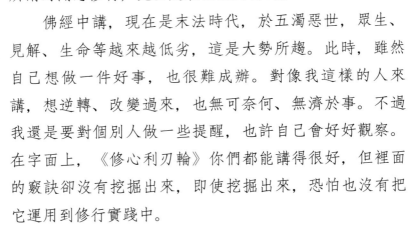

在講《修心利刃輪》時，我要直言不諱地告訴大家，我們的大乘利他心遠遠不夠，相差太遠。有些人則心態極不穩重，雖然剛開始承諾得很好，後來卻不能善始善終，包括個別發心人員，今天承諾發心，明天又因為這樣那樣的事情不發心。看到他們的所作所為，好像所謂的聞思修行，完全是表面上的行為。

佛經中講，現在是末法時代，於五濁惡世，眾生、見解、生命等越來越低劣，這是大勢所趨。此時，雖然自己想做一件好事，也很難成辦。對像我這樣的人來講，想逆轉、改變過來，也無可奈何、無濟於事。不過我還是要對個別人做一些提醒，也許自己會好好觀察。在字面上，《修心利刃輪》你們都能講得很好，但裡面的竅訣卻沒有挖掘出來，即使挖掘出來，恐怕也沒有把它運用到修行實踐中。

下面講頌詞：

於眾行少㉗吹噓大，自無功德聲勢大，

踐踏禍根妄念頭，刺中我敵凶手心。

有些人對上師、眾生、弘法利生、佛教的事業，做的事情極其鮮少，或根本沒有做任何事情，但在眾人面前卻自吹自擂，把自己吹捧得特別大。（在世間，嘴巴會說且與領導關係不錯的人，基本上不做任何事情，但默默無聞工作的人的功勞，全都變成了他所有，這種現

㉗於眾行少：另有版本中是「慈眾心微」。

象非常多。）有些人在戒定慧和聞思修方面，什麼功德都沒有，但無論做什麼事情都聲勢浩大，如同一地或十地菩薩來到世間一樣。

若詳加觀察，我們都會清楚自己到底是凡夫還是聖者。若是凡夫，以語言、文字來評價他人，也不能太過分。前段時間，我之所以批評個別道友，就是因為不管是對自己傳承的法師，還是其他相關人員，過多吹捧、過分炫耀，甚至說一些不可思議、無法想像的超勝功德，對佛教並沒有利益。所以，應該以理性、正直的途徑來宣揚佛教的道理，這非常重要！

雖然大學的老師、學生等知識分子的群體，非常尊重事實，但對神秘的東西，也不一定有分析、推測的智慧。若有必要宣講一些神秘之事，也應有理有據，若只是道聽塗說，他人將這些語言文字記錄下來，對佛教則不一定有利。因此，希望大家抱著對自己、他人負責的態度，注意自己所說的語言和所寫的文字。

但現在很多佛教徒，說話特別離譜，經常說一些無法想像的超勝語言，比如：我看到某人發光；某人有三隻眼睛；某人頭上有阿彌陀佛，一看到馬上變成一團紅光融入自己的心間，當下我就安住在無可言說的大樂當中。諸如此類的語言相當多。對佛教徒來講，若自己真正見到了不可思議的境界，是不適合給別人說的，尤其是在非法器和不了解佛教的人面前。不過，有些人完全

是胡言亂語，因為他根本沒有不可思議的境界，不要說見到阿彌陀佛顯現，連阿彌陀佛的名號都不會念。

我們佛學院非常理性！遵循上師法王如意寶的傳承，大家在聚會時一般不會說：我見到了阿彌陀佛，我見到了觀世音菩薩，我見到了大勢至菩薩等。當然，我們並不否認事實真相，但沒有見到千萬不能亂說。

在眾人中做事情，這個頌詞是特別好的教言，所以不能表功、宣揚、炫耀。比如在一個單位，同事、領導做了什麼事情，大家都一目了然。若一個人吹噓得特別厲害，人們逐漸就會對他有看法，甚至不滿。就像《水木格言》所講的一樣：「劣人做事雖小，表功之聲灌耳，濕柴燃火極弱，黑煙彌漫房室。」意思是說，低劣之人雖然沒有做什麼事情，但在別人面前卻吹得特別厲害，就像潮濕的木頭放在爐灶裡根本不會燃燒，反而讓黑煙籠罩房室一樣。

因此，佛教徒無論做任何事情，比如宣傳上師、道友、自己，都應看看到底有沒有功德。若沒有少許功德，連跳高都很困難，卻說能飛多少公里，恐怕自己都會恥笑自己，其他天尊和護法神就更不用說了。

那為什麼很多人沒有功德卻說有功德，沒有做善事卻說自己做了很多善事呢？其根源就是我執。因此，要踐踏禍根我執分別，刺中我執敵人凶手的心，讓它永世不得復生，永遠在我們的視線中消失，否則對自他都會

帶來不利。所以不要光是空口說，一定要實實在在做一些善事。若只會說不會做，修行就會失敗。即或是講法的人，其結局也是如此。

我希望在座的道友，無論時間多麼緊張，自己所學的知識，早上起床後至少要禪修半個小時，晚上睡覺前也要觀修半個小時。學院裡面極個別法師，二十多年來，每天早上都在不斷禪修。其實，早上情緒平緩，心明清，環境安靜，沒有任何干擾，最適合修行。不過早起易睏，起床後應先洗臉漱口，清醒後再開始參禪打坐。若沒有堅持修行，雖然學了很多知識，在生老死病現前時也用不上，這是非常遺憾的！

《百喻經.口誦乘船法而不解用喻》中講：有一富貴人家的兒子，與一群商人入大海採寶。他特別會講駕駛船隻的方法，比如：在海中遇到漩渦、洄流等時，應如何駕船躲避等。船隻行駛一段時間後，船師突然生病離開世間，眾人都讓他駕船。不久，船就遇到了巨大的漩渦，一直出不去。因為他只會說不會做，最後所有人都淹死在海中。凡夫人也是如此，雖然口頭上會說：應怎麼參禪，應怎樣調整呼吸，應如何修不淨觀等，但在實際行動中卻觀修得很少，甚至不解其義，那也不可能讓自他脫離業和煩惱的束縛。

因此，作為佛弟子，不但會說還要會做，而且做比說重要得多。但有些人經常說得特別多，尤其是別人的

修心利刃輪釋

過失。前段時間我跟大家講過，通過這次學習《修心利刃輪》，希望每個人都要觀清淨心，不要說別人的過失。因為，每個眾生都具有一切功德之源的如來藏，即或是乞丐和屠夫，也具有少分功德，並不是唯有自己是菩薩，其他人全是低劣的凡夫。

我相信，在兩三天或一個禮拜當中，大家都能做到不說別人的過失，但這並不算是真正的修行人。以前我講過，若是真正的修行人，得到一個教言，一輩子都可以受用。比如，我特別愛說別人的過失，在得到不能講別人過失的竅訣後，就應經常提醒自己：我最大的毛病就是愛說別人過失，今後再也不能說了。甚至還會想：我經常喜歡看別人的過失，今後再也不能這樣了。若看到，則閉著眼睛，或把頭全部包起來等。若能這樣有針對性地改正自己的毛病，不久就會徹底斬斷。

以前，很多噶當派的法師和格西，都通過諸如此類的方法來調伏自己的煩惱。所以，在聽聞某個法後，自己的心行一定要有所變化，這非常重要！若天天聽聞卻沒有一點變化，雖然能在相續中種下善根，除此之外也不會有很大的利益。

師多擔負誓言少，徒多饒益護持少，
踐踏禍根妄念頭，刺中我敵凶手心。

有些人依止的上師特別多，今天到這裡去灌頂，明天到那裡去求法，只要是上師，不管是男的、女的、高

個子、矮個子，胖的、瘦的，莊嚴、不莊嚴，都要去皈依、供養，認為上師越多越好。他們常說：阿底峽尊者依止了很多上師，我也要像他那樣。但上師一般不會沒有任何條件地給你傳法，也即需要守護誓言，比如：在講完法後，會讓你看、讓你修；在灌頂之後，自己也要信守誓言；即或是念五加行的傳承，也要求修加行。但這方面自己從來不重視，甚至沒有擔負、守護一次誓言，那就不是修行人的作為。

有些人攝受了很多弟子，比丘、比丘尼、優婆塞、優婆夷成千上萬。他們常說：原來我孤獨一人，現在還可以，有很多粉絲，即或是在新加坡、日本、美國，也為數不少。雖然他的弟子特別多，但卻不負責任，因為很少用正法來護持或饒益。

作為佛教徒，依止任何一位上師都要有恭敬心，哪怕是在十多二十年前聽過一個偈頌，現在也要恭敬，不應喜新厭舊。若特別愚癡地認為，雖然以前我在某法師處聽過法，但當時並沒有用心聽，所以他不是我的上師，那就說明自己根本不懂佛法。在世間，這種忘恩負義的人，也會受到人們譴責，出世間的佛法就更不用說了。

若上師沒有饒益所攝受的弟子，則說明他的自私自利心很重，也即為了達到自己的目的，才喜歡有很多眷屬。但實際上，弟子要依靠上師獲得真正的解脫，一定

修心利刃輪釋

要聞思修行佛法，所以建立正確的師徒關係非常重要。否則，若像世間的感情或關係一樣，則極不可靠。

無垢光尊者在《大圓滿心性休息》中說：「如不淨堆之上師，所化蛆眷多亦棄，引信士入歧惡道，欲解脫者永莫依。」意思是說，對想獲得解脫的人來講，若依止的是像不淨糞堆那樣的惡知識，即或他的所化眷屬像蛆蟲一樣多，也應捨棄、遠離。因為，即使他在美國、日本、菲律賓、新加坡等國家擁有眾多眷屬，信徒們也會被他引入歧途。為什麼呢？抱著各種各樣自己目的之故。所以，上師與弟子首先應互相觀察，之後才能建立良好的關係。否則，若以盲導盲，兩者都會成為受害者。

現在個別大學有一些特別不好的現象，比如：雖然學校收了很多學生，但老師並不是為了真正培養他們，而是為了自己的工資等待遇得到改善；學生也不恭敬老師，並沒有把老師當作知識的源泉，完全是利用。作為佛教徒，一定要謹慎處理上師和弟子之間的關係，若剛開始沒有善加觀察，對上師身分等不太了解，就盲目依止，到後來則會處於特別尷尬、矛盾的境地，這是沒有必要的！

在依止上師之前，如前輩高僧大德所講的一樣，要善於觀察，這特別重要！在觀察完了以後，不管遇到什麼情況，都要以佛法為主，不要相信自己的分別念。否

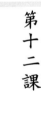

則，就會以世間理論，給上師加上一些過失，最後要麼鬧矛盾，要麼誹謗。比如，某人對自己所依止的上師不歡喜、不滿意，就會在他頭上添枝加葉地增加過失，甚至無所顧忌地誹謗。也許自己暫時會成功，但將來的果報卻無法想像。因此，凡是與自己結上善緣的上師和法師，都要有恭敬心，這根本不會失去自己的威儀。

晚上抽講考班的學員講考時，我經常愛看每個人的簡歷，發現很多學歷都很高，比如從清華、北大等北京各大高校畢業，有的還在某個城市具有一定的知名度。有時我很隨喜，因為在當今社會，他們沒有忙著世間法，而選擇了解脫之路，以後弘法利生的前途應該非常美好。但有時又想，因為他們學歷很高，自相續可能會非常傲慢。若傲慢，則過患無窮！

因此，我持這種觀點：一方面，非常尊重高等學校的知識分子，並不認為所有世間學位或文憑都沒有用；另一方面，並非高等學校畢業的大學生才是人才，而沒有讀過高等學校的人，比如小學生、中學生等，就不是人才。因為，法尊法師等沒有很高文憑的人，也對世界和佛教作出了突出貢獻。所以，既需要有一定的水平，還需要有高尚的人格。

而在世間，若是一位小學畢業生，則會受到別人另眼相看；若是高等學校的畢業生，別人就會特別恭敬他。我的看法一分為二，既不能忽略知識分子的群體，

修心利刃輪釋

同時也要看到，在沒有世間學問的人中，也有很多人格高尚、性情穩重的人。所以，學院選法師，也需要長期觀察。有些知識分子，傲慢心等煩惱特別重，雖然嘴巴會說，實際修持卻很差。當然，也有很多修行比較好的知識分子。

通過學習這個頌詞，希望所有佛教徒都要先觀察，再結上佛法的善緣，不要將師徒關係等同世間的感情，否則自己沒有懂得佛教的道理，則無法行持真正的佛教。比如，若上師沒有對弟子好好傳授佛法，只是讓他天天提水、做飯，修行就有一定的困難，因為弟子沒有學到任何佛法知識。當然，若上師是菩薩，承事也有很大的功德。

若在依止上師的過程中，弟子獲得了上師相續中的戒定慧，一旦上師離開世間，或自己離開上師，無論到哪裡去修行，都非常充實。以前，麥彭仁波切的侍者哦色，一生承事上師，並將上師的教言記錄下來。上師圓寂後，還經常以光明身來攝受他，最後他的修行達到了大圓滿的最高境界。所以，很多人在依止上師的過程中，都需要如理如法。而不如法的根源就是我執，因此要踐踏我執妄念，刺中我執怨敵的心。

　　承諾繁多利行少，名大觀察鬼神恥，
　　踐踏禍根妄念頭，刺中我敵凶手心。

　　世間人對事情承諾得相當多，比如別人講善法的功

第十二課

德，或讚歎某種事情，他就會說「我要去做」，雖然什麼都承諾，但卻很少行持，特別是饒益有情的事。還有人名氣相當大，前世是什麼轉世，今生又如何如何，可是相續中世出世間的功德法卻很稀少，跟他接觸一段時間，不要說天人和人的功德，連鬼神都會恥笑。對我們而言，被佛菩薩恥笑理所當然，受到同類的人恥笑也能理解，但下等的鬼神看不起我們，認為我們的所作所為太惡心、太醜惡，就說明我們的行為並非人所應行，實在太差勁了！

因此，做任何一件事情，都要先學習世間的格言，真正懂得做人的方法，這非常重要！現在有些佛教徒，做人、做事太差，暫時不說更高的超世修行，連自己所承諾的事都做不到。所以，我們不應承諾太多，因為並沒這個能力。但對自他眾生有利的事情，比如弘法利生，沒有承諾則會破壞緣起，甚至喪失機會，故應盡心盡力。

我很喜歡麥彭仁波切在《君主法規論》中所講的這句格言：「承諾無能為力事，不察人云自亦云，信口胡說未知義，此等即是愚者相。」承諾自己根本辦不到的事情，比如：你們放心好了，這樣的事情我以前做得特別多，按我的智慧、能力等資源，肯定沒有問題。不經詳細觀察人云亦云，就是別人說什麼，自己也隨著他馬上去說。根本不知未知的意義而信口胡說，比如：不知

修心利刃輪釋

空性的意義，或別人的情況，卻說這件事情如何如何等。諸如此類都是愚者的相。

在生活中做人時，針對自己的習氣、毛病，應以這些教言反覆觀察，一定要摧毀它們。特別是自己所承諾的事，不要變來變去。但有些人人格太差，今天承諾說：「以前我錯了，從現在開始發誓再也不犯，哪怕粉身碎骨也在所不惜……」可是，沒過幾天又出爾反爾。這種行為，不要說天尊，連人都很失望，鬼神也會恥笑。就像一件破爛的衣服，今天縫好了，過兩天又破了，再縫好，一拉又不行了，最後只有扔掉。所以，務必履行自己的承諾。

當然，在履行承諾的過程中，確實會遇到困難。有些人剛開始說：我要去發心，我要去修行，我當輔導員沒有問題，我當法師沒有問題……但遇到一點點小小的事情就說：好累哦！我身體不好，再加上最近家裡也有事情，我可不可以退了？這是很不好的。而這些過失都是我執導致的，所以要消滅我執分別妄念。

寡聞空口說大話，乏少教理多分別[28]，

踐踏禍根妄念頭，刺中我敵凶手心。

平時孤陋寡聞，對教理沒有廣聞博學，也沒有修行的境界和世間的成就，在別人面前卻經常空口說大話，比如：這件事情，我如何如何能承辦。特別是在修學

---

[28]多分別：另有版本中是「未證悟裝證悟」。

上，雖然缺乏對教理的理解，但卻以自己的分別念說了很多胡言亂語。因此，要踐踏禍根妄念的頭，刺中我敵凶手的心。

大家都清楚，現在有些佛教徒，對顯密佛法的教理，連十多二十部論都沒有聞思過，甚至基本教理都不通達，但在別人面前卻裝作特別有境界、證悟很高，無論是在書中還是口中，經常流露出這樣的語句：我已經證悟了，我見到本尊了，我懂得一切佛法等。更有甚者，還直接駁斥前輩高僧大德的觀點。其實，他們這樣說的目的，就是為了吸引他人。雖然膽子特別大，其結局卻很悲慘！

現在末法時代，有許多骯髒、恐怖的景象，我說都說不完，比如：沒辦法了知自己已經著魔，認為自己真的有一些境界等。無垢光尊者在教言中也講：濁世眾生的惡劣習氣，用語言難以道盡。所以，希望大家做人要真實，不要空口說大話。《六祖壇經》亦云：「迷人口說，智者心行。」若是迷惑的人，則只能口說，心根本做不到；而真正的智者，雖然說得少，心卻能恆時行持。因此，在聞思修行的過程中，大家應恆時觀察自己，多注意這些現象。

尤其沒有廣聞博學佛法，更難獲得密法的境界。智悲光尊者在《大圓勝慧》中，曾引用無垢光尊者《句義寶藏論》的教言：「現在大圓滿密法住於信解地的原

修心利刃輪釋

203

因，沒有聞思究竟的人，根本無法通達密宗最甚深的究竟意義。」若認為密法不需要聞思，安住一下就可以，那一定要是上根者。比如，極個別前輩高僧大德，依靠表示法就獲得了證悟。但在末法時代，眾生煩惱熾盛，分別念繁多，這是非常罕見的。故智悲光尊者說：「這是無垢光尊者，悲憫濁世眾生而留下的珍貴教言。」

總之，大家不要經常說修行的境界，比如神通等，一定要做一個清淨的修行人，這非常重要！

眷多無有荷擔者，主多遠離可依怙，

踐踏禍根妄念頭，刺中我敵凶手心。

有些人雖然培養了很多眷屬，但他們的眷屬並沒有善巧智慧，到最後真正能護持自己，或荷擔如來家業的人卻沒有。比如：一位聞思多年的人，建立了多所佛學院，卻培養不出好的僧才。有些人雖然依止了許多尊主、主人，如法師、君主等，但自己卻沒有真正地修行，也沒有獨立自主的能力，最後不得不遠離依怙處。比如：一些企業的員工經常搞關係，跟領導的關係很不錯，但到自己真正遇到困難時，誰都不能救助。因此，人在修行或做世間法時，應該有一分功德和能力。否則，總是依靠他人來護持，總有一天會過得不順利。

我認識一位佛學院的法師，十二年過去了，連一個輔導員都沒有培養出來。他人很好，但沒有管理能力，不過寺院的住持對他特別滿意，因為能管得住他。其

實，法師和管家不應排斥有能力、有智慧的人。雖然他們有傲慢等不良習氣，但在工作效益和工作技術上還很不錯，所以要歡喜接受。否則，就像剛才這位法師和住持一樣，雖然他隨順住持，聽住持的話，住持很滿意，但結果卻培養不出人才。因此，有時我們也需要學習世間的管理。

我特別希望，在座的法師和道友不要只看眼前，在有時間的時候，應該了解當今世界的現狀和古今中外的文化，以方便弘揚佛法。佛陀也說，有時我們很有必要學習世間法。如《優婆塞戒經》云：「世間之事雖無利益，為眾生故而亦學之。」我很喜歡這個教證。雖然對菩薩來講，世間的管理、格言、理念等，並不一定能對自己的解脫帶來利益，但為了度化眾生，也有必要學習。

但現在有些老法師，對世間的東西一律排斥，其實不了解世間的所作所為，是很難適應社會的。故我認為，佛教徒應該了解世出世間的知識。如果一個人在山洞或茅棚中修行得到成就，不了知世間的新聞等也是可以的；但若發心攝受眾生、弘揚佛法，了解目前的社會狀況，以及人文等知識，也有很大的利益和幫助。

本頌講，有些人雖然有很多眷屬，但卻培養不出人才；有些人雖然依止了很多主人，到最後卻無依無靠。其原因就是沒有智慧，我執太重，善巧方便不夠。因此

從現在開始，要踐踏我執分別念的頭，刺中我執怨恨敵人的心，讓它永遠離開世間，不要再破壞我們的聞思修行、弘法利生。也就是說，要用智慧來觀察，了知以前自己什麼事情做得不對，並以竅訣來改正過失。若真正有修行，不管長相等顯現如何，以後弘法利生一定會成功。

　　所以道友們千萬不能想：我這輩子沒有弘法的機會；我這麼下等的人，以後出去肯定別人不理我；我只要自己化緣，能吃飽就可以了；我不餓死就可以了……應該有非常堅定的信心：我一定要度化多少多少眾生；我一定要廣弘佛法、廣利群生。以前，有一位蒙古的和尚發大願：在即生中，我一定要當大法王，摧毀一切魔軍……我們也要像他那樣發願，生生世世弘揚正法、利益眾生！

第十二課

第十三課

這部論的頌詞雖然不太多，但裡面的教言卻很尖銳，因為能斷除我們的我執和自私自利的心。但在聞思之後，還需要將本論的所詮義運用到修行當中。比如，在理論上雖然懂得如何修建工程，但在實踐中卻不會運用，也不可能建成任何建築。所以，在為學院或學校等找建築隊時，我首先會問有沒有在高原施工的經驗。若沒有，完全是紙上談兵，也沒有意義。有些人理論上講得特別好，卻沒有實際修持，那在面對生老死病和人生的各種困惑時，再殊勝的理論和竅訣也很難用得上。

有些人經常說不會修行，其實這跟自己不修有很大關係。若說不會修甚深的大圓滿和生圓次第，也可以理解，但像《修心利刃輪》、《入菩薩行論》、《前行引導文》中的道理，每個人都應該會修。比如這裡講，世間很多不快樂和違緣，都跟自己自私自利有關。平時我們這樣去思維，就是修行。若在走路、吃飯、睡覺等時，保持如理思維，修行就落實在生活中了。

只不過以前，很多人從來沒有想過什麼是真正的修行。尤其是很多大城市裡面的人，一直散亂，沒有聽課，包括菩提學會的學員，有些也只是在名義上混混而已，並沒有真正系統地學習佛法。有些人雖然表面上做個樣子，聽一聽課，也沒有真正修行，那這樣的人生就

修
心
利
刃
輪
釋

非常遺憾！

所以，我們要經常反省自己，勇於發現問題，特別是在聞思修行的過程中，要接受這些甚深教授，結合自己的相續而改變自我。有些教言確實能有效地對治自己的煩惱，但在課堂上講了以後，大家一定要去認真思維。很多道友在道理上雖然明白，但卻經常停留在書本或口頭上，並沒有結合自己的心態，這樣的話，自心永遠也不可能調伏。

作為修行人，首要之舉就是調伏自心。若變成理論分析家，雖然道理上分析得頭頭是道，但沒有結合自己的相續去修行，恐怕只是會說而已，並不能對治自己的煩惱。因此，修和不修還是有很大差別。

在詞句上，無論是藏文還是漢文，《修心利刃輪》並不是特別好懂。可能這與達瑪繞傑達的語言，和後來譯師的翻譯風格有關。但也不像因明和中觀，解釋起來還算比較容易。所以，關鍵看能否對照自己的相續。在這方面，希望大家多留心！

下面講正文：

位高功德比鬼少，師大貪嗔較魔暴，

踐踏禍根妄念頭，刺中我敵凶手心。

有些人的地位相當高，比如在修行人中，是第幾世活佛轉世再來等；在世間，則是局長、縣長、省長、國家領導等。可是，自相續的道德、學問卻非常鮮少，連

第十三課

鬼神都不如。因為，有些世間鬼神也有神通、悲憫心，還特別講道理。有些人名稱上有很多頭銜，比如名牌大學畢業，在大學或社會中也擁有一定的職務，讓人覺得非常了不起。但相續中的利他心等功德卻非常稀少，比鬼神都不如。

有些所謂的大師，根本無法控制、對治自相續生起的，對自方的貪心和對他方的嗔恨，比凶惡的魔鬼還要暴躁。人們也婉轉地說，在顯現上，某某上師有某種行為。其實根本接受不了，認為很不好。

為什麼他們擁有高的地位和大的名聲，相續中的功德卻非常稀少呢？這是他們的人生並不希求利他，始終自私自利的原因，也就是說，主要根源是自相續的我執分別太重。所以，一定要踐踏禍根妄念的頭，刺中我執怨敵凶手的心。

在修行過程中，大家一定要詳細觀察，若只有名聲沒有功德，對自他都沒有利益，甚至鬼神也覺得可笑。藏地俗話說，惡人的名氣雖大，呼喚者卻感到羞恥。意思是，雖然名氣上是某某轉世再來，但從行為上根本看不出來，所以人們很難接受。有些人地位雖高，卻難以克制自己的行為。如《水木格言》云：「劣者縱登王位，亦隨卑鄙行為，芭蕉樹雖上長，樹葉始終下垂。」劣者即使登上王位，也會行持卑鄙的行為，就像芭蕉樹

---

⑩空處：空性所依。據以論證抉擇空性之處，即事物。

雖然向上生長，樹葉始終會向下垂一樣。所以，世間有些下劣的人，雖然通過各種途徑得到了地位，內心卻沒有一絲一毫的利他心，所作所為都非常醜惡。作為修行人，雖然很難真正做到利他的事業，但即使是細小的利他行為，也應盡心盡力。

麥彭仁波切說過：有些人名氣雖大，行為和德行卻不如一般的世間人，這是非常可恥的。為什麼呢？因為其地位和名氣，並不是依靠正當途徑得到的。若真正具有功德，行為則非常調柔，就像某些上師一樣。按照阿底峽尊者的教言，修行佛法最主要的驗相就是減少煩惱。如果煩惱一點都沒有減少，卻說自己的修行很好，則很難對號入座。

實際上，世間當中不相稱、不如法的事情，都來自我執分別念。如果自己有地位和名聲，行為卻很下劣，相續中的煩惱也極其猛厲，則應了知是我執導致的。若我執分別念沒有那麼強烈，現在肯定是一位普普通通的修行人，沒有名聲、地位，但修行卻更加如理如法。因此，對修行人來講，最好遠離產生傲慢等煩惱的外緣——名聲和地位。

我有時會想：雖然我是一位堪布，每天都為他人講課，但若相續中有很多傲慢等煩惱，在死了以後，也不能獲得解脫。而學院中什麼名稱都沒有，天天都為僧眾掃地的人，在死了以後，很有可能獲得解脫，因為掃地

的功德不可思議，再加上心清淨之故。

若認真觀察自相續，就會發現名聲和地位會帶來傲慢，這樣的話，對修行是不利的。但從另外一個角度來講，有名聲和地位也許對眾生有利，因為弘法利生會方便得多。因此，擁有名聲、地位是好是壞，關鍵看自己的心念、行為和結果。

見高行為比犬劣，德多基本吹風中，

踐踏禍根妄念頭，刺中我敵凶手心。

從表面上看，有些人的見解相當高，可是他的行為比家犬還要低劣，沒有一點約束，什麼壞事都做。比如他們常說：我是證悟者，我沒有任何執著，我有很高的禪定境界，我具有出世間的超勝功德，我可以跟本尊對話，我知道你心裡在想什麼……聽起來，他好像具有五眼六通等出世間的功德，但實際上從不約束自己的低劣行為，殺盜淫妄無所不為。若是世間高尚人，則有自我約束的能力，不需要任何人說，只要是下劣的事情都不願意做。不要說不如世間高尚人，甚至其行為比犬還要低劣。

表面看來，有些人有功德、有德行、有學問、有知識，很多方面都很不錯，但最基礎、最根本的人格和戒律等，卻被風吹走了，一點一滴都沒有。現在大學畢業的極個別本科生、研究生、博士生，跟誰都合不攏，誰跟他都難以接觸。在修行團體中，有些從高級佛學院出

來的法師，因明、中觀等樣樣精通，可是接觸兩三天後，德行實在讓人難以接受，連普通人都不如，這樣的話，所學知識也無法用於弘法利生。

當然，我並沒有針對某個人、某個環境，只是想通過認真分析，讓大家重視這個問題。而其根源就是我們的妄念分別和我執怨敵，因此要踐踏禍根妄念的頭，刺中我執怨敵凶手的心，讓它們永遠不要出現，否則還會危害我們。

所以，在修行過程中，大家一定要注意見解與行為的關係。如鄔金蓮師對國王赤松德贊云：「君王，我的密乘見解極其重要，但行為不能偏墮於見解方面，否則善空惡空黑法漫布，將成為魔見。同樣，見解也不能偏墮於行為方面，否則將被實有和有相所束縛，而無有解脫的機會。」又說：「是故見比虛空高，取捨因果較粉細。」也就是說，在證悟實相之見解的同時，必須要細緻入微地取捨因果。很多密宗大德也說，見解應以龍猛菩薩的中觀為準，行為則追隨靜命菩薩或《毗奈耶經》。

可見，即使已經證悟中觀和密法所講的無有任何執著和取捨的見解，也不應該誹謗、詆毀因果。如《中論》云：「雖空亦不斷，雖有而不常，業果報不失，是名佛所說。」佛陀說：雖然一切萬法本體上是空性，但也不會墮入斷邊；雖然一切萬法顯現不滅，但也不會墮

入常邊。在遠離常斷兩邊後，業果報應卻不失壞。也就是說，現而空，空而現。因此，即使有萬法皆空的見解，也不能忽略因果取捨，這就是佛陀所說最了義經典所講的現空雙運的究竟密意。

但現在很多人都不懂得這個道理，如麥彭仁波切所說，將現空雙運錯誤地理解為，如同黑色和白色的繩索搓在一起。他們認為，現不能空、空不能現，現與空互相矛盾。其實，萬法空性的原因，因果才能安立。因為，空性的本體並不離開如幻如夢的顯現，在因緣具足時，一切顯現都是合理的。因此，輪迴中的眾生都需要以中觀來抉擇空性。

有些知識分子經常問：「若一切萬法皆空，怎麼會有善有善報、惡有惡報呢？這樣的話，《金剛經》講一切萬法皆空，一切執著都沒有，而《業報差別經》講善有善報、惡有惡報，這難道不互相矛盾嗎？」其實，他們以自相矛盾來駁斥佛教和釋迦牟尼佛，是非常困難的。雖然有些人自認為在某某高校或群體當中很不錯，但即使獲得諾貝爾文學獎、科學發明獎的人，也不可能推翻佛教的教理，那更何況說連三好學生獎都沒有得過，智慧並不怎麼樣的人。但很多人往往以自己的口緣佛法造下罪業，從旁觀者的角度來看，這是非常可憐的！

在小乘行人中，有一種增上慢的修行人，自己並沒

213

有得到聖果，卻認為自己已經獲得果位。他們只有在了知自己的真實境界後，才能消除增上慢。除了這種情況之外，希望大家最好不要在佛教或非佛教的團體中吹捧自己。但很多道場，好多人都愛說，比如：我經常看到什麼，我聽得到什麼……這是很不好的。在佛制四根本戒中，有一條叫上人法妄語，無論是居士還是出家人，若自己根本沒有某種境界，卻在別人面前說自己已經獲得，就犯了這條戒，故沒有任何必要！

即或真正有一些境界，這樣講也不合適。無垢光尊者和智悲光尊者在教言中講：除了特殊情況有必要這樣講之外，比如為了度化眾生，自己的夢境和修行境界，是不能在大眾中宣說的。因為顯露自相續的超勝功德，自己的修行境界會退失。而且，人們也很難生信，特別是非佛教徒。因此，以上師如意寶為主的很多大成就者，雖然相續中擁有說不完的高深境界和超勝功德，但在眾人面前卻非常謹慎，說得很少。

剛才也講了，首先要發現問題。這次我們共同交流《修心利刃輪》，大家看能不能接受。以前，自己特別愛說夢境和超勝的境界。但一般來講，沒有特殊的情況，對自己的上師和道友都不能說，那更何況說其他見解和行為不同的人。因為，各種各樣善惡夢的顯現，並不一定是功德，即或是功德的顯現，也不應該執著，更不應該說。

一切如願終歸己，虧損無端推於他，

踐踏禍根妄念頭，刺中我敵凶手心。

在平時生活中，很多人都習慣將名聲、財富、成功、快樂、歡喜等如願以償的事歸於自己，而將失敗、虧損、詆毀、謾罵等各種不願意接受的事推給他人。比如：事情做得好，領導等表彰，就說是自己做的；事情做得不好，領導等批評，就說是他人做的。為什麼會將所有好事都歸於自己，而將所有壞事都推給他人呢？這就是我執分別念在作怪。

確實，人因自私自利心特別強的原因，總喜歡將好事歸為己有。比如：坐車時，搶先坐在靠近窗戶的舒適位置；兩人同住一間房時，總先占領靠近窗戶的床；幾人共吃一盤菜時，總搶著吃好吃的東西……而不好的事情全部推給他人，這就是凡夫人的醜陋惡習。

《入行論》云：「自身過患多，他身功德廣，知已當修習，愛他棄我執。」在了知愛自的眾多過患，和愛他的諸多功德後，應該串習愛他而捨棄我執。老子曾說：「吾所以有大患者，為吾有身，及吾無身，吾有何患？」寂天論師亦云：「汝雖欲自利，然經無數劫，遍歷大勤勞，執我唯增苦。」既然執著自我會增長許多痛苦，那就應該按照《修心八頌》最根本的一頌來行持，即：「虧損失敗自取受，利益勝利奉獻他。」

若自私自利心太強，在生活中時時處處都會增長我

修心利刃輪釋

215

執。比如：不管做任何一件事情，好處總自己占先；在與家人、朋友、同學交往時，所有便宜都自己占盡。否則便鬧意見，甚至怨氣沖天。按佛教正理，我們應該學習釋尊和菩薩普利眾生的精神，在人生中為了幫助眾生而努力付出，一切虧損都心甘情願自己承受，這就是利益眾生的偉大行為！

以前，特蕾莎修女曾說：「我們無力做偉大的事情，我們只能以偉大的愛，做細小的事情。」她說得很有道理，我們不可能像釋迦牟尼佛、觀世音菩薩、文殊菩薩那樣偉大，但若以佛菩薩無私奉獻的愛，在生活中點點滴滴去愛所有眾生，這就是真正利益眾生的行為。當然，世間的愛與出世間的愛並不一樣。世間的愛是以自私心占有，也就是以我執煩惱將對方執為己有。而佛菩薩的愛則是無私奉獻，是真正博大的愛。

但我們現在，遇到不高興的事就痛苦，與自己沒有關係的人就不關心，其根源就是我執。而佛菩薩，即或是怨敵加害也沒有絲毫嗔恨心，一切苦難眾生都平等救護，其原因就是沒有我執。這裡也說，因為有我執的原因，快樂等一切如願之事都歸為己有，所有不好的事情全都推給他人。因此，在生活中，大家一定要淨化自己的身口意，消滅自己的我執。

沒學這部論時，我們的語言經常會說別人的過失；心中也常懷著對別人的不滿，甚至怨恨；身體雖然沒有

打架，但在路上碰到也會撞一下對方，或以眼睛瞪別人。前段時間，我在路上碰到一位自稱是某某大德轉世的活佛，他忿怒地瞪了我一眼，當時我就想，他肯定不是某某的轉世。大家都清楚，前輩寧瑪巴非常了不起的大德，為利益眾生付出了多少心血。通過這次共同學習《修心利刃輪》，我想我們都會對自己的身口意生起慚愧心，包括我自己，因為自他之間根本沒有發生任何大不了的事。

作為凡夫人，若人與人之間真的發生了不可理喻的事，比如：財產全部被對方搶光，父母被對方殺害等，心裡肯定不願意與之共事。但並沒有這麼重大的事，只是語言稍微有一點衝突，或互相有一些誤解，就像烏鴉和鴟鴞一樣，生生世世怨恨，或像不並存相違的水與火一樣，水火不容，那就太不應該了，特別是修學大乘佛法的人！

現在有些居士團體，可能是沒有消化大乘佛法的原因，人與人之間的關係存在很多問題。為什麼這麼講呢？因為，從他們的說話、表情等外相，確實能看得出來。雖然他們的心，我沒有他心通不能了知，但從語言和身體姿勢也可推出，就像《十地經》中所說的一樣。若長期如此，不要說修行大乘佛法，連優良的傳統文化知識也沒有灌入心田，而這就是眾生的可憐！

身著袈裟求救鬼，受戒威儀隨同魔，

217

践踏禍根妄念頭，刺中我敵凶手心。

有些人已經在佛陀的教法下剃髮出家，身上披著莊嚴的袈裟，但並沒有一心一意皈依大慈大悲的佛陀，及其追隨者菩薩、阿羅漢等僧眾，反而求助於根本沒有獲得解脫的各種世間天神、鬼神等，將它們當作自己真正的救護者。甚至有些出家人，應該供養、祈禱的佛像等不擺在佛臺上，反而放各種各樣的動物像等。他們認為這些特別靈，能保護自己，在南方極個別地方就有這種現象。還有人已經在阿闍黎前接受了別解脫戒、菩薩戒和密乘戒，但他們的威儀完全隨順邪魔外道。這是沒有通達真理，自私自利分別太重的原因。因此，一定要踐踏禍根分別妄念的頭，刺中我執怨敵凶手的心。

在這裡我們要懂得，出家人跟世間人不同，尤其身心真正出家的人，不但身體離開了像火宅一樣的輪迴家室，心中還有出離心，對最究竟的依處三寶，也有永不退轉的皈依心。因此，唯應一心一意皈依、祈禱三寶，而不應求世間鬼神來救護自己。

這幾年以來，在上課前，我們有念釋迦牟尼佛儀軌的傳統。若能一心祈禱本師釋迦佛，就能獲得所有天尊、護法神的庇護。麥彭仁波切在《釋迦牟尼佛廣傳.白蓮花論》中說：從本體上講，所有浩瀚寂猛三根本，都與本師釋迦牟尼佛無二無別。而且，這個世界的眾生與釋迦牟尼佛更有緣，因為是他發下像白蓮花一樣的五百

無垢大願，才攝受了我們這些濁世眾生。因此，不應該皈依其他世間天神，而應專心致志地祈禱本師釋迦牟尼佛。

有一部經叫《聖善住意天子所問經》，其中有這樣一個偈頌：「佛能救眾生，餘不可歸依，佛是世間主，大慈不思議。」意思是說，佛能救護一切眾生，不可皈依其他世間天尊，佛是世間真正的怙主，他的大慈大悲不可思議。因此，只要我們在他足下一心一意地祈禱，他不能救助、調伏的眾生，絕對沒有。所以我特別希望，大家能經常祈禱佛陀，若能如法行持，無論身處是否信仰佛教的群體，都能獲得所有三寶三根本的救護。

作為出家人，行為一定要如法，不要跟魔眾相同。為什麼這麼講呢？因為佛經中說，魔眾每天都要給我們拋撒色聲香味觸法六種魔鉤，讓我們心思散亂。但現在有些出家人，對莊嚴的出家僧衣並不歡喜，卻喜歡世間各種各樣花花綠綠的衣服，這也是一種著魔的象徵。當然，在家居士也應行持相應的威儀，只不過這裡並沒有明顯提及而已。

對出家人來講，希望不管是戴帽子，還是穿衣服，都要如理如法。我看到有些女眾，戴在家人的帽子，可能是以前當美女的習氣還沒有斷掉吧！當然，在理論上我們也理解，因為女阿羅漢也有習氣顯現，但現在想打扮已經沒有機會了。個別男眾出家人也有這樣的習氣，

特別是年輕人。不過在寺院還算比較好，若到了城市，在人群當中，往往會忘失正知正念，讓人一看，連是出家人還是在家人都分不清楚。而以前，無論是藏地還是漢地的出家人，威儀都非常莊嚴，讓人見而生信。

當然，人的價值觀並不相同。在世間，有些人穿的衣服、戴的眼鏡、穿的鞋、走路的姿勢都很獨特，很多人不但不覺得接受不了，還撒下讚歎、羨慕的花雨。但作為出家人，莊嚴不應隨順世俗，若保持出家人獨特的莊嚴威儀，世間人就會生起信心。所以，行為、威儀千萬不能隨順魔眾，否則魔王波旬及其眷屬就會歡喜若狂，因為有人已經中了它射出的毒箭。但對佛教徒來講，這就是一種損失，因為放縱了我執分別。

若是出家人，為了減少我執分別，從出家那一天開始，就應對自己有一種約束。比如：既然我要以出家人的行為度過自己的一生，就應該追隨前輩大德和清淨修行人的威儀，拋棄一切世間八法。大家都清楚，不管是漢地還是藏地，都非常重視戒律。尤其是出家人，若沒有學戒律，光是受個戒，穿個出家人的衣服，傳戒的阿闍黎也有很大的過失。《毗奈耶經》中說，這就像買了一把刀交給屠夫，讓他天天殺生一樣。

所以大家皆應好好學習戒律，哪怕是最細微的言行舉止，也應模仿高尚的行為。但在末法時代，高尚的行為誰都不願效仿，即使某人的威儀再清淨，走路、說話

等方面再如理如法，也不願意學。而某人今天穿一件特別奇怪的衣服，就會說：多麼好看啊！在哪裡買的？質量不錯，布好滑哦！作為學佛人，在這些方面也應引起重視。

佛賜安樂供厲鬼，正法引導欺三寶，

踐踏禍根妄念頭，刺中我敵凶手心。

佛陀能賜予我們一切大大小小的安樂，哪怕是在酷熱的時候吹來一陣清涼的風，也是他賜給我們的，但一些愚笨的人卻不知道，該供的佛陀不供養，反而供養世間的厲鬼，如獨角鬼等。佛陀的正法能引導三界輪迴的眾生，獲得暫時增上生和究竟決定勝的安樂，可是愚笨者卻不知道是三寶給我們帶來了利益，反而肆意地欺誑、誹謗三寶，說佛法僧不真實等。其實這是很可憐的！因為他們根本不知道佛教的歷史、佛陀的威力、佛法的功德，卻口口聲聲自以為是，顯露自己的愚癡相。故應踐踏禍根妄念的頭，刺中我敵凶手的心。

現在有些人，不但對真理不負責任，對自己也不負責，他們常說：漢傳佛教如何如何，藏傳佛教如何如何。對一些真正有修證的高僧大德，也視為眼中釘、肉中刺，根本看不慣。其實，這對自己今生來世都沒有利益，比如壽命不長等。以前，藏地極個別人跟著他人人云亦云，後來都身敗名裂、無依無靠。因此，沒有必要自掘墳墓、自墮深淵。而其根源就是妄念和我執，故應

修心利刃輪釋

踐踏、摧毀它們。

若我們時時處處都能對佛陀生起歡喜、恭敬之心，生生世世都會過得順利、快樂。《華嚴經》云：「若能敬諸佛，知報如來恩，彼人未曾離，一切諸導師。」如果能敬仰佛陀，知曉並報答佛陀的恩德，這樣的人就不會離開一切導師。對這個教證，我有非常深的感觸。若我們對佛陀和上師有知恩、報恩、恭敬、歡喜之心，哪怕在夢中也如此，在生活中就會非常順利，做什麼事情都會獲得無形的幫助，所有白法天神、善知識、善道友都會護佑自己。當然，這也是我經常讓大家祈禱佛陀的原因。

但對真理不懂的人往往產生懷疑：到底祈禱佛陀有沒有這樣的力量啊？其實不應該這樣，在有空的時候，自己應在清淨的環境中祈禱佛陀，若有強烈的信心和恭敬心，比如汗毛豎立、熱淚盈眶，自然而然會獲得感應，從而堅信佛陀的智悲力不可思議。

常居靜處散亂轉，求妙法典護苯卜，

踐踏禍根妄念頭，刺中我敵凶手心。

有些人雖然身體居住在寂靜地阿蘭若，但一直隨著散亂而轉，天天看電視、電影，經常說閒話。其實，不管是在藏漢等地求法修行，都不應該浪費時間。有些人在學院待了十年八年，最後連一部論典也不會解釋，這是非常不值得的。前兩天我再三重複說「不值得」三個

222

字，希望大家都能反思：我為什麼來到寂靜處？當然，很多人的初衷都是想求法修行，並不想散亂或造惡業，否則根本不需要到寂靜的地方。

還有些人已經求到了非常殊勝的大乘妙法，但在行為上卻經常打卦、算命。當然，這些也沒有必要完全排斥，因為在麥彭仁波切的著作中，也有一些苯教的打卦儀軌，而且著作非常多。但也要分清主次，主要求取妙法、獲得解脫，念儀軌、打卦、算命則屬次要。否則，即使身居寂靜地，也會隨散亂而轉；雖然求到了正法，也無法調伏自己的相續。

所以，我在學會中，一直強調主次分明。也就是說，主要是聞思修行，舉行儀式、開研討會、念儀軌等則屬次要。就像一所大學，天天都是唱歌、跳舞、畫畫，沒有學習任何文化知識，也不可能培養出真正有用的人才。因此，任何一所寺院，若沒有根本的聞思修行，雖然有金碧輝煌的建築，其真正的價值也無法體現。

有人問我：「您給我打個卦，我要去建立一個道場，看可不可以？」我說：「接個破寺院有什麼意思？」他說：「現在雖然還是個破寺院，但憑我的智慧和能力，以後肯定能建得金碧輝煌，您一定要相信我，讓我下山。」但是，最重要的還是聞思修行，並不是金碧輝煌的建築。若有聞思修行，即使是一個茅棚，也能

修心利刃輪釋

培養出非常了不起的人才。雖然建寺院也有其功德和作用，但若沒有培養出人才，教證二法也無法體現。

前段時間，我去一所寺院，他們對我說：我們一定要修一個非常好的經堂。我說：「我們佛學院培養出了很多高僧大德，都不是在很好的房屋裡面，而是在一些破爛的土坯房、板皮房中培養出來的。所以，培養人才，並不一定需要有個特別好的建築物。有時建築物再好，也不一定能培養出人才來。」

話說回來，雖然經常居住在寂靜的地方，卻整天隨著散亂而轉，雖然已經求到了妙法，卻熱衷於算命、打卦，其根本原因就是我執分別，因此要踐踏禍根妄念的頭，刺中我執怨敵凶手的心。其實，很多人修行不成功，並非其他原因，就是我執分別太重。因此不能責怪他人，唯應責備自己。這一點，大家在學習《修心利刃輪》後，就會有很深的體會。所以，應該自我反思、自我批評、自我檢討！

第十四課

　　前面講了一系列竅訣，這些竅訣每一個都與我們有關，比如有人認為：這個《修心利刃輪》全是針對我，並非針對他人；這是阿底峽尊者的上師在救度我，所以他天天說我、罵我。如果有這樣的感覺，就說明我們與這個法門有緣。否則，若聽了很多次，自相續也沒有感覺，那就沒有發現自己的煩惱與罪過，自然也不會控制、斷除。作為凡夫人，肯定有各方面的毛病和不如法的地方，所以需要通過修心法門來調整自相續，這非常重要！

　　在聽課的時候，也要集中精神專注法義，我認為這是人生最有意義的事情。在現場，除了極個別新來的居士不知道關手機之外，課堂紀律應該非常好。但我發現，通過網絡和無線廣播聽受的人，有些行為並不是很如法。當然，除了極個別人之外，每天聽課都如理如法也很困難，因為有時身體不好、心情不佳，尤其是城市裡的人，干擾更多。但是，若把它當作生命中最重要的事情，也不可能每天都邊走邊聽、邊說邊聽。

　　其實，佛法的道理即使心相當專注也很難聽得懂，那更何況說心在散亂狀態下接受甚深意義。因此，希望大家在聽受的過程中，行為盡量如法。在此基礎上，若發心清淨，一堂課的功德也不可思議。故我覺得，現在

我們擁有這樣的交流佛法的機會，因緣是非常殊勝的！

下面講頌詞：

捨解道戒繼家業，樂付東流追逐苦，

踐踏禍根妄念頭，刺中我敵凶手心。

若沒有人講，本論每個偈頌都很難懂，因為直接從字面上看，並不像其他論典的偈頌一樣，一看就一目了然。藏文是這樣，漢文也是如此。所以，要理清前後詞句的關係，需要加很多字，否則就不好解釋。

有些出家人已經捨棄或損壞解脫道的根本——清淨的別解脫戒，還俗安家立業，其實這是將快樂的根本——行持善法付之東流，而追逐痛苦的因——造作惡業。按理來講，行善會得到快樂，造惡會得到痛苦，但很多愚笨的人，卻捨棄解脫的根本戒律，快樂的根本善法，整天都處在不如法的行為當中。其原因就是我執分別念在作怪，因此要踐踏分別妄念的頭，刺中我執怨敵凶手的心，以這種方式徹底摧毀我執，和自私自利的心，之後才能獲得解脫。

包括有些居士，本來受持三皈五戒，非常清淨，後來卻因我執分別念太重，屢屢毀犯戒律。有些出家人本來受持清淨的戒律，後因種種違緣心不堪能，遇到對境無法調整自心，最終犯了根本戒，而墮入世俗道中，過得非常可憐！雖然這種自討苦吃的行為，極其愚癡、極不應理，但在煩惱的驅使下，人們卻難以克服。

《法句譬喻經》中講：有一個人捨棄自己的財產、家庭，前往佛陀處請求出家，佛陀當即答應他的請求，讓他作了沙門。之後便讓他選擇自己所喜歡的寂靜地去修行正法。三年後，他修行境界一無所獲，心灰意冷地想：我在三年中如此勤苦地修行，卻沒有一點感應，還不如回家見自己的妻兒。於是踏上了歸家的路途。可能就像無著菩薩在雞足山閉關，沒有得到感應，便下山一樣。

此時，佛陀以神通知曉度化他的因緣已經成熟，就化作一位沙門，在路上與他迎面相見。化沙門問：你從什麼地方來？這個地方很平坦，我們坐下來聊一聊。坐下後，比丘說：我在此山修行了三年，一點道相都沒有得到，想回家與家人享受天倫之樂。

此時，他們正好看見一隻久已離開密林的獼猴（應該是佛陀化現的）在曠野遊逛。化沙門問：牠來到平地幹什麼？比丘說：有可能牠不堪重負，為了逃避身體的痛苦而來此地；有可能牠為了自己吃飽、吃好而來此地。他們的話剛剛說完，獼猴便返回森林爬上樹木。比丘又說：這隻獼猴真可憐，牠返回森林跟自己的眷屬在一起，又會非常痛苦。化沙門說：你與牠一樣，捨棄寂靜地返回世俗，又會重複以前的痛苦生活。說完，化沙門就顯現出佛的身相。比丘慚愧無比，在佛前發露懺悔後，安住正念就獲得了聖果。

這個故事提醒我們：第一，修行人在寂靜地修行兩三年或八九年後，沒有得到自己想得到的境界，便產生後悔心：到目前為止，我修行了那麼長時間，一點境界都沒有獲得，當年我不應該來到這裡出家修行。這樣的想法完全是錯誤的。第二，在修行過程中，因為魔王波旬的干擾，或後來自心沒有剛開始修道的新鮮感，就容易退失。比如現在社會，很多人剛開始對上師、佛法、解脫，有非常強烈的信心，後來卻逐漸淡化，甚至消逝無跡。

　　為什麼不應捨棄戒律呢？因為對修行人來講，清淨的戒律是修道的基礎，以世間語言來說，遠離規範行為這一基礎，則無法成辦更大成就的事業，所以佛教提倡戒是根本，以戒為師，這具有無比重大的意義！否則，若沒有受持清淨的戒律，到後來就會發生很多不愉快的事。如《正法念處經》云：「持戒清涼觸，得報甚清涼，愚人不修行，臨終生悔熱。」若守持戒律，無論是今生還是來世，都能獲得清涼，但愚笨的人卻不知道這個道理而不修行，臨終時就會被後悔的火焚燒自己的身心。

　　鄔金丹增諾吾在《讚戒論》中說：「有些人已經在具相上師前，得受利樂的源泉，如同珍寶瓔珞美飾般的戒律，然而後來卻因喪失正知正念，以損壞清淨戒律為代價，換來了一碗豆粉許的短暫安樂，這樣嚴重的愚癡

第十四課

確實非常可笑……」因此，大家在修行過程中，千萬不能捨棄清淨戒律這一根本，否則，想即生和來世快樂都很困難。

很多出家人，尤其是年輕的出家人，剛開始沒有詳細觀察，就急急忙忙出家，後來因為沒有守護正知正念，遇到一些對境，沒辦法對治自相續的煩惱，就破戒還俗，變得不倫不類。在藏地，很多出家人還俗後，特別後悔、傷心、痛苦，但也沒有辦法，生米已經煮成熟飯。在別人眼裡，也非常不成功，自己也羞愧難當，因為該做的事情沒有完成，甚至做任何善法都沒有力量。

對凡夫人來講，若想守護清淨的戒律，最好不要離開上師、僧眾、道場，若遠離這些產生慚愧心的對境，就很難生起守護自相續的智慧。即使內心暫時擁有這樣的智慧，在魔王的控制下，當自己無始以來的習氣復甦時，也很難用得上。這樣的話，短時間的行為就變成了永遠後悔的因。

本頌也講，若想獲得究竟快樂的解脫，必須守持清淨的戒律，而不能守護快樂的因——清淨戒律的根源，就是我執分別妄念。因為在它的支使下，就會做許多不如理如法的事。所以，在任何時候都要反省自己，不能責怪他人、他事。也就是說，要了知是現在沒有將我執分別念轉為道用，或前世所造惡業利刃輪到自己頭上所致。否則，肯定會做一位成功的出家人，或者居士。而

修心利刃輪釋

不會今天在某上師處皈依，過一段時間就誹謗、遠離，甚至不願意做出家人、不學佛，變成世間無惡不作的人。

在佛教徒中，現在這樣的現象比比皆是。若大家都能懂得是自己智慧不夠，極其愚癡，再加上無始以來的習氣非常嚴重，在各種因緣具足時，就會造作許多不願意做的事，那對自己的修行就會有很大的幫助。

棄解脫道遊邊地，得人身寶造獄因，

踐踏禍根妄念頭，刺中我敵凶手心。

真正解脫道的根本就是修行，因為只有通過修行，才能斷除相續中的煩惱，從三界輪迴中獲得解脫。可是，有些人偏偏捨棄解脫道的根本，聞思修行佛法和積德行善，而去遊山玩水、旅遊觀光，比如今天以朝峨眉山為藉口，但到那裡連《普賢行願品》都不念，明天去印度金剛座，後天去新加坡。有些則因身體不好，或沒有錢，實在沒辦法親自前往，但心裡也想：我明年去美國，後年去印度……心已經飛往了世界各個國家。其實這是我執分別念在作怪，因此要踐踏禍根妄念的頭，刺中我敵凶手的心。

作為真正的修行人，應住在寂靜的地方，選擇一個法門，真實、虔誠、永恆地修學。我前兩天說過，我們這裡極個別道友心態不穩定，這是最大的過患。為什麼十年前的佛教徒，現在很多都消於法界了呢？其原因就

是人格不穩重，今天想這個，明天想那個。其實，修行佛法並不那麼容易，因為世間任何一門學科都需要十多二十年潛心研究，才能有所成就，那更深、更廣的佛法，想在一兩個月或一兩年中，有很大成就也是不可能的。

當然，有些在家人實在沒有辦法，結上一個善緣，種下一個善根，聽幾天課，我們也是允許的。但是，有些人已經發願出家修行，不到兩三天，又以這個理由、那個理由，離開修行的道場。在學會中，很多人修學還不到六七年時間，就紛紛退學。這樣的話，想真正擁有佛教的高深境界，也是很困難的。所以希望大家，不要將學佛等同氣功講座或瑜伽培訓，這些只是暫時壓制分別念的一種手段，學佛可不那麼簡單、容易。因此，大家都要珍惜現在的修學機會。

從我本身來講，我並沒有想在短短時間中獲得成就，始終想在有生之年不斷努力。在剛入佛門時，我就有這個決心，現在也是如此：在離開這個世界之前，還是把自己所有時間和精力都用在修學佛法上，並沒有想：我在這裡多少年了，現在已經可以了。當然，我也希望大家做好長期修行的準備。

還有些人已經獲得非常難得的暇滿人身，可是不但不行持善法反而去造惡業，就像《親友書》中所講的一樣，用金子做的器皿裝不淨糞，這是非常可惜、無比遺

憾的。因為，在得到這樣的人身寶時，不但沒有以之獲得解脫，反而造下了地獄的因。其根源就是我執分別念，故要踐踏禍根妄念的頭，刺中我執怨敵凶手的心。

因此，在學佛的過程中，我們千萬不能把聞思修行當作一般的事情，甚至捨棄這一解脫道的根本，而認為其他形象上的善根更重要。但現在很多佛教徒，都分不清楚主次，甚至很多寺院也做得不好。實際上，沒有理論知識和實修的境界，一定會造作惡業，行為也會不如法。

在獲得暇滿人身時，是獲得快樂還是痛苦，完全掌握在自己手中，所以一定要認真取捨因果。因為，在座的各位沒有一個想自己痛苦、不幸福。如《正法念處經》云：「若人作惡業，皆得惡果報，若欲自樂者，如是莫近惡。」如果造了惡業，一定會得到惡的果報；如果自己想獲得快樂，那千萬不要行持任何身口意的惡業。

現在各個地方舉辦講座，都以「幸福人生」為題，很多領導講話，也很重視人們生活的幸福指數，甚至想盡辦法將自己所管轄的城市和農村，變成幸福城市、幸福農村。可是，若自己沒有造作善業，也不可能馬上過上幸福、美滿的生活。因此，最關鍵的是要懂得業因果的道理，並在生活實踐中認真取捨善惡，而不能停留在口頭上。

今天，一位老鄉對我說：「我以前造了很多惡業，後來得了一場大病，覺得自己肯定會死，一定沒有希望了。在病危期間我就發願，如果能活過來，以後再也不造任何惡業。後來我確實活過來了，到現在也沒有幹過壞事。」不過，很多人在健康、快樂、順利的時候，往往會忘記自我約束，這是很不好的。所以希望大家，在獲得如意寶般的暇滿人身時，能盡量行持善法，若實在避免不了造作惡業，也不能造下具有一切支分的惡業，否則果報極其可怕。

置法殊勝牟商利，置師經院逛城區，

踐踏禍根妄念頭，刺中我敵凶手心。

在修行過程中，很多人都不知道，哪些法對自己的解脫非常重要，哪些法並不是直接的因，所以經常放置、捨棄出離心和菩提心等佛法方面的修學，去經商牟利，做各種各樣的世間事情。有些人已經放棄了自己所依止的上師，以及在佛教道場當中，以聞思修行與自相續的煩惱進行搏鬥的機會，經常到城市或人群裡面，去散亂、放逸度日。

為什麼自己在寂靜的地方待不住，卻要去城市裡呢？為什麼自己不好好修行，整天都搞世間法掙錢、發財呢？當然，有些事情對僧眾、眾生有利，但絕大多數都是為了金錢等而奔波，甚至為此付出自己一切的一切。其實，這就是我執分別妄念在作怪。在修行過程

中，我們首先要認識它，然後再踐踏它的頭，刺中它的要害，以徹底摧毀、消滅而後快。

但是，若沒有長期聞思修行，這也只是一種空想而已。我發現，我們學院很多道友，自從出家開始，從來不去散亂的地方，對世間各種各樣的事情都沒有太大的興趣，唯一認認真真地修學，非常清淨。但也有個別人，為了一些小小的事情，經常去縣城遊逛，這個商店望一望，那個商店看一看。特別是在禮拜天，心中的開關自然而然打開：哦，今天該去縣上了！已經養成習慣，不去不行，一定要去。當然，偶爾去辦個事情也無可厚非，除此之外則沒有任何必要。

因此，我們都需要觀察自己的相續：對每天聽聞佛法，到底有沒有這麼大的興趣？在我的印象中，在好幾年裡面，部分道友從來沒有間斷過到經堂聽課。雖然除了高級班以外，其他並沒有要求一定要到經堂，但在自由選擇的過程中，部分道友對自我還是有一種約束，對到經堂聽課一直保持濃厚的興趣。而個別人，在這些場合根本看不到，在其他場合卻經常顯露自己的身影。

這是什麼原因呢？在他的背後，有一個叫做我執分別念，它一直勸他：不要去聽課的地方，去了不好，我們去別的地方，那裡更適合你，到時一定會獲得成就。若見解、智慧不到位，就會輕易聽受它的指使。所以，我經常希望大家，不要放置聞思修行殊勝的正法，因為

第十四課

只有這樣才能摧毀可怕的我執分別妄念。

我認為，無論是現場聽受，還是通過網絡和光盤來聽受，在作用上都沒有差別。因為，在聽課的過程中，只要心專注，都能得到佛法的利益。作為講者，我有課的那一天，覺得非常幸福。因為，從開始準備到最後結束之間，心都很清淨，沒有各種各樣的煩惱。若沒有課，很有可能跟別人閒聊，說一些是非，心也不平靜，還會出現各種煩惱。

故《大寶積經》云：「比丘捨多聞，言論不如理，損減諸禪定，常思惟世間。」意思是說，如果比丘捨棄了廣聞博學，他的言論和行為就會不如理如法，而且戒定慧等修學功德也會越來越退失，心中還會經常思維如何獲得世間八法。相信大家都看得到，那些不愛聞法的人，所說的話並沒什麼價值，因為全是有關貪嗔癡的話題，與人生大義解脫沒有任何關係。而且，還會染上修行境界退失、心散亂、戒律不清淨等過患。所以，上師如意寶住世時，只要在學院，身體也沒有生大的病，從來不會間斷講經說法，因為其功德不可思議。

我希望大家也要發願，在有生之年當中，只要因緣、條件具足，都要在善知識或法師面前聽法，一定要好好學習。若自己有能力，也可以給別人講。即使到一定的時候，自己沒有在上師面前聽課的機會，也要堅持聽高僧大德的光盤。我覺得，很多人對自己的人生，都

需要有這樣一個定位或要求。否則，若隨順自己的分別念，天天都會不聽課、不修行，就像世間人一樣，即使沒有錢，也要到百貨商場去看一看、問一問。這完全是浪費生命、浪費人生，沒有任何意義。雖然個別人覺得很可笑、很遺憾，但整個世間已經變成了這個樣子，想改變也沒有辦法。

但不管怎麼樣，我們盡量不要捨棄聞思修行的道場，即使要到城區辦理一些事情，也不要在那裡待很長時間。否則，若是凡夫人，極有可能被五顏六色、五花八門的外境所引誘，最後心隨境轉，變成一個地地道道的世間人。

一位在學院得過灌頂，修行很不錯的道友，在離開學院五六年後，我遇到他。他的穿著還比較不錯，也很乾淨。他摸一摸自己的領帶說：「我現在還可以，正準備跟杭州的老闆做一個項目，明天去北京談一件事情。」這個人是誰呢？你們都不知道，如果他在聽課，他應該清楚，但他現在不會聽課。

置自生計奪僧財，置自父業盜他財，

踐踏禍根妄念頭，刺中我敵凶手心。

有些人本來有能力維持自己的生活，卻放棄了自己的維生之道，或生活所需的錢財、資具等，經常以偷盜、搶奪、欺騙等方式，奪取出家僧眾或三寶的財物。有些人已經放棄了父業，或祖上留下來的財物、事業

等，反而去盜取、搶奪他人的財產。現在世間當中，有很多這樣的現象。以前印度種姓制度森嚴，自己家族做什麼，自己也會做什麼，但有些人到了後來，貪欲猛烈增長，該做的父業或本分工作不做，卻經常打、砸、搶別人的財物。

最近在大城市裡面，有些人以抵制日貨為藉口，在砸毀日本車輛的同時，藉機砸毀其他車輛，搶走車內的財物，這些都是貪欲膨脹導致的。但無論是哪種貪欲膨脹的行為，都不合理，尤其是奪僧財，果報非常可怕，因此要特別謹慎。

佛經中有這樣一則公案：有一次，目犍連跟弟子們一起外出，途中他看著虛空高興地笑了起來。弟子們問：您這是為什麼？目犍連說：我現在不說，到佛陀身邊你們問的時候，我再告訴你們。到了佛陀身邊，弟子們問：您剛才看著虛空為什麼會有如此表情？目犍連說：我看到一個身體特別高大的餓鬼，口中吞下七顆燃燒的鐵丸後從下而出，還從口入，整個身體燃火，痛苦無比，所以就笑了起來。弟子們問：這是什麼業報現前呢？目犍連說：你們應該問佛陀。弟子們請問佛陀後，佛陀說：以前，這個餓鬼是一位沙彌，在為僧眾發放食物的過程中，多給了自己上師七顆豆子，以此果報，現在感受這樣的痛苦。

所以，道友們在分僧眾的財產時，若本來每個人只

應該分七顆糖，但在遇到平時關係不錯的道友，就多分給他一些，那果報就很可怕。既然以偏私心，將僧眾的財產送給他人有如此果報，那私自享用僧眾的財產，果報就更加嚴重。但現在很多人都不懂戒律，不知如何取捨因果，比如：本來是供養僧眾的，卻用來供養某位上師；本來供養那個地方的僧眾，卻用來供養這個地方的僧眾。雖然諸如此類的行為會感受惡報，但很多人因為因果的道理學得很少，都不知取捨，甚至經常奪取僧眾的財產。

上師如意寶在講《毗奈耶經》等時，一再強調：凡是僧眾的財產，都要非常注意。如果必須作抉擇，至少也要有四個僧人代表僧眾來做決定，不要一個人說了算，因為個人並沒有這個權力。但在這方面我也執行得不好，比如金剛降魔洲各個部門的負責人問我：堪布！某某東西買不買？按理來講應該僧眾決定，但因盲目無知，很多次我都作了抉擇。所以，有時睡不著想起這些事情就提心吊膽：我來世肯定會墮入地獄，因為幾萬、十幾萬，自己一句話說了就算。當然，我並沒有私自享用或偷盜過僧眾的財產。

我們學院，很多懂因果的堪布，都不敢抉擇僧眾的財物。以前，一位財務科的堪布說：「他們兩位管家特別好，我們不敢抉擇的，他們都幫我們抉擇。」所以想起這些事情，有時心特別不安，但也沒有辦法，雖然誰

都害怕，但誰都不說也是不行的。當然，若自己很注意，很認真，不放逸，有抉擇的能力，也不會有太大的過失。不過，一定要懂因果取捨的道理，和戒律方面的知識。

但現在很多佛教徒，都不懂得這方面的知識，所以特別粗心大意。我經常看到一些道場，本來是供養僧眾的，卻拿來賄賂其他領導；本來是供養佛像的，比如佛像前功德箱中的善款，卻用來分給僧眾，這是非常可怕的！我希望道友們都要認真學習戒律，以後在當住持、方丈時，也不要將佛像前功德箱中的錢分給僧眾，僧眾不用這筆錢，絕對不會餓死。否則，若不懂得戒律，心就會被魔王控制，而散亂、放逸、不知取捨。

《父子合集經》中云：「若人於欲境，心不生放逸，則能越魔網，是為大智者。」其意是說，如果有人在面對欲境時，心不產生放逸，則能超越魔眾的網罟，此人就是真正的大智者。但要心不放逸，必須深入修學戒律和因果取捨等佛教理論。否則，就會被錢財、地位、美色等誘惑，若心隨境轉，就不能做主，而變成物欲的奴隸。而智者，因為有自控能力，即使所有魔王每天都放射八萬四千支毒箭，也會如如不動。但在生活中，這樣的人並不多，所以要在因地上多下功夫。

總之，一切非法都是我執分別念導致的，故應用銅腿鐵足踐踏禍根妄念的頭，用智慧寶劍刺中我執怨敵凶

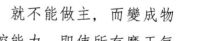

手的心，讓它們永世不得復生。

　　嗚呼修弱神通銳，未踏入道神足行，

　　踐踏禍根妄念頭，刺中我敵凶手心。

　　作者以非常悲哀的語氣說：嗚呼！有些人修行的能力相當薄弱，在七天、一個月、一年當中，都不能堅持修行下去，修行的力度和精進也很差，但自己卻要求獲得非常敏銳的神通，或想得到這樣那樣的神通、神變。有些人根本沒有踏入解脫的資糧道，卻希求、奢望獲得神足通，並以之前往各個地方。在世間當中，這種不好的現象非常多。其根源就是我執分別妄念，因此要踐踏禍根分別妄念的頭，刺中我執怨敵凶手的心，讓它們永遠倒在地下，再也爬不起來。

　　在一個修行道場，若過於強調神通、神變，說明這個道場並不一定很真實。希望大家以後創建任何佛教道場，或舉辦任何佛事活動，都應該很正常，威儀、行為都要莊嚴、如法。在說話方面，也不能太離譜，太超越世間，比如：我早中晚分別與文殊菩薩、觀音菩薩、釋迦牟尼佛對話；你頭上有光，喉間有阿字，心間有吽字……說各種各樣是是非非的語言，這是很不好的。

　　其實，有時所謂的神通並不一定真實。《雜譬喻經》中，有這樣一則公案：有一位出家人被僧眾開除後，非常痛苦，一直邊走邊哭。在路途中，他碰到一個觸犯法律，而被毗沙門天王開除的鬼。鬼問他：你為什

第十四課

麼哭？他說：我被僧團開除後，不但得不到任何供養，還惡名遠揚，所以很傷心。鬼說：沒事，我幫助你，只不過你在得到供養後要先給我。你可立在我的左肩上，我擔負你在虛空中行走，因為人們看不到我的身體，就會認為你有神變，而供養你。比丘歡喜地答應了。

於是比丘立在鬼的肩上，鬼擔負著他在人群中行走，人們認為比丘有神通，可以在空中飛，就供養了他特別多的財物。後來，鬼遇到了毗沙門天王及其眷屬，生起了極大的恐怖心，便捨棄比丘奔命逃竄，比丘當即摔死在地。這個比喻說明，修行人應為了解脫而努力修行，不應依仗權勢，否則權勢一旦傾覆，就與這個比丘的下場沒有兩樣。

更有甚者，因為心相續被貪嗔癡占據，最終一定會墮入惡趣。如《大寶積經》云：「貪著他資財，數起於嗔恚，與種種邪見，是人趣惡道。」意思是說，經常貪著他人的資具、財產，像毒蛇一樣數數生起嗔恨心，一會兒發脾氣、一會兒翻臉、一會兒瞪眼，還接連不斷緣人、事、物產生各種各樣的邪見，這樣的人，一定會墮入可怕的惡趣感受痛苦。因此，應盡心盡力行持善法，不要造墮入惡趣的因。

人生非常短暫，大家一定要珍惜時間，每天都要盡量行善。為了自己的修行善始善終、圓滿成功，還要經常祈禱上師、本尊、空行、護法。若能經常祈禱自己最

有信心的佛菩薩，無形當中就能獲得力量、加持，比如：在佛像前供上香、花後，一邊安住一邊祈禱，若心很誠懇，相續就會有改變。這一點，每個人通過修行都能證實。所以，經常祈禱的人不會遭受很多違緣，即使前世業力成熟，很快就會消失。哪怕暫時不能消失，也要把它當作懺悔或增長智慧的因。不要一遇到逆境，一感受痛苦，就馬上對三寶生邪見，退失信心。愚者經常緣一切境遇毀壞自己，而智者卻以之增長福慧、消除罪業，希望大家爭做智者！

第十四課

第十五課

下面我們繼續學習《修心利刃輪》當中的，以忿怒修法降伏我執分別妄念。

利教嗔心執怨敵，受欺無智報恩德，

踐踏禍根妄念頭，刺中我敵凶手心。

有些人當面或通過其他方式，得到了上師善知識和其他道友所傳授的，對今生來世都有利的教誡和教言，但他不但不報恩，反而對他們不滿，生起極大的嗔恨心，就像怨恨的敵人那樣來看待。有些人本來別人對他很好，很想幫助他，但他始終不願接受，而他人通過各種方式來引誘、欺騙，因為沒有智慧，反而覺得恩德很大，而報答他們的恩德。這種心行是非常無知、極其顛倒的，因為對恩人反目成仇，對仇人報答恩德。其原因就是我執分別妄念在作怪，因此要踐踏禍根妄念的頭，刺中我執怨敵凶手的心。

在世間，我們經常看到這種現象，比如：個別人的行為不太如法時，上師或法師找他單獨談話，或當眾糾正他的錯誤，他卻耿耿於懷、深懷不滿。在末法時代，很多人只喜歡聽悅耳的語言，特別是對自己不負責任的無知之人，更難接受逆耳的話語。所以無垢光尊者在《三十忠告論》中說：「毫無私欲誠心利他語，以憫揭露他人之過失，雖思正意彼心結石因，言語悅耳即是吾忠告。」

修心利刃輪釋

雖然世間古語說：「良藥苦口利於病，忠言逆耳利於行。」但很多人都不願意聽受對自己真正有利的教言，就像生病後，不願意嘗中藥，一看到就覺得噁心一樣。而他人通過財物、歌舞等來引誘、欺騙，卻滿心歡喜地接受。不過若過於貪著寶珠、馬車等世間財物，很有可能亡國破家，如《出曜經》中所說。有些人花言巧語講得特別好，比如：某地特別好玩，去那裡的話，我可以給你出路費。我們兩個歡歡喜喜、開開心心地去，不要聽法師、管家、組長的話，說個方便妄語，聞思修行有的是機會。最終卻失毀了聞思修行佛法的機會。

所以我特別希望，各個地方的法師和輔導員，對年齡、思想還沒有成熟的人，要以寂靜、威猛的方式，讓他們順利度過修行旅途中的危險階段。否則，若被各種外境誘惑，修行的路想圓圓滿滿走到頂點，是非常困難的。很多人有今天的修行結果，十多二十年沒有改變修行的處所和所依止的上師，自己所選擇的妙法能穩重地修行下去，對自己來講，在臨死的時候也不會有任何後悔。

通過這次學習《修心利刃輪》，我深深地認識到，很多人修行不成功的原因，就是分別念太重，人不穩重，因為不管做什麼事情，還沒有成功就半途而廢，這樣的話，一生將一無所成。當然，在一些不可逆轉的因緣現前時，也不得不換其他方式。比如米拉日巴，剛開

第十五課

始他在絨敦拉嘎前求大圓滿，因為沒有成就的驗相，不得不前往瑪爾巴羅扎處，希求無上寂靜的大手印法。除了這種情況之外，都需要穩重安住，就像後來米拉日巴再也沒有離開過瑪爾巴羅扎一樣。

作為修行人，首要之舉就是降伏我執分別念。否則，在不同環境、不同因緣、不同背景出現時，心就會隨之而變，身體也不得不規規矩矩聽它指使，最終一敗塗地。剛開始有些人戒定慧三學的功德很不錯，我都認為他們將來會有出息，但後來因為我執分別念太重，不但所學用不上，還變成一個漂泊不定的流浪者，那來世也會在六道輪迴的城市中去參觀各種景象。

所以我想，大家應該認真觀察自己，若產生一些惡分別念，或發現很多不如法的行為，就要將之歸於我執，並想盡一切辦法摧毀。在這個科判中，作者達瑪繞傑達提倡用忿怒大威德的修法來降伏我執分別念，所以每個頌詞都講「踐踏禍根妄念頭，刺中我敵凶手心」，我們也應該依此認真修行實踐。

己人心語告敵人，摯交無恥竊肺腑，

踐踏禍根妄念頭，刺中我敵凶手心。

有些人把身邊的人當作自己的人，對他非常好，所有心語、密語，以及一些秘密的事情，都讓他無所不知。可能是因為關係比較好，到了一定的時候，自己也覺得應將自己的內情、內幕告訴他。但到最後，若是忘

恩負義的人，就會在敵人面前揭露自己的心語和祕密。有些特別誠摯、忠心的朋友，到最後也無恥地竊取自己的肺腑之言，或內在很多不可告人的祕密，而出賣自己。

現在這樣的現象相當多，比如有些企業，負責人對下面的人相當信任，將自己的使用權、管理權、行政權等都交給他，多年以來一直培養。但到最後，他卻背叛主人，將根本不能洩露的企業祕密告訴他人，讓人特別傷心。在佛教界中，有些上師對個別弟子特別疼愛，一直用慈悲心攝受，最珍貴的祕密教言和竅訣全都傳給他，但到最後，以一個簡單的行為，就背叛、誹謗。

不過大家要想到，這是自己在依止上師、交友的過程中，面對出現的種種情況，沒有很好地把握分寸所致，也就是說，其根源是自己的我執分別念。現在我們認識到這樣的真相後，一定要摧毀它，尤其不能以自己的語言，向有害心的人，洩露任何一位知心朋友、上師和團體的祕密，因為言語不慎，很容易將自他推入深淵。

在平時修行過程中，也希望大家多禁語。不過這很不容易，以前海明威說過：「我們花了兩年學會說話，卻要花上六十年來學會閉嘴！」但若沒有這樣，語言就會導致人與人之間出現衝突，甚至發生殺人放火等，而傷害自他，這在《君主法規論》中有詳細宣說。以前，

劉邦的手下曹無傷，離間項羽與劉邦的關係，最後被劉邦所殺，在歷史上這樣的事例相當多。因此，無論是佛教還是世間，都需要觀察自己的語言。特別是修行人，要求恆時觀察並用正知正念守護自己的三門——語言、身體、心態，若做不到，就會發生諸多後悔之事。

易怒妄念分別重，難以相處秉性惡，

踐踏禍根妄念頭，刺中我敵凶手心。

有些人在平時生活中，特別容易生氣、發怒，甚至沒有什麼原因，突然就變了，就像春天的天氣一樣，時而暴發雷霆、時而笑逐顏開，不知他到底哭是真的還是笑是真的。而且分別妄念特別重，可能是想像力極其豐富的原因，對道友、家人、同事等經常產生各種分別念，而且很多都是瞎猜，比如：這個人對我不好，他一定跟某某一起說我的過失，看他的眼神就知道；那天在路上碰到這個人，他態度很不好，可能準備殺我……

其實，人若心胸寬闊，包容心很大，別人的態度、行為、語言，根本不會讓自己的心上上下下、忐忑不安，甚至生氣、自殺。尤其是大城市裡面的人，有很多不好的習慣，其主要來源就是電視、電影等傳媒影響所致。因為其故事情節，稍微有一點不吉祥的事情發生，主角們就經常用自己的生命來開玩笑，以此威脅他人等。其實這是很不好的。

聽說有一個人經常說：「如果你們實在逼我，那我

就自殺！」所以很多人天天勸她。但越勸她越厲害，發生一件小小的事情也說「我要自殺」。後來一個人說：「那你就自殺去吧，不自殺就不是人！」不久她氣也消了，從此再也不提自殺了。因為現在人長期受傳媒染污，所以在生活中經常暴露出一些不良傾向，如果從小學習這些格言和道理，就不會有這些現象，可惜人們所學少之又少！

而生嗔恨心，對今生來世都有害。如《正法念處經》云：「瞋恚亂心人，於此世他世，能作黑闍果，復能到惡處。」自心經常被嗔恨煩惱擾亂的人，今世身心很不快樂，長相、面色也不佳，後世還會痛苦不堪，因為一剎那嗔恨能摧毀千劫萬劫所積累的資糧。當然，要完全斷除也不容易。不僅佛教徒這樣講，世間學者也如此認為，如曾國藩云：「二十年來治一怒字，尚未清磨得盡。」我認為，若想完全洗淨、無餘摧毀，最好修學《入行論.安忍品》等佛教甚深教理。

其實，發脾氣、妄念分別重、難以相處、秉性惡劣、誰都怕與之相處，與人的性格有關。最近我經常去一些學校，發現最遺憾的就是在學校裡面，缺乏做人、做事、交友，以及讓自己快樂，與人和睦相處，填補21世紀人類心靈蒼白和匱乏的教育。雖然表面上看來，從小學到大學學了很長時間，但因歷史、環境等方面的原因，真正有用的知識卻學得很少。

第十五課

所以，平時與人相處，不要因為一件小小的事情，就開始發脾氣，與人接觸，誰都害怕。有些人的性格太難與人相處，大家都不願意與他一起坐車、辦事、共住。藏族俗話說：這個人就像火一樣，不能跟他接觸，否則會被燃燒。因為熊熊烈火燃燒時，周圍的草木、柴火全部會被燒盡，因此誰都不願與他說話、交往。

為什麼性格會這般惡劣呢？這主要來源於我們的我執分別念，或者說心不調柔，否則絕對不會出現這樣的情況。在了知這個道理後，我們都要努力踐踏妄念分別的頭，刺中我執怨敵凶手的心。

囑咐不聽暗加害，禮來不往遠懷爭[29]，
踐踏禍根妄念頭，刺中我敵凶手心。

雖然善友、老師、長老等經常囑咐，哪些事情可以做，哪些事情不能做，但自己只是當面點點頭，表面同意、接受，背後卻以各種方式來加害這些忠言勸告，對自己特別有恩德的人。雖然他人對自己非常恭敬，極有禮貌，但自己不但不遵守傳統美德，執之以禮，事之以敬，還遠遠地心懷爭鬥，顯露出蔑視的態度。其根本原因就是我執分別妄念作怪，故應奮力踐踏、摧毀。

在生活中，我經常遇到恩將仇報的情況，比如：我想盡一切辦法拿出錢來幫助學生讀書，但有些學生在畢業後，不但見面不打招呼，反而以各種言論、行為來危

㉙懷爭：另有版本中是「尋爭」。

害自己的事業。當然，我幫助他們的目的並不是為了得到什麼，從大乘利他心的層面來講，也不應該將這些記在心中，但從世間的角度來看，他們的言行確實是忘恩負義。

在世間，我相信大家也經常遇到這樣的事情：我想盡一切辦法來幫助他，用最好的方法來饒益他，可是他不但不報答恩德，反而以種種方式加害，甚至與自己爭鬥，或誹謗自己。現在社會，有些人在某某上師前聽了很多法，但到最後，在路上看見時，連招呼都不打，自己覺得特別了不起。其實，這樣的行為只能顯示自己的愚癡。

《根本說一切有部毗奈耶．破僧事》中講（《釋迦牟尼佛廣傳》也有這個公案）：有一個做花鬘賣的人，經常渡河採花。後來他在河中撿到一個庵摩羅果（即芒果），送給一位守門人，輾轉傳送，至王妃手中。王妃吃後非常喜歡，便追問來源，層層追問至賣花人。於是國王下令，讓他採摘芒果，他不得不前往山中尋找。

後來他在採芒果的過程中墮入深淵，一隻獼猴好心地把他救了出來，並為他採摘所欲獲得的芒果。因為獼猴過於勞累，需要躺在地上休息，便讓他在旁看護（這隻獼猴能說人語）。但這個人在獼猴睡過去後就想：芒果我不得不拿回去，否則會受到國王懲罰。但一路上沒有吃的，我不如殺了牠，吃牠的肉。於是他就惡毒地殺

第十五課

死了這隻獼猴。此時，空中有一天神見到他殺有救命之恩的獼猴後，非常不滿地說了這樣一個偈頌：「承事恭敬，猶如善友，有如是人，不知恩報。」這隻獼猴就是佛陀的前世，殺害牠的惡人就是提婆達多。

因此，大家最好有報恩之心，即使沒有，也不應該以各種方式恩將仇報，否則會受到人天恥笑、憎恨。

不樂從諫恆難處，冒犯頻繁常記仇，

踐踏禍根妄念頭，刺中我敵凶手心。

有些人不樂意聽從、接受別人的勸諫，跟任何人都難以相處，特別容易冒犯。在人中，尤其是女眾，雖然修行境界很高，但在顯現上，也不能說得太厲害，因為承受能力很差，心力很脆弱。我這樣說，可能女眾能接受，不然她們人比較多，到時搞捍衛自己聲譽的示威遊行，就不好辦！（眾笑）

可能這與人的生理有關，智慧倒不一定。比如在口才上，我身邊的女眾就比男眾口才好，雖然並非完全如此，但相當多的人還是講得很不錯。但在與人相處時，女眾經常產生各種分別煩惱，而且心不穩定，一會兒高興得不得了，就像享受天界的快樂一樣，一會兒又非常痛苦，就像感受地獄的痛苦一樣。

而且，小小的事情就產生特別大的執著，比如：這件事情該如何處理？不處理不行，那我怎麼辦呢？這個人對我不好，看她的表情就知道，現在我該如何做呢？

修心利刃輪釋

甚至到處問他人：人活在這個世界上，到底有沒有意義啊？其實，不僅是女眾，凡夫人都有這樣的情況。雖然當時自己特別執著，過後觀察也感到很可笑，甚至責備自己：昨天我不應該哭，更不應該這樣說等。

尤其人成熟後，比如在四十歲，會覺得二十歲以前的行為，很多都做得不對。以前，孔子的朋友蘧伯玉，每天都要反省自己的錯誤。到五十歲時，他說：在四十九歲之前，所作的很多行為全都是錯誤的。我有時也感覺到，自己年輕的時候，或昨天之前的所作所為、所言所思，很多都不如法，所以經常提醒自己：不應該這樣執著，這樣做很不應該等。很多老年人也常跟我講：年輕時因為感情，好多次都想自殺，但沒有成功，否則也沒有今天的學習機會。

現在很多人，因為沒有自我約束的能力，一件事情不成功，就認為人生已經走投無路了。其實，人生並不僅是一條路，有很多路可以選擇。若這條路走不通，就走那條路；若那條路走不通，就往這條路走。但有時在分別念的束縛下，自己對事情過於執著，也產生了相當多的煩惱。

有些人心量非常狹小，就像衛藏的厲鬼一樣，一會兒就生氣，甚至經常產生煩惱，不斷出現痛苦、傷心、絕望等不良情緒，所以他人根本不敢接近，害怕冒犯他。而且他好事記性特別差，如別人在財物上幫助、賜

予教言等，一點都記不住；而不好的事情，卻記得清清楚楚，比如：他瞪了我一眼，說過我一句不太好聽的話等。現在很多人都是這樣，碰都不敢碰，問都不敢問。不要說修行，在世間當中，這也是一種最不好的習氣。

不過，人的素質還是有很大差別。有些人的綜合素質很高，尤其是西方國家的人，若別人認為你在哪些地方做得不對，就會當面直接給你提出；而聽者，若自己有錯，也會承認，若沒有錯，也會用微笑來感謝對方的善意提醒。很多人都是如此。

而我們學佛人，雖然以前讀過大學，甚至是很有名的大學，但大學培養出來的人才，也不一定真正有知識。若心越來越狹窄，自我保護越來越強，沒有利他心和廣闊的心態，在自私自利控制下，所作所為都會很顛倒，一切都會成為束縛。

雖然很多人認為，現在社會越來越有發展，人類文明越來越有進步，但實際上並不一定是這樣。當然，在某些技術上誰都不得不承認，比如交通，確實比以前便利得多，否則現在一兩個小時、一兩天的路程，若是步行或騎馬，可能需要好幾天或好幾個月。以前，不同國家、不同城市之間傳遞信息，需要半個月、一個月乃至更長時間，而現在一秒鐘、半分鐘就搞定了。雖然很多前人的夢想，現在都已變為現實，但不斷除相續中的煩惱，心沒有獲得快樂，也不一定真正有利。

以前，每天可能不需要八小時上班，現在八小時都不夠，要幹十個小時，甚至熬夜；這樣的話，身心疲憊不堪，也沒有快樂可言。以前沒有電腦，現在有電腦，以前沒有好的交通工具，現在擁有，甚至檔次越來越高，但實際上，跟以前相比，現在可能更加痛苦。比如在大城市，堵車非常嚴重，即或是高檔轎車，坐在裡面也很痛苦。而走路或騎車，可能還不需要那麼長的時間。

現在人類各種欲望迅猛膨脹，人們肆無忌憚地開發、利用自然資源，到最後很有可能自掘墳墓、毀壞自他。表面看來，以前穿得破破爛爛，現在穿著各種五顏六色的衣服，實際上背後卻付出了巨大的代價，如眾生的生命，自身的時間、精力等非常有價值的東西。

現在各個國家表面看來在提倡和平，實際上都在準備打仗。前幾天，我看到一本軍事書中講，好多國家都把原子彈等瞄準其他國家，有些瞄準三十個城市，有些瞄準二十多個城市。一旦爆發戰爭，全都會毀於一旦。而以前，軍隊用刀、槍、矛作戰，傷亡率非常低。為什麼各個國家會這樣呢？其原因就是人們的貪心、嗔心極度膨脹，人們的自私自利心越來越強。而其結果，人們沒有一絲一毫的安全感。

此時，大乘佛教利他心的真正價值，會自然而然展現出來。不管是什麼人，只要認真觀察、思維，就會了

知：在所有思想中，大乘佛教的無我、利他，在當前乃至任何一個時代，都不應該淘汰，應永遠讓它閃閃發光。在這方面，大家應該多思考，之後才能明白其中的道理。

不過，現在最大的問題，就是人們不重視善的理念。如《論語》云：「德之不修，學之不講，聞義不能徙，不善不能改，是吾憂也。」意思是說，不培養品德，不鑽研學問，知道怎樣做符合道義卻不能改變自己，有缺點不能及時改正，這些都是我所憂慮的。很多學問都是這樣，若只會講，不能認真執行，也是不行的。

為什麼會出現這種情況呢？這與沒有遇到善友有很大關係。如《佛本行集經》云：「惡諫善勸行，厄難相救濟，是名真善友。」真正的善友就是那些勸勉我們行持善法、制止惡事，在遇到苦厄、困難之時，能幫助、救濟的人。可是，很多人都不知道這個道理，別人勸告說：你今天這個事情做得不對。他就會說：你說什麼？我怎麼不對？所以藏人說：對那些脾氣不太好的壞人，不能問你在哪兒，否則他們會說，我在哪兒關你啥事？

其實，對修行人來講，尤其是負責人，別人勸勉、監督、提意見，是非常好的。我特別希望他人說自己的過失，因為自己有傲慢等煩惱而不自知，需要他人提醒，需要接受他人的批評，世間人也這樣說。當然，世

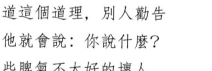

修心利刃輪釋

間人的說法與大乘佛法並不相同。所以我們以後，盡量不要在別人還沒有說完時，就開始發脾氣，或者反對說：你必須要有依據，否則怎麼怎麼。這樣的話，很多人都不敢勸誡。

對真正有智慧的人來講，他願意受到很多人批評，並不一定喜歡別人讚歎。所以當別人讚歎說：你真的是佛菩薩，你的智慧超群、人格賢善、長相莊嚴，他就會覺得別人在故意說他的過失。若別人好心好意說真話：你今天在說話的過程中，可能有點不太對；你現在有些行為別人懷疑，這樣不太好；你現在的想法不正確，要注意！自己就會特別感激，認為他對我很好，因為他人點出了自己行為不如法的地方。

而我們現在的習慣，跟真正對自己有利的情況相差太遠。說實話，你看藥那麼苦，而且喝時也很痛苦，但卻對病有利。所以當別人勸告時，自己很不厭煩地說：你今天也說我的過失，明天也說我的過失，你以後別跟我說，不要再跟我來往，我沒有那麼壞，我知道自己是什麼樣的。那就說明自己沒有接受別人批評的能力。

過分壓制聖執敵，貪欲強烈納少年，
踐踏禍根妄念頭，刺中我敵凶手心。

有些人特別過分地鎮壓和控制有能力、有智慧的聖者、大德和智者，就像敵人一樣來對待，根本看不慣。一般來講，在生活和修行過程中，人們只看得慣比自己

差的人，因為這些智慧、能力不如自己的人，對自己百依百順。有些發心負責人，因為一件小小的事情，就看不慣智慧敏銳、長相莊嚴、能力超群、才華出眾的人才，這樣很不好。雖然他們有很多不好的地方，比如嘴巴尖銳、傲慢心強等，但我們一定要有接受的能力，因為對事情本身並沒有壞處。

但很多地方的負責人，只認為從來不提意見、不反抗，天天規規矩矩坐著的人，是人才或最好的人，因為自己管得住。對稍微有一點智慧、技術的人，比如某人動手速度很快，就害怕超越自己，而不敢重用。其實，這是很不好的。希望大家不要過分壓制他人，要讓他們行使自己應盡的權利和義務，更不要將大德等具德之人看作敵人。

相續中貪欲特別強烈，對異性就會有極大的執著心和接納心，尤其是修行人，若將大量時間和精力用在這上面，就不會有所作為。所以世間很多成功人士，對自己的感情生活都非常注意。否則，若將大量時間浪費在這些沒有意義的事情上，對今生來世都不會有任何利益。因此，很多有智慧、功德的人，都將之拋棄。而沒有智慧，特別浮躁、淺薄的人，卻整天貪著他人莊嚴的肉身，所有心思和財物都花在這上面，那就不可能做出任何有意義的事。

看一個人，主要看他內在的智慧和悲心，這一點相

當重要！若光擁有外在的財富和技能，也不一定有真正的功德。如《大智度論》云：「貴而無智則為衰，智而憍慢亦為衰。」有些人榮華富貴，但沒有智慧，內心空洞洞的，比如某人有很多錢財，內心卻充滿痛苦、困惑，什麼功德都沒有。有些人雖然有一點點智慧，卻特別傲慢，這也不能讓人接受。所以，在這個世間當中，一定要有高度的智慧。

為什麼佛陀經常讚歎，具有取捨善惡能力的智慧呢？因為，有了這樣的智慧，就會經常觀察：自己該怎麼做，應走什麼樣的路。而交友，也會清楚自己該接觸什麼樣的人，怎樣與人相處。尤其是用人，更需要智慧，若沒有智慧，也不可能人盡其才。到最後，自己也會醒悟：以前我特別無知，其實這個人很了不起！在歷史上，有很多這樣的情況。

所以，我特別希望：只要是有功德、有學問、有戒律的人，不管他是什麼身分，我們都要尊重、恭敬，並且把他們的智慧和發心，用在社會最需要的地方。這樣的話，就非常圓滿！

第十五課

第十六課

　　本論主要講斷除自身的過失，也就是說，首先要以別人的指點等方式來認識過失，然後再盡量往好的方面改變，即以修行調整自心。雖然對修行人來講，這是最根本的問題，但也很有必要學習一些比較深的法，如五部大論、密法等。若每天都講一些特別簡單的法，深度和廣度都不夠。若天天都講一些理論，沒有講實際調整自相續煩惱的修心法，到需要用的時候，恐怕很多理論都用不上。

　　前段時間我也講過，不管是哪位法師講課，在所講的時間當中，都要專注聽聞。若是有智慧的人，哪怕是一字一句，都不會漏聽掉，且能記在心中，或筆錄下來。以前，很多人在聽我講課時，都使用錄音設備錄音，現在也不一定需要，因為以後會出光盤和書。但在聽任何一位法師講課時，大家都需要專心致志地聽聞，要養成這樣一種好的習慣。

　　1988年，法王如意寶講《大圓勝慧》時，所講的教證、理證、教言，都很有價值和意義。當時，法王如意寶在上午講課。我最近校對此法，翻閱當時所作的記錄，心中充滿法喜。但是，在任何一位法師面前聽任何一部法，是第一次，也可能是最後一次。所以，大家在聽聞過程中，一定要專心，不要散亂！

下面講正文：

無情拋棄昔交友，極度喜新說甜言，

踐踏禍根妄念頭，刺中我敵凶手心。

有些人跟親友的關係不是很綿長，只在短短時間中互相疼愛，過一段時間，就無情拋棄。尤其對昔日所交的朋友，在對方各方面比較不錯的時候，就與之交往，當他淪落到可憐的境地，就看不起，而捨棄。對新朋友，則極度歡喜，經常甜言蜜語，在走路等時，也像腸子連在一起一樣，形影不離。但好景不長，不久又互相排斥、誹謗。許多性格、心態不太穩重的人，經常會有這種喜新厭舊的現象。其根源就是自心沒有很好地調整，我執分別念太重，因此要踐踏禍根分別妄念的頭，刺中我執怨敵凶手的心。

第十六課

在世間，人與人之間的交往是有規律的。麥彭仁波切在教言中講：剛開始非常親密，相當執著，最後關係卻非常一般，這是不穩重的朋友；起初很難交往，慢慢關係越來越好，而且很長時間沒有什麼改變，這是穩重的朋友。

因此，無論尋找什麼樣的朋友，都要先觀察。若沒有觀察，就把對方當作最知心的朋友，最後恐怕自己心中所想的這個人，與其本質就會有很大的差別。比如：以前你把他刻畫或塑造得特別美好，認為這個人是世界上最值得信賴的，他不會引誘、欺騙我，自己所有希望

和一切的一切都交付於他，後來卻發現他並不是這樣。

其實，這是我們的分別念在作怪，也就是說，是分別念中的朋友，並非實際的朋友，因為實際的朋友對你並沒有這麼知心、忠誠。就像把陽焰誤認為水一樣，雖然自己心中認為這個人很好，一旦錯覺消失，就會發現他的本來面目。但現在社會，很多人都沒有觀察，就認為對方很好，當不符合自己心態時，又互相排斥，產生痛苦，這非常不合理！

在歷史上，有很多君子之交。唐朝貞觀年間，薛仁貴落難，全靠王茂生夫婦接濟。後來，薛仁貴在平遼過程中，戰功顯赫、功勳卓著，受到唐王李世民重用，御封為「平遼王」。一登龍門，身價百倍，很多人都前來祝賀。但薛仁貴一概拒收賀禮，只收下了王茂生送來的兩壇美酒。啟封的執事官打開一看，沒有美酒只有清水，他生氣地說：此人以清水冒充美酒，戲弄王爺，應該重重懲罰！薛仁貴說：我貧窮落魄時，若沒有王茂生的幫助，就不可能有今天的榮華富貴。他貧寒，送清水也是一番美意，這叫「君子之交淡如水」！後來，「君子之交淡如水」的佳話，就一直廣為流傳。所以，交友貴在德行，重在知心！

本頌講，喜新厭舊的根源是我執分別念，因此需要學習交友之道。尤其是在自己貧窮時，曾經幫助過自己的人，永遠也不能忘記。古人云：「貧賤之交不可忘，

修心利刃輪釋

糟糠之妻不下堂。」以前我講《弟子規》時，也講過東漢宋弘的公案，相信大家都記得清楚。但現在世間很多人，在自己稍微有一點能力時，就隨意拋棄以前沒有發達時所交的好友，甚至親人，這是沒有良心的表現。人若沒有良心，就與動物沒有差別。

作為佛教徒，也應經常回憶學佛之前、學佛之後、乃至現在，哪些人對自己有恩德。若能報答，則盡量報恩；若實在不能報答，也要有感恩之心。當然，因為前世因緣不同，有些人有美好的前程，各方面都超越親朋好友，有些則不一定。但不管怎麼樣，在自己的人生旅途中，凡是對自己有恩德的人，都要關注、關心，這是做人的基本要求。

有些佛教徒自認為有很高的境界，口中經常吐出一切都不執著、全部放下、唯一希求解脫、自在灑脫等特別美好的詞句，而世間的關係、感情卻一概放棄。當然，為了受持清淨的戒律，該放時也應該放下。但所有人情是不是都要放棄呢？作為修行人，這是不一定的。否則，就像《二規教言論》中所講的一樣[30]，不懂知恩、報恩的人，就像屍體一樣，所有天尊、護法神都會拋棄他。所以，也沒有必要這樣！

當然，我並沒有說自己有感恩心，人格特別好！不

---

[30]《二規教言論》：「父母上師長老等，利己人前不報恩，護法諸天恥笑彼，失卻助伴如僵屍。」

262

過在自己貧窮、困難時，曾經幫助過自己的人，都沒有忘記。前段時間，我小學的同學約我一起朝五台山，本來應該去，因為當時我們班只有十三四個人，都是貧窮牧民的孩子，大家的關係也很好。但因我前段時間去五台山住了幾天，再加上學院有這麼多人要聽課，就沒辦法去，只好向他們請假。從做人的角度來講，我心裡非常過意不去，因為這種機會確實很難得。

我也希望每位道友，無論是小學、中學、大學的同學，還是親朋好友、鄰居、同事，只要對自己有恩德，都要有感恩、報恩之心。而對自己很不好，經常欺負、拋棄自己的人，作為大乘佛教徒，也不應該記在心中，而應學會忘記，這是做人的基本原則。

無有神通妄取過，無悲傷害依人心，

踐踏禍根妄念頭，刺中我敵凶手心。

有些人沒有得到超凡入聖的神通，卻以上人法妄語或其他妄語欺騙他人，導致他人誹謗、詆毀，說各種流言蜚語；這些過失自己不得不承受，因為先已欺騙他人，做了很多壞事。有些人對他人沒有一點慈悲心，對依靠自己的人也經常傷害。按照《釋迦牟尼佛廣傳》等經論來看，凡是依靠自己的人和動物，都應以慈悲心、恭敬心來維護，但他不但不這樣做，反而經常讓他們心灰意冷、痛苦不堪。

聽說有兩位學習佛法的夫妻吵架，一人對另一人

說：「你已經發了菩提心，為什麼對我一點都不好？你肯定沒有菩提心！」現在很多學佛人，吵架都不忘菩提心。確實，不管是學佛人還是非學佛人，若沒有悲心，經常會傷害他人，讓他人痛苦。其根源就是我執分別念，因此要踐踏禍根分別妄念的頭，刺中我執怨敵凶手的心，讓它們永世不得復生。

現在世間，有些修行人沒有得到任何出世間的功德，卻經常說妄語，比如宣揚自己見到了什麼，其目的就是為了得到他人的供養、讚歎，獲得名聲、財富。因為這些一般人也看不到，所以很多愚笨人都信以為真。但這種不擇手段欺騙他人的行為，是非常可怕的！

《百喻經》中講：有一婆羅門很想發財，他帶著自己的兒子到其他地方，抱著兒子大聲地哭了起來。人們問：你為什麼這樣哭呢？他說：我的孩子只有七天壽命，所以特別傷心。很多人都不相信，認為他所說的並不一定真實。但他說：縱然日月暗淡、星宿墜落，我所說的話也不會有錯。到了第七天，為了取得別人信任，他就殘忍地殺害了自己的孩子。之後，人們認為他真有本事，名聲和財富也自然獲得。作為修行人，若為了達到自己的目的，而不顧因果，其結局就很悲慘，就像這位殺子惑眾的人一樣。

類似的情況，現在我們經常看到、聽到，尤其是有些佛教徒，對所依止的假上師極有信心，這是非常可怕

的！鳩摩羅什翻譯的《眾經撰雜譬喻》中講：有一位居士，其妻懷孕。迎請佛陀到家供養後，問佛陀：我妻子懷的孩子，是男的還是女的？佛陀授記說：是男的，以後長相非常莊嚴，會獲得聖果。

　　居士信心不夠，又迎請外道六師供養，並問：佛陀說我妻子會生男孩，是真的嗎？六師特別嫉恨釋迦牟尼佛，故意從反方面說：不是男的，是女的。後來他們商量，萬一真是男的，他就會捨棄我們而供養佛陀。於是欺騙他說：你的妻子會生男孩，但生後會有大災禍，所以我們才說生女。居士聽後，心生恐怖，不知如何辦好。六師說：欲得吉利，最好除掉這個孩子。於是六師為居士婦人按腹，但沒有傷到孩子，反而讓婦人喪命。在火化過程中，佛陀發現孩子在蓮花中端坐，就讓弟子將之從火中救出，交給他的父親撫養。

　　孩子十六歲時，他們家請外道六師應供。入座不久，六師破顏微笑。他們問：為何而笑？六師答言：離此五萬里有一座山，山下有水，有一獼猴落入水中，所以微笑。這位孩子很聰明，知道六師在說謊。在為六師盛飯時，故意把菜放在下面，不讓看見，而其他人的菜全部放在飯上。吃飯時，其他人都在吃飯，唯獨六師心生嗔恨不吃。他們問：你們為何不吃飯？六師回答：菜都沒有，怎麼吃呢？這位孩子說：你們連五萬里外的獼猴掉在河裡都看得見，為什麼看不見飯下的菜呢？六師

修心利刃輪釋

就非常生氣地離開了。從此他們一心皈依三寶，聽佛說法後，都獲得了道果。

我很喜歡這個故事！現在有些佛教徒經常說各種各樣是是非非的事，比如：我知道你的前世；你以後會變成什麼；你跟我有前世的宿緣，你前世是我的什麼，我是你的什麼……若真是這樣，至少他會記得昨天、前天吃了什麼，但問時卻說不出來，所以可以反駁說：這幾天的事你都不清楚，怎麼知道前世呢？同樣，有些人連自己的念珠掉在哪裡都不知道，怎麼能看到中陰身呢？所以，大家千萬不要說妄語。即使真有超勝的功德，沒有上師開許，沒有特殊密意，也不能隨意說。否則，對佛法也不一定有利。

現在很多人，對時間長一點的回憶，都認為是病症。據新聞報道，英國有一位二十歲的男子，十年之內的所有事情，比如接觸過什麼樣的人，吃過什麼樣的飯，說過什麼樣的話等，都記得清清楚楚。醫學界認為，他患有超憶症。若這樣斷定，那佛陀及其弟子所擁有的過目不忘、洞達三世的功德，就屬於「超超憶症」了。實際上，這就是世間的無知。不過，若沒有功德卻說有功德，就是真正的病態。因此，為了維護佛教及個人的形象，所有佛教徒都不應該說妄語。

大家都清楚，上師法王如意寶具有很多超世的智慧，但一輩子連一個活佛都沒有認定過，可以說這就是

第十六課

他對佛教的貢獻。所以在座的道友，在說話過程中一定要注意，不能說妄語，否則自欺欺人、損壞自他。如《正法念處經》云：「妄語先自誑，然後誑他人，若不捨妄語，自他俱破壞。」但現在世間很多人，都以說妄語為光榮，比如：你看我口才很不錯，又把他騙了等。其實，這是很可怕的！

以前，漢地經常說：某位領導是觀世音菩薩的化身，某位領導是大勢至菩薩的化身……對於這種說法，以前根登群佩很風趣地說過：在藏地，人們認為某位女人是度母的化身，但她卻不知道度母是什麼樣的。如果她真是度母的化身，至少她會知道，自己是綠度母還是白度母或其他度母，但她卻不知道，所以是根本不可能的事。

因此，在說一些超人的境界時，大家都應該謹慎。當然，我並沒有說不准說，如果你真有境界，需要度化眾生，說一下也未嘗不可，但要仔細觀察是否能夠成功。

寡聞普皆作揣測，乏教悉皆生邪見，

踐踏禍根妄念頭，刺中我敵凶手心。

有些人特別孤陋寡聞，對許多真理都一竅不通，但對很多事情卻妄加揣測、估計、評論，比如：認為自己做的是對的等。有些人對大乘小乘、顯宗密宗、世間出世間的道理了解得非常少，可以說在教理方面什麼都不懂，非常

缺乏了解，可是他卻經常對所有超凡入聖的境界、聖者的教言，以及很多人、法、行為產生邪見。現在這樣的現象相當多，其根源就是相續中沒有學問和道德。

按理來講，要評價佛教，至少要大概了解佛教的三藏十二部。若沒有真實通達顯宗的五部大論，密宗的四大續部，就沒有資格評論它。現在很多人，對佛教的道理一點都不了解，卻在別人面前裝作已經證悟。因此我尤其希望，漢地的法師和輔導員，都要對佛教和自己負責，不要大概了解，就隨便亂說。《佛說大乘菩薩藏正法經》中云：「若於正法不了知，彼人即昧真聖道，汝於邪法堅執著，決定當墮諸惡趣。」所以，一定要了解正法與聖道，否則執著邪法就會墮入三惡趣，感受無量無邊的痛苦。

第十六課

在這裡我也要求大家，要評論任何一件事情，都要對它有所了解。而佛教，要對它評頭論足，我認為至少要有頂尖科學家的水平，若連愛因斯坦、牛頓、伽利略等的知識都沒有，甚至大學本科都不是，更有甚者連大學都考不上，卻要誹謗佛教，那就特別可笑！這樣的人，不要說找到佛陀智慧的瑕疵，連龍猛菩薩、法稱論師的道理，也不一定能了解，不信可以試一試。

但很多人卻經常顯露出自己的愚癡相，說佛教這兒不合理、那兒不如法，這是相當可憐的！其原因，就是分別妄念、我執習氣在作怪，因此要踐踏禍根分別妄念

的頭，刺中我執怨敵凶手的心，讓它們永遠滅絕、消失。

串習貪嗔詆毀他，串習嫉妒增損他，

踐踏禍根妄念頭，刺中我敵凶手心。

很多人由於在漫長的時間中串習貪嗔癡，即生經常貪著自方，對他方心生不滿或排斥，甚至自讚毀他。有些人因為長期串習嫉妒，經常增益、損減別人的過失和功德，比如：本來別人沒有任何過失，卻添枝加葉地增益，說他在某地犯了某條戒律，說了某句不合理的話；本來別人做得如理如法，卻全部抹殺其功德，把對方說得一文不值。

對凡夫人來講，由於無始以來串習不良習氣，此類毛病非常多，需要道友提醒。當然，有時互相讚歎也有必要，因為需要認可對方的工作和修行境界。但不管是自己觀察還是他人觀察，凡夫人都沒有什麼值得讚歎的，所以要互相規勸。在世間，人們也經常開展批評與自我批評。最近在甘孜州，所有領導和公務員都說自己的過錯，不談功德。有些學校也開展這種活動，比如老師要求孩子說自己從小到現在有多少次不聽父母的話，做了哪些壞事等。有些孩子邊哭邊說：媽媽！我錯了，我以後一定要聽您的話……有時人的善心，依靠外在的因緣馬上能激發出來。

作為佛教徒，尤其在學習這些竅訣後，不要經常想

修心利刃輪釋

某人對我不好，誰對我不公平等。有人背誦論典記性很不好，但別人說自己的過失，卻能一字不漏地背出來，甚至過了八九年還記得清清楚楚，這確實沒有必要。若別人賜予了什麼教言，自己能記得清清楚楚，就有很大的功德。

在觀察時，我想誰都會發現自己有很多毛病，若實在沒辦法改正，至少也要經常懺悔，常念百字明和金剛薩埵心咒。若深深認識到自己人格很壞，修行不好，諸佛菩薩也會原諒，賜予加持，慢慢自己的修行境界也會增上。就像仲敦巴尊者和奔公甲格西的傳記中所講的一樣，到了一定的時候，若真正認識到自己的過失，經常懺悔，實際上也是諸佛菩薩和善知識攝受的一種方法。

　　不經求學輕博大，不依上師謗聖教，

　　踐踏禍根妄念頭，刺中我敵凶手心。

有些人自己不願意依止善知識聞思佛法，經歷苦行求學正道，也不願意看到他人廣聞博學，像佛陀那樣具有大海般博大精深的智慧，甚至輕視、看不起，因為根基很差的原因，自己始終處於特別低劣的智慧當中。有些人不願意像前輩大德那樣，在十年、二十年、三十年、四十年、乃至終生當中依止上師，甚至不願意在任何一位上師面前聽完一部完整的法，因為沒有依照傳承聞思佛法的原因，口口聲聲都誹謗聖教。在生活中，這樣的現象經常發生，大家一定要注意！

若以惡語詆毀、謾罵他人，當惡業利刃輪到自己頭上時，果報就極其慘烈。如《佛說較量壽命經》云：「若人發惡言，毀他如刀斧，劍輪斬其身，皆從自口出。」如果有人用惡語來詆毀他人，就如同以刀斧來毀壞他人一樣，自己會感受劍輪斬身的果報，所以要嚴密防護自己的語言。

　　現在有些人沒有依止善知識的興趣，從來不重視傳承，還說不需要傳承，自己看書就可以。其實，這是非常愚癡的！若自己看書就可以，那花幾塊錢買一本書自己看就行，但結果卻不一定理想。我舉一個簡單的例子，現在我們每隔一天講《釋量論》，若沒有講，相信大多數道友都不可能懂得其嚴密的邏輯推理。拿菩提高級班來講，雖然很多人是大學畢業，文憑、智慧相當不錯，但若讓自己看書，恐怕一天四個頌詞，其邏輯推理也講不出來。

　　不僅是《釋量論》，包括《修心利刃輪》等任何法，無論它如何簡單，若沒有上師傳講，也不可能懂得其中的竅訣。所以，藏傳佛教非常重視傳承上師的言教。這樣一代一代傳下去，無論是講者還是聞者都有把握。因為，自己以前在上師面前如實聽過，在修行之後再給別人傳講，其真正的意義就能代代相承、延綿不斷。

　　作為佛教徒，不願意依止上師，是非常可憐的！就像世間人，自己很想有造詣，而不願意上學，即使後來

成為董事長，也會鬧出很多笑話。以前我遇到一位特別富裕的人，坐出租車時，他將一張又一張的名片遞給我，問上面的名字，一直找到他想找的那位朋友，然後才給他打電話。作為世間人，若沒有基本的知識，即使自己有福報，在做事過程中也困難重重。同樣，佛教徒不依止上師聞思佛法，也不可能如理如法地修行。

但現在有些佛教徒認為，所謂依止上師，就是跟著上師，陪上師說說話、吃吃飯。從世間的角度來講，尤其在沒有跟佛法結上緣分之前，這樣也非常好。國外有些大德經常說：無論是哪位上師，剛開始最好不要依止，應當作朋友來交往，通過三四年、五六年觀察之後，如果自己覺得很不錯，再決定依止。不過上師也許會說：從今天開始，我也要觀察你這麼多年。就像忽必烈和八思巴一樣。我認為，在依止上師後，最好廣聞博學五部大論等顯密教法。

現在有很多人誹謗佛法，說釋迦牟尼佛說得不對。我想，不要說浩如煙海的佛法，就是唐玄奘花四年時間翻譯的《大般若經》，誰也破不了。就是詮釋般若空性的《中觀根本慧論》，其理證智慧誰也不可能推翻。如果誰能破得了《中觀根本慧論》的理證，那我們就佩服他的本事，他對佛法說什麼都可以。可是，現在很多人特別愚癡，自己對佛法的甚深道理一竅不通，卻經常看不慣。其實，這就像從來沒有學過物理的人，很想破愛

因斯坦和牛頓的觀點一樣荒唐可笑！

　　雖然不學、不信佛法，是自己的自由，但要說它不合理，一定要有可靠的理由。比如你說藏傳佛教不好，那就要捫心自問：我學習過藏傳佛教沒有？藏傳佛教大德的教言我看過多少？堆集如山的藏傳佛教典籍，我精通幾部？五部大論，我精通沒有？可能很多人從來沒有學習過。若認真學習，就會了知佛陀的智慧非常甚深，根本不可能有任何瑕疵！

　　不講法藏自妄造，不修淨觀譏諷他，

　　踐踏禍根妄念頭，刺中我敵凶手心。

　　很多人不但不研習、講聞三藏十二部等佛教經論，還自高自大地認為自己很了不起，經常妄造言論，認為自己所說、所著都非常善妙。還有人不但不對諸佛菩薩無量無邊的化身，以及佛陀的甚深密意等修清淨觀，還經常譏諷他人、誹謗佛法。在現實生活中，有很多類似的現象，其原因就是沒有真正聞思修行。

　　在漢地，藏經樓中保存著大量前輩大德編輯的《大藏經》。最近我翻閱《乾隆大藏經》，發現裡面有很多從印度翻譯過來的經典和論典，以及漢地高僧大德的教言。在藏傳佛教中，《大藏經》分《甘珠爾》和《丹珠爾》兩部，分別收集佛陀的經典和印度大德的論典，藏地高僧的著作沒有編在裡面。但現在很多佛教徒都沒有去探索，不知道在忙什麼。若沒有深入經藏，無論是造

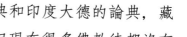

論還是講經等，都有一定的難度。比如造論，應具備三種條件：登地菩薩，已現見本尊並親得本尊攝受，精通五明。上等造論者應圓具這三種條件；中等造論者已得本尊攝受並精通五明；下等造論者必須通達五明。

但現在很多人，自己並沒有聞思因明、中觀等甚深論典，只懂一點皮毛，卻口口聲聲說：要發展啊！古老、原始的佛教需要改進哪！在藏地，也有一些思想還沒有成熟，連佛教基本道理和佛教對現在社會起什麼作用都不清楚的人，經常引用科學口號提倡發展，這極不應理。在亞洲或世界排名前列的大學，在抓心理教育時，都非常重視佛教等宗教的教育。北大很多教授，談到和諧社會時都認為：真正內心安寧的妙藥，除了宗教之外，是很難找到的。

可是，現在極個別人，一直持這樣的邪見：科學最先進，科學什麼事情都能解決，陳舊、消極、教條的佛教，並不能解決人生和社會的問題。其根本原因，就是他們不了知佛教顯宗、密宗的道理。若懂得，就不會在我執分別念支配下，任意駁斥、詆毀、誹謗。相反，還會對個人和社會帶來極大利益。因為，只要經常祈禱諸佛菩薩，對器情世界觀清淨心，獲得利益是非常容易的。當然，選擇什麼樣的人生道路，是自己的自由，誰也不可能強迫。

以前，我講過依靠狗牙成佛的公案。在青海，也發

生過類似的事。有兩母子，兒子經常到拉薩去，母親讓他帶回一尊拉薩的佛像，若沒有佛像，也要帶回一塊石頭，作為頂禮的對境。但兒子把這件事情給忘了，到黃河邊才想起來。於是他從黃河邊帶回一塊石頭，送給母親說：這塊石頭是從拉薩覺沃佛像旁請回來的，你要經常祈禱它。母親歡喜地說：這是覺沃佛加持的石頭，我一定要依靠它獲得成就，於是經常頂禮。

後來有一次，母親和兒子吵架，兒子生氣地說：你天天頂禮黃河的石頭有什麼用呢？那時母親才知道兒子在欺騙她，於是馬上用斧子砸石頭，裡面露出一尊莊嚴、發光的佛像。當即她就產生後悔心，知道自己以信心禮拜多年後，石頭已經變成了佛像。

所以，只要有信心，什麼都可以觀想清淨。以前，我們去五台山時，路上所有人和動物，全都觀為文殊菩薩的化現。前段時間，我去五台山，也能這樣觀想，而去其他地方，卻沒有這種感覺，可能是習氣使然。不過，觀清淨心對自己的成就有利。

若觀清淨心比較好，到了喇榮五明佛學院，就會覺得所有出家人都是菩薩，一切都非常好；而沒有清淨心的人，看到這麼多出家人，就會覺得他們很可憐等。所以觀清淨心很重要，否則會造下譏毀、誹謗等無邊無際的惡業。其實，這就是我執分別念導致的，因此從現在開始，我們都要盡量摧毀我執。

第十七課

下面我們繼續學習藏傳佛教當中，從印度翻譯過來的，偉大的上師達瑪繞傑達所造的《修心利刃輪》。

於非法事不譴責，於諸善說百般駁，

踐踏禍根妄念頭，刺中我敵凶手心。

世間很多人，對不如理如法的事，不但不予以譴責、呵斥、批評，還百般駁斥對自他今生來世都有利的善說妙論，經常宣說它們的過患。世間就是這般顛倒，好的論典沒有人看，對不利身心健康等邪論卻趨之若鶩。其主要根源就是我執分別念，因此要踐踏禍根分別妄念的頭，刺中我執怨敵凶手的心。

大家都清楚，在世間當中，在家人每天都忙著自己的工作和生活，出家人也為了獲得解脫而精進對治自己的煩惱，很少有人關心社會和身邊的人和事。所以很多非法現象都沒有人批評，連新聞媒體、各部門負責人也視若無睹。而一些好的現象，比如某人正直、善良，卻看不慣，甚至以嫉妒等惡心予以誹謗、陷害。因此，佛陀的經典和龍猛菩薩、月稱論師等高僧大德的論典，大多數人都沒有意樂看。即使家中擺有經論，也不懂得其中的意義，所以經常妄加誹謗、駁斥。

此時我們應用智慧抉擇，在以後的生活中，要共同讚歎好的地方，比如某處有真正的高僧大德，非常如法

的出家人，就要讚歎、隨喜；而不好的現象，則應譴責。有些佛教徒說：某人的行為雖然不太好，但說他的過失會得罪他，所以最好視而不見、聽而不聞。當然，從某些角度來講，說別人的過失確實不太好。但作為僧眾的負責人，集團的主要領導，也要分清法與非法。非法應譴責、呵斥，否則會蔓延整個人群，殃及自他。

佛陀也說，對不好的現象予以遮止，不但沒有過失，反而有功德。如《大般涅槃經》云：「……持法比丘亦復如是，見有破戒壞正法者，即應驅遣呵責舉處。若善比丘見壞法者，置不呵責驅遣舉處，當知是人佛法中怨。若能驅遣呵責舉處，是我弟子真聲聞也。」因此，大家不要做佛法的怨敵，在見到一些不如法的現象時，應盡量規勸、呵斥、譴責。

《阿毗達磨大毗婆沙論》亦云：「如今親教及軌範師，為遮弟子所起過失，或如父母遮防子過，有所訶責皆為饒益，無有惡心，佛亦如是。」所以，在佛教團體中，若發現不如法的行為，應盡量制止。在這裡，我希望各個班的法師和輔導員，要經常指出道友們的非法之處，或不太好的地方。有些人是因為不懂，有些人是因為煩惱現前，實在沒辦法。

而對好的方面，皆應讚歎、隨喜。現在有些人，經常對佛經和前輩高僧大德的金剛語吹毛求疵，這是非常愚癡的，因為我們連他們百分之一的智慧都沒有。比如

修心利刃輪釋

277

龍猛菩薩、月稱論師，其十萬分之一的智慧，我們都不一定具備。那以自己的愚癡分別念或邪見來駁斥他們，就是天大的笑話。所以，大家千萬不要夜郎自大，不知天高地厚，一定要相信真理，不要信任自己的分別念。

而現在的教育和生活環境，導致很多人都不相信有真理存在，其實這是一種最大的愚癡，並不說明自己很偉大。因為，世界上對人類社會作出巨大貢獻的科學家等智者，都認可這些事情，而自己卻不認可，還自認為了不起。當然，每個人的性格和興趣都不相同，但也沒有必要在不同場合中，經常顯露自己的愚癡相。希望大家在這方面引起注意，多觀察自己的言行。

若自己有非法行為，就要常生慚愧心，多反省、呵責、批評自己。若看到別人有非法行為，也要用善心來勸誡，沒有必要一直沉默不語。佛經中講：有一位比丘了知業因果的道理。他在一位屠夫家住了很長時間，心中很想制止他們殺生，但害怕他們不接受，斷了對自己的供養，就沒有制止殺生的行為。後來他們家的父親死了，變成一個水鬼。在這位沙門過河時，這個水鬼就阻攔、危害他。他問：你這是為什麼？水鬼說：你明明知道殺生有這麼大的過失，卻不給我們講，今天我不放過你。後來這位沙門承諾，對水鬼迴向善根等，才放了他。

現在有些佛教徒，明明知道身邊的人做錯了，比如

第十七課

殺生，做很多違背良心的事情等，卻不勸阻，這也有一定的過失。所以，在以後的生活中，看到旁邊的人做壞事，而自己又懂得取捨的道理，不管別人聽不聽，都要勸說，比如：你不要這樣做，對自己和家人都不利等。但現在很多人，不但不制止不好的行為，還要進行讚歎：現在你殺生的技術很不錯；說妄語的技能很好；你這種心態（指邪見）是一種享受，我非常喜歡。久而久之，自己也會入於邪道。

實際上，修行好的人與修行不好的人，還是有很大差別。若修行好，跟他接觸十天八天，其言行舉止就會讓他人有所改變。若修行不好，不但不能改變他人，反而會讓自己進入低劣的道。因此在生活中，既要用自己最深細的智慧去觀察身邊的人，還要觀察自己的身口意，此時就會有很多前所未有的收穫。

於慚愧處不慚愧，於無慚事反執慚，

踐踏禍根妄念頭，刺中我敵凶手心。

現在世間人，對需要生慚愧心的地方不知慚愧，反而覺得這樣做有面子、有功德、有意義；而對不需要慚愧的地方，比如行持善法、出家修道等，卻害怕別人說，覺得慚愧、不好意思。其根源是我執分別妄念，因此要踐踏禍根妄念的頭，刺中我執怨敵凶手的心。

在一千多年前，達瑪繞傑達住世時，社會不可能有這麼多無慚無愧者。而現在，很多人都不知慚愧，無慚

修心利刃輪釋

愧者越來越多。麥彭仁波切在《二規教言論》中，講了很多無慚愧人的行為，以此觀察，極個別學佛人也是無慚愧者，而不學佛的人中，大多數都是無慚無愧者。

在世間，最根本的就是要知慚有愧，若沒有慚愧心，一切功德都無從談起。但現在社會，學校、工廠等都不重視慚愧，沒有慚愧心的人，人們反而覺得了不起，這是一個嚴重的社會問題。雖然我們無能為力改變現狀，但也要觀察自己：我到底是有愧者還是無愧者？如果是有愧者，其行為就要更加穩固，在生活、修行過程中，為了對治自己的煩惱，還要不斷串習前輩大德的教言。若是無愧者，就要依靠相應的方法來改變自己的習氣。

作為修行人，最重要的是生起慚愧心。《阿育王經》中講：有一長者的兒子，依止優波笈多出家後，天天在樹下坐禪修行。在禪修過程中，他經常憶念妻子的形象，修行一直不太好。但他不知道，反而認為自己修行很不錯。

後來，智慧、神通廣大無邊的優波笈多，化成他妻子的形象來到他面前。這位出家人問：你怎麼出現在這裡呢？她說：你不是喊我來嗎？他說：我沒有叫你來，我一句話都沒有說過。她說：雖然你沒有開口，但你的心在呼喚我，所以我才來到你面前。並說偈：「慚愧有二種，謂口及與心，於此二種中，心慚愧為最，若無有

心覺，則無口言說。」意思是，慚愧分為兩種，一是口頭上的慚愧，二是心中的慚愧。這兩種慚愧，心慚愧最為重要！一旦心中生起慚愧心，很多惡行都會制止。若光是口頭上說我很慚愧，就不一定能制止惡行。後來優波笈多恢復本身，再為他宣說教言。當時他就生起了慚愧心，重新調整相續後，不久就獲得了阿羅漢果。

但現在人們都不了知，整個社會已經變成了無慚愧的社會，所以越來越多的人沒有慚愧心。以前，人們在穿衣、吃飯、交友等方面，都很注重倫理道德。而現在，越說沒有良心的語言，人們越覺得過癮；衣服穿得越少，甚至一絲不掛，人們越覺得其形象超勝。所以，在國際上，裸體表演、競賽等層出不窮。我認為，此時每個人都要用智慧觀察，以真正生起慚愧心，否則無藥可救。

當然，不應該慚愧的地方心生慚愧，也是不合理的。米拉日巴尊者在山中修行時，他的妹妹帶著布匹、食品去找他。在路途中，她看到巴日上師財富眾多，眷屬如雲，心中特別羨慕，希望哥哥能給他做徒弟。因為，米拉日巴在山中苦行，沒吃沒穿，她和家人都覺得沒面子。見到米拉日巴後，她說：巴日上師讓人特別羨慕，有錢、有地位、有弟子，你一個人在山洞當中，衣食無著，多羞恥啊！米拉日巴教誡她說：做到像這位上師那樣，我完全有這個能力和智慧，但我現在苦修，是

為了即生成就佛果，你應該高興才是，不應該再羨慕世間八法。

講到米拉日巴這個故事，我就想起漢地的現狀：若家中有個出家學佛的人，全家人都覺得沒面子，跟誰都不敢說。若有人問：你孩子呢？就會撒謊：我孩子死了，他出差了，他在外地工作，他出國了等。甚至認為比當乞丐還不如。其實，這是不需要慚愧的。在藏地，若家中有一個出家人，全家都覺得光榮，見到誰都願意講；若出家人還俗了，全家人都沒面子，在別人面前也抬不起頭來，更不好意思說。因為，真正的出家修行人就是優秀的教育工作者，他對家庭、社會的貢獻是非常大的。

但許多世間人，都不知道什麼地方需要慚愧，甚至不以為恥、反以為榮。而沒有生起真正的慚愧心，世出世間一切功德都不可能獲得。所以大家也不要認為，不知慚愧是很高的境界，因為真正的大成就者和大修行人並不是這樣。以前，上師如意寶不管在任何場合當中，都特別重視慚愧二字。雖然從空性意義上講，沒有在意與不在意之分，但一般來講，做人還是有做人的準則，誰都應該護持高尚的人格。

作為世間人，若自己所作的是壞人的行為，也應該改正。而修行人，若自己的行為不如法，也要在傳承上師、諸佛菩薩面前懺悔。若常生慚愧心，身口意三門就

第十七課

能得到淨化。如《雜阿含經》云：「世間若成就，慚愧二法者，增長清淨道，永閉生死門。」在世間，若有人成就慚愧二法，他就會增長清淨的解脫道，永遠封閉生死輪迴的大門。所以，所有人都需要成就慚與愧。無論是在家人還是出家人，都要認真觀察自己的相續，先找出無慚無愧之處，再盡量改善。

《舍衛國王夢見十事經》中講：當時波斯匿王做了十個惡夢，他害怕王位、家人、國家會發生不吉祥的事，就去問釋迦牟尼佛。佛陀解釋說：這並不預示你的國家、王位、家人會出現問題，而是在將來的末法時代，會發生很多無有慚愧的事。佛陀一邊安慰他，一邊一一作了解說。在了知這些道理後，我們就會知道，現在與古時差別很大。雖然現在人們在穿著、交通、信息等方面，遠超古人，但在心靈方面，卻特別浮躁、膚淺。

為什麼會這樣呢？因為人們貪著幻化的事物。比如在醫院等地，只要稍微有一點時間，就會拿出手機來玩。而古人，有時間就會好好休息，如曬太陽、逛自然界等。前段時間，有些居士在綜合樓接待處登記，我發現她們每隔五分鐘，就會玩一次手機。《黑客帝國》中講：人類被機器人控制後，根本不知道到底是自己在幻化，還是受幻化的機器人控制。就像不知是自己在做夢，還是受幻師控制一樣。因此，所有人都不應該被幻

283

修心利刃輪釋

化世界所欺騙。

但現在國際上，從很多人的行為來看，人們似乎認為頭和尾都沒有差別。若沒有慚愧心，其損失就非常大。而其根源就是我執分別念，所以要將之消滅殆盡。

可行一事亦不行，非理之事皆行持，

踐踏禍根妄念頭，刺中我敵凶手心。

現在世間人們，應該行持具功德的善法，卻不行持；而不應該行持的惡行，卻偏偏行持，甚至無惡不作。所以，很多人在離開世間時，都沒有做過一件大一點的有意義的事。當然，吃飯、走路、睡覺等，每個人都不得不行持。

在佛學院，有些人雖然待了很多年，但除了聽一點課之外，什麼發心都沒有，這也不太合理。我認為，至少要做一件對佛法和眾生有利的事。以前，我聽一個人講自己的故事，身殺盜淫，口妄語、綺語、粗語、離間語，意貪心、嗔心、邪見，十不善業全部具足，一個都不落下。

在這個社會，很多人在弘揚佛法方面，都沒有發過心，甚至聽一堂課都坐不住；而造惡業方面，吃肉、喝酒、抽煙、打麻將等樣樣俱全，且很有興趣。作為凡夫人，完全避開惡業也不可能，但要懂得懺悔，而行持善法方面，也應盡心盡力。否則，在自食其果時，就會感受諸多痛苦。

《法句譬喻經》中講：「學不必多，行之為上。」但很多做善事的發心人員，卻經常說：我好累啊！快崩潰了！聽到「崩潰」這兩個字，我就想笑，因為他並沒有得癌症之類的重病。若是真正的修行人，在那個時候不但不會崩潰，反而會更加堅強。但有些人發心時間稍微長一點，就受不了，說自己快要崩潰了。其實，他並沒有發生任何快要崩潰的事，只是心力太脆弱而已。以後希望大家不要這樣說，一者聽起來不舒服，再者若經常摧毀積極性，自他都不可能獲得世出世間的成就。在做任何善事的過程中，肯定有阻礙、有違緣，人生苦短，這是理所當然的事。所以要更加堅強，不要怯弱。

　　在大城市裡面，有些人在生意、家庭、生活等方面，稍微有一點不如意時，就說要崩潰了。其實，又沒有發生地震，身體也沒有患絕症，又何必要用這個詞呢！實在說，我不喜歡用這個詞，因為在它的暗示下，很多年輕人都結束了自己的生命，還有很多負面影響。其實，人生是美好的，世界是燦爛的，大地依然堅實，虛空也沒有坍塌，根本沒有必要放縱自己的分別念，而自掘墳墓。

　　己四：以將我執摧毀無遺而攝義：

　　奇哉能摧我見鬼，善逝法身威力尊，

　　持執無我業刃杖，無疑頭上旋三匝。

　　非常稀有啊！能摧毀我見分別魔鬼，三世諸佛的法

285

身顯現為威猛相的大威德忿怒金剛，他持執空性無我、利益眾生的事業兵器——利刃手杖，無疑、果斷地在頭上旋繞了三圈（這表示以無我智慧三番五次觀察，摧毀自相續的我執）。

其實，我們相續中的我執，才是我們最大的敵人，也就是說，外在的敵人並不可怕，真正可怕的是內在的我執。如果有了自我的執著，就會流很多眼淚，產生各種各樣的痛苦。若我執消失，像前輩大德那樣完全證悟空性，所有惡見分別念都不會存在。如《中觀四百論》云：「空無我妙理，諸佛真境界，能壞眾惡見，涅槃不二門。」意思是，一切法空性無我的妙理，是諸佛聖者所行的一真境界，空性法能摧壞眾邊執惡見，是獲得涅槃的不二法門。所以，誰能通達空性，誰就不會有痛苦。而要通達空性，尤其對治我執分別念，最好祈求大威德加持，修持大威德忿怒金剛，因為寂靜、溫和的法門力量很微弱。

不知大家是否有這樣的認識：所有痛苦的根源就是我執分別念，我一定要摧毀它。若對此沒有生起牢不可破的定解，恐怕對治煩惱的積極性就不會高。即使聽了很多課，也無法對治無始以來一直傷害我們的敵人——我執分別。若有清晰的認識，了知一切煩惱和痛苦全部是我執和我所執引起的，就會以智慧寶劍奮力摧毀它，而不再感受三界輪迴的痛苦。

這樣的道理，在任何世間學問中都找不到。所以有人讀了十多二十年書，已經成為博士後，我執不但沒有減少反而增加了。其實，人們所做的很多事情都與初衷相違，比如：很多人經營企業、搞科研、做學問等，就是為了自己獲得快樂，而結果卻更加痛苦。為什麼以前生活簡單反而過得快樂，而後來有了事業、錢財、地位等反而痛苦，甚至睡覺都需要安眠藥呢？其原因就是我執、欲望膨脹了。

所以，幸福並不與財富、欲望等成正比，否則人們在擁有這些時，就會過得快樂，但事實卻不是這樣。這次國慶節，有七億四千萬人通過火車、汽車、飛機出行，道路堵塞非常嚴重，很多高速公路都變成了垃圾站。本來人們想在國慶期間，享受享受、快樂快樂，結果卻事與願違，自他都過得很痛苦。因此，只要為了自我而奮鬥，痛苦就越來越大，快樂就越來越少，因為我執膨脹了。這一點，大家通過智慧觀察都會明白。

祈禱大勇降此敵，祈禱大智毀惡念，
祈禱大悲救護業，祈禱粉碎決定我。

祈禱無比勇猛的大威德忿怒本尊，馬上現前降伏自相續的我執敵人；祈禱證悟無我的大智慧本尊大威德，徹底摧毀自相續的我執分別惡念；祈禱具有大悲心的大威德本尊，救護無始以來沉溺在業和煩惱中的眾生，讓

287

他們在盡快的時間中獲得解脫；祈禱具有智悲力的大威德本尊，徹底摧毀、粉碎我們相續當中，決定有我的分別執著的魔王。總之，我們要依靠佛法的智慧，尤其大威德的威力，來摧毀愚癡的我執煩惱。如《守護國界主陀羅尼經》云：「法智莊嚴意，破惑離愚癡。」

但消滅我執也不能拖延很長時間，最好在即生中完成。以前夏沃瓦尊者說過：「短暫之此生，當滅此惡魔。」所以，在短暫的一生當中，我們一定要消滅我執魔王。在漢傳佛教歷史上，六祖惠能等禪宗、淨土宗的祖師大德，都在短短一生中摧毀了我執。在藏傳佛教中，也有不勝枚舉的高僧大德，通過修行摧毀了我執煩惱。在座的修行人中，很多人剛進入佛門時，我執分別念特別重，通過一段時間努力，相續中雖然仍有我執，但也減輕了許多，就像春天的天氣雖然寒冷，也不像寒冬那樣凜冽刺骨。在學習此法後，希望大家通過大威德的忿怒修法，進一步減少相續中的我執，直至徹底消滅。

有些可能剛入佛門，今天我所說的這些，希望你們能好好觀一觀。因為，這並不是依靠我個人的能力宣說的，而是在複述前輩大德的智慧。如果你真正了解它的含義，對將來的生活就有很大的意義，因為我執減少了，就會過得快樂。否則，只是在節日期間到藏地拍拍藍天白雲等，對自己也不可能有多大的利益。若在聽聞

第十七課

《修心利刃輪》後，了知所有痛苦的來源是我執，而非朋友沒有良心，單位不講信用等，就不會怨天尤人，反而會以此法的修心利刃來斬斷自相續的我執。這樣的話，很快就會過上幸福快樂的生活。

凡流轉者所有苦，決定堆於此我執，

凡是所有五毒惑，決定堆於此同類。

凡是流轉輪迴的所有眾生的行苦、變苦、苦苦等一切痛苦，都觀想堆積在我身上，或自己的我執上，凡是所有眾生的貪嗔癡等五毒煩惱，全部堆積於同類的執我的我執上，也就是說，以自他交換的方式來修行。

剛開始可能有點害怕，認為自己的煩惱、痛苦已經夠多了，若再將別人的煩惱、痛苦堆在自己身上，那就罪上加罪，實在承受不了。其實並不是這樣，若勇敢地承受別人的痛苦，自己的痛苦就會越來越少，這是不可變易的規律。在世間，自私自利心很強的人，別人都不願意理睬，而一個有利他心的人，人人都願意與他交往。所以，若我執很輕，多考慮他人的利益，甚至代受他人的痛苦，就有出現陽光的機會。

《阿毗達磨俱舍論》中云：「由我執力，諸煩惱生，三有輪迴，無容解脫。」意思是，由我執力量牽引，一切煩惱都會產生，這樣的話，就沒有機會從三有輪迴中獲得解脫。所以，所有眾生都應致力於減輕我執，否則煩惱不可能減輕，輪迴不可能出離。若多考慮

修心利刃輪釋

他人、多換位思考，修行就會有進步。而且要想獲得快樂，唯一的方法就是利他。

在浙江第六人民醫院，我翻譯完了《入菩薩行論.善說海》，其中有一個偈頌印象非常深刻，即：「無論於我貪或嗔，讚毀以及作利害，願凡見聞念我者，悉皆速得勝菩提。」希望大家經常這樣發願：無論對我生貪心、嗔心，乃至讚歎、詆毀，利益、危害，凡見到我本人，聽到我的名號，心中憶念我的人，都能在很快的時間當中獲得解脫。若能始終以利他心關心他人、關心社會，所有痛苦都由自己承擔，自然而然自己的煩惱和痛苦就會減少、消失。當然，對他人也非常有利！

如此無餘過根本，無疑由智而認清，

若仍袒此作狡辯，祈禱摧彼執著者。

第十七課

通過以上種種道理進行分析，無疑知道所有過失的根本是我執導致的，而非其他。也就是說，世間所有痛苦、煩惱等不好的東西，都是我執引起的。但以前並不知道，反而認為是社會對我不公平，親朋好友沒有良心等，其實全部來自於自己的執著。

了知這一點非常關鍵！就像一個醫生，找到病源後，才能對症下藥。否則，摸脈、看舌苔、看眼睛、吃藥、扎針、開刀等，都是自欺欺人。同樣的道理，修行的根本就是摧毀我執，若不了知這個道理，無論再怎樣精進、苦行，也沒有利益。

在依靠前輩大德的智慧認清這個道理後，如果我們還為了維護、袒護它而狡辯，認為不是我執，而是其他原因導致出現一切過患，那就大錯特錯。此時，一定要祈禱大威德摧毀它，徹底降伏這一罪魁禍首。

大家都清楚，一切煩惱的根源就是我執。月稱論師在《入中論》中也說：「慧見煩惱諸過患，皆從薩迦耶見生，由了知我是彼境，故瑜伽師先破我。」正因為所有煩惱和過患都由薩迦耶見（我見或我執）產生，而我是它的對境，所以所有修行人都要先破我。

在佛教當中，我分人我與法我。實際上，人我和法我根本不存在，只是眾生的錯誤執著。若懂得這個道理，安住於無我的定解，就能破除二我。但有些人天天念《金剛經》和《心經》，卻不知道如何破我，這是很可惜的！若破除了二我，生活中的一切人、事、物都會了知是如夢如幻，而不會產生真實的執著。自然生活也會過得自在、悠閒。

總之，所有修行人都應知道，修行最根本的問題到底是什麼？

修心利刃輪釋

阿底峽尊者的上師——達瑪繞傑達所造的《修心利刃輪》，現在講行持兩種他利菩提心。

丁二（行持兩種他利菩提心）分三：一、修世俗菩提心；二、修勝義菩提心；三、修果迴向成辦二利。

戊一、修世俗菩提心：

這裡世俗菩提心的修法，與《修心八頌》、《修心七要》、《入菩薩行論》、《大圓滿前行》當中，所講到的竅訣基本相同。但每位上師的竅訣都有不共特點，所以有人對《修心七要》所講到的世俗菩提心的修法，能感受到強烈的加持，有些則以《修心利刃輪》等來獲得加持。因為眾生的根機不同，諸佛菩薩、前輩大德才宣說了不同的竅訣。

在講授過程中，希望大家好好地聞思修行，其實這並不是特別難。若講大圓滿的正行——本來清淨的最高境界，對誰來講都很困難。講勝義菩提心的境界，對我們來講也望塵莫及。而世俗菩提心，只要有利他心和大悲心，每個人都可以發、都可以修。

當然，先要了解！若對菩提心一無所知，就不知道它的殊勝何在。而了解後，在生活和修行中，每天都要觀修一段時間，比如一個小時、半個小時、十分鐘。觀修的力量與聞思的力量完全不相同，若世間文憑比較

高，各方面很不錯，佛法的理論誰都可以講得滔滔不絕；但沒有觀修，法要融入相續也很困難，所以要將反覆聽聞、思維所得的定解，長期在相續中串習。這就是所謂的聞思修行。在藏傳佛教中，其次第是非常嚴密的。

表面看來，這幾個頌詞我們也懂，甚至遣詞造句會更優美。但我們相續當中，若沒有這些境界，說得再漂亮也沒有多大的意義，所以大家在這方面一定要多關注。

下面講正文：

一切過咎歸一己，於眾生觀具大恩，

他所不欲自心取，我之善根迴向眾。

在觀修世俗菩提心時，世間一切過錯和不好的事情，都應歸咎於自己，不應怨天尤人。但在生活中，很多人經常抱怨、怨恨他人，比如：這些事情不是我做的，而是我的朋友、敵人、對手等幹的。作為修學大乘菩提心的人，當我們與眾生發生衝突、矛盾等時，就像《修心七要》所講的一樣[31]，要想到是自己的我執和前世今生所造惡業所致。就像在監獄中感受痛苦，是自己犯法導致的一樣。因此，一切過咎皆應歸在自己身上，不能怪罪於他人。

---

[31]《修心七要》：「罪滿情器時，惡緣成覺道，報應皆歸一，於眾修大恩。」

對所有眾生，都要觀想對自己有非常大的恩德。因為，若沒有眾生，不管是六波羅蜜多的哪一個，都無法成就。所以，從根本意義上講，眾生和佛陀並沒有差別。寂天菩薩在《入菩薩行論》中也說：「修法所依緣，有情等諸佛，敬佛不敬眾，豈有此道理？」從依靠眾生與佛陀成就佛果這一角度來說是相同的，因為沒有佛陀，就不可能開示解脫道，沒有眾生，就無法圓滿波羅蜜多，那對佛陀恭敬而不恭敬眾生，是什麼道理呢？根本沒有理由。

所以，一切眾生不願意的事情，比如他們所感受的痛苦、疾病等，我們都要發自內心地取代，而我們三世所造的一切善根，應無餘迴向給一切眾生。也就是說，要恆時利益眾生，如《入菩薩行論》云：「直接或間接，所行唯利他，為利諸有情，迴向大菩提。」

對從來沒有學過菩提心利益的人來講，因為他不知道眾生跟自己平等，甚至比自己更重要，那要觀修這樣的修法就很困難。而真正發了無上菩提心的人，就會在日常生活中去訓練：凡是生活中不悅意的事，全部歸於自己；自己所有善根、功德、快樂、幸福等，直接或間接讓一切眾生獲得。這樣調整自己的心以後，再在實際行動當中，將自己的受用、身體、家人等布施給眾生，逐漸就會達到布施度圓滿的一地菩薩的境界。

如是他眾之三門，所造三毒我取受，

猶如孔雀毒增豔，願煩惱成菩提伴。

前面將快樂賜給眾生，自己接受痛苦，以這樣的方式讓三界輪迴所有眾生身口意三門所造的一切罪業，或貪瞋癡三毒等一切煩惱和痛苦，由自己取受。這樣行持，不但不會成為自己修行的障礙或違緣，反而將煩惱變成了菩提的助伴。就像孔雀食用劇毒後，不但不會傷害自己的生命，反而會讓羽毛更加鮮豔奪目一樣。

禪宗講「煩惱即菩提」，如《六祖壇經》云：「凡夫即佛，煩惱即菩提。」有人會問：凡夫是具有一切煩惱障和所知障的人，而佛陀斷證功德圓滿，他們怎麼會一樣呢？煩惱是貪瞋癡，菩提滅盡貪瞋癡，它們怎麼會相同呢？六祖說：「前念迷即凡夫，後念悟即佛；前念著境即煩惱，後念離境即菩提。」意思是，前一念迷惑就是凡夫，後一念了悟就是佛陀；前一念執著對境就是煩惱，後一念離開執著就是菩提。

現在有人認為，密宗的雙運和降伏不合理。其實，密宗所謂的雙運、降伏，就是將貪心和瞋心轉為道用，或者說認識貪心和瞋心的本體是智慧、菩提。只不過其修行方法，比顯宗講得更細緻一些。如果不承認密宗的說法，可能《六祖壇經》也要一併否認，因為六祖也說「凡夫即佛，煩惱即菩提」！

其實，「凡夫即佛，煩惱即菩提」，是從實相的角度來講的。在現相中，佛不是眾生，眾生不是佛，煩惱

修心利刃輪釋

不是菩提，菩提不是煩惱。因為眾生相續中有貪嗔癡三毒煩惱，而釋迦牟尼佛、文殊菩薩的相續中，是無貪、無嗔、無癡的清淨智慧；眾生相續中的煩惱是無明貪愛之惑，而佛陀所證的菩提是圓滿覺悟之智。但若認識煩惱的本質或本性，煩惱當下即是菩提，眾生當下就是佛。所以大家要清楚，其所說的場合。

不要說出世間的佛法，就是世間知識，若沒有分清現相和實相、本質和現象等，任何一種說法都會讓人迷惑。我為什麼經常讓大家，尤其是年輕人提出問題呢？其實，並不是我喜歡熱鬧、排場，而是因為很多人對密法乃至整個佛法不了解，經常覺得佛教不高深、有矛盾。比如：有時說是空性，有時說是顯現；有時說是煩惱，有時說是菩提；有時說凡夫是佛，有時說凡夫不是佛……這是什麼意思啊？！

實際上，佛法的智慧肯定超越你的聰明，若自認為了不起，最好學一下顯宗的五部大論。我為什麼經常這樣講呢？因為沒有摧毀傲慢，在傲慢的山崗上是不可能停留功德之水的。在謙虛求學後，自相續的疑惑就能遣除。而且，不少人所提的問題都有代表性，因為生活環境、生活方式近似之故。

剛才我看到很多人在拍攝大經堂前面的辯論場景，其實最重要的還是斷除自相續的疑惑。在求學過程中，通過辯論和探討的方式所獲得的知識，一直忘不了。若

僅憑感覺和看書，當時知道的道理，過不了多久就會忘記。所以，我們對一些重要的問題，應該通過辯論、提問、研討等方式，來探求它的究竟意義，最後純淨的道理自然而然會顯露出來。

這裡講「願煩惱成菩提伴」，即發願由自己代受所有眾生三門的痛苦、煩惱，這不但不會對自己的修行帶來障礙，反而會像孔雀服毒一樣，讓修行越來越好。所以菩薩經常發願，到地獄、餓鬼、旁生界中去度化眾生。但有人特別害怕：這怎麼受得了？到非洲去度化眾生都那麼危險！其實，若有足夠的心力，不但不會對修行帶來障礙，反而會讓自己更快成就。以前，恰卡瓦尊者一直發願，到地獄去度化眾生。接近圓寂時，在他的淨現中，不但沒有呈現地獄的景象，反而呈現出了清淨的極樂世界，而往生到了淨土。對心力不夠的人來講，先發願往生淨土，再到地獄去度化眾生，就不會有自相的痛苦。但是，我們都要像地藏王菩薩那樣發願，這非常重要！

很多人提到代受他人的痛苦，就膽戰心驚：我不敢這樣發願，萬一別人的痛苦真的來到自己身上，那就慘了！其實，若認識煩惱的本體，就不會有這樣的痛苦。《大莊嚴法門經》中云：「煩惱如電，一念不住；煩惱如風，體性不生；煩惱如空中畫，不可見故；煩惱如畫水，隨畫隨滅故……」表面看來，貪嗔等煩惱很厲害，

若認識其本性如夢如幻，它不但不能傷害自己，反而會增上自己的修行。

昨天我講了很多苦集方面的道理，很多年輕人只記住了痛苦的因是愛，而且我所講的愛，並不是他們所認為的愛。聽說有人在下課時談論：如果沒有愛，那我就白活了！這充分說明，他們還沒有搞清楚人生最大的意義，所以需要學習煩惱轉為菩提的修行方法。

我之善根施眾生，如鴉食毒以藥復，

掌握有情解脫命，願速獲得善逝果。

我三世所造的一切善妙善根或功德，全部迴向給天下無量無邊的一切眾生，他們得到我的善根後，全都獲得了真實的利益。什麼利益呢？本來眾生非常脆弱，就像烏鴉一樣不能食毒，在貪嗔癡等煩惱刺激下，都紛紛離開了解脫道，身心疲憊、痛苦不堪、極其可憐！此時，我迴向自己的善根讓他們振作起來，就像烏鴉食毒後，以藥讓之恢復一樣。

所以，我們時時刻刻都要掌握所有眾生解脫的命根。當然，並非一直拉著，抓住不放。而是在適當時機，以解脫法門——佛法妙藥與眾生結上緣分。這樣的話，自他一切眾生很快就會獲得善逝佛陀的果位。

這一點，對每位佛教徒來講，都有義不容辭的責任。因為，我們身邊許許多多人，都想獲得快樂，不願感受痛苦，但他們卻經常在無明煩惱支配下造作痛苦的

因，比如殺害眾生、破壞三寶等。此時，我們應該先為他們開示因果取捨的道理，再宣說其他佛法。

作為出家人，大家千萬不要想，我到寺院出家後，除了一天吃兩三頓飯以外，就自己好好修行、出離輪迴。而在家學佛的人，也不要僅想著自己心情快樂、工作順利、生活平安，這絕對不是大乘佛教的理念，可能小乘佛教的理念也不一定算得上。在佛陀加持、保佑下，雖然我們可以獲得快樂等個人目標，但作為大乘佛教徒，應掌握眾生的解脫之命，以佛法讓他們獲得解脫。對眾生來講，只要有聞思修行佛法的因緣，雖然身處苦海，也能獲得暫時、究竟的利益。

我希望很多佛教徒，都能靜下心來思維，自己學佛的目的到底是什麼？剛開始可能很多人都想自我解脫、自我快樂，但在深入學習後就會了知：以此作為人生目標，並不一定最有價值。最有價值的，就是將自身獲得利益的佛法理念，不斷傳播給其他眾生。對每一位發菩提心的人來講，以佛法饒益眾生都不可缺少。如《華嚴經》云：「因於眾生而起大悲，因於大悲生菩提心，因菩提心成等正覺。」

然而，現在部分道場的個別出家人和居士，並沒有用佛法來饒益眾生。若沒有傳播佛法，光是拜一拜佛，讓人們旅遊、轉經，雖然這樣能在阿賴耶上種下善根，但要成熟它的果，卻需要漫長的時間。若我們對眾生宣

修心利刃輪釋

說一個偈頌的佛法，他們接受後，就會斷惡行善。若沒有講，理論上分不清楚，實際行動中就不會取捨善惡。

聽說有些佛教徒，在寺院做了十幾年義工，卻不知道什麼是皈依。雖然他們也參加過皈依儀式，但卻不知道皈依的對境佛法僧三寶是什麼體性，自己以後應怎麼做，這是極其可悲的！所以，在自己掌握解脫的命根後，還應讓眾生掌握。

但現在很多佛教道場都變成了旅遊景點，成了賺錢的工具，佛教徒也不知道自己到底應扮演什麼角色，應盡什麼責任和義務。若我們對身邊很多無明愚癡的眾生置若罔聞、不管不問，那相續中就沒有菩提心。所以，不管是出家人還是在家人，在因緣、時機成熟時，哪怕是一個眾生，也要以佛法來引導。在懂得佛教的道理後，行為就會逐漸改善。當然，也有不懂佛教的道理，行為卻很如法的，也有懂得佛教的教義，行為卻背道而馳的。所以，在睜開慧眼後，還要善於取捨。

第十八課

終究我與父母眾，未於密嚴證覺前，

以業漂泊六道中，願彼此間懷同心。

終究我與一切父母眾生，沒有在密嚴刹土㉝獲證圓滿正等覺果位之前，都有可能依靠自己前世的善業和惡業，漂泊在地獄、餓鬼、旁生、人、天、阿羅修等六道當中。在這個時候，願我不要失壞在諸佛菩薩面前發下的下化眾生、上求佛道的菩提心，也願與我同種類的眾

生都生起真實無偽的菩提心。很多人都看過釋迦牟尼佛因地的公案，不要說變為人，就是變為青蛙等動物，也懷有善心，並以之饒益眾生。希望每個人都這樣發願，若沒有發願，在六道中流轉時，就會無惡不作。

雖然每個人都希望即生成就，獲證佛陀或菩薩的果位，但業力不可思議，在《蓮花生大士傳記》中，有些聖者在清淨和不清淨剎土，或者輪迴當中，都要流轉特別長的時間，作為凡夫，在六道中長期流轉就不足為奇了。但在此時，千萬不要變為將眾生的生命作為自己食品的肉食動物。這是我們時時刻刻都要發願的！比如，今天與僧眾一起念《普賢行願品》，就要邊念邊這樣發願。若這樣發願，也許會因業力變成旁生，但在此時卻不會造此類惡業。

最近我在看，藏地非常了不起的大德——天法派祖師不變金剛多生累世的傳記。喬美仁波切是他的親戚，從小由他養大，所以他回憶前世的文字由喬美仁波切記錄。雖然他離開世間很早，但留下了許許多多伏藏品。他回憶了自己的前兩百世，比如：有一世變為人，在佛陀面前聽聞佛法；有一世變為羊，經常以慈悲心為同伴宣說佛法，後來在過河時，被牧羊人用石頭打死；有一世他和喬美仁波切都變為馬，在幾百匹馬中牠最優秀，

㉝密教特指法身大日如來之淨土。亦相通華嚴經所說之華藏世界，淨土法門所說之極樂世界。亦可廣指一切清淨剎土。

後來主人騎著牠趕路，因受驚嚇把主人摔在地上，主人當即就氣急敗壞地用刀子殺死了牠。還有轉為蟲和飛禽的記錄，形狀等都描繪得維妙維肖。

我看了以後，覺得眾生的業力確實不可思議。但是，像不變金剛那樣的大德，雖然變成青蛙、馬、蟲等旁生，在那些時候，他都在經常不斷地禪修。所以，我們也不要小看馬和螞蟻等，也許牠們的修行超過我們，因為其中有諸佛菩薩的化現。

因此我們應該發願，以後在輪迴中流轉時，也要用佛法來饒益同類眾生，比如：某一世變為牛，在吃草喝水等時，也要為牛朋友宣說解脫法。就像佛陀在六道中，以六能仁的形象來度化眾生一樣，從現在開始，我們也要有強大的誓願：以各種形象來利益眾生！

本頌講，在我和眾生沒有現前佛果之前，不管變成任何一道的眾生，彼此之間都不要有惡心。但有人經常想：這是我的敵人，他以前說過我，到時我不會放過他；甚至在路上碰到，也會特別狠地瞪對方一眼。這是很不好的，千萬不能這樣！

爾時為利一眾生，我亦普入三惡趣，

不失偉大菩薩行，願惡道苦我滅除。

我在六道輪迴當中的時候，不要說利益很多眾生，就是為了利益一個眾生，也願意直接趣入地獄、餓鬼、旁生三惡道中，比如：若我去地獄感受痛苦，能利益某

個眾生，我也願意前往地獄。而且在三惡道中，偉大的願菩提心和行菩提心，永不喪失。願通過我的發心和行為，解除所有惡道眾生的痛苦。這種信心和願力非常有意義，希望大家經常這樣發願！

有些人學佛時間不長，可能是前世善根深厚，自己在發心過程中，無論再苦、再累，都有很強的心力。當然，並沒有感受三惡道的痛苦，只是冬天冷一點、夏天熱一點之類的困苦。但若我們能在傳承上師弘法利生的大航船中，變成一顆對眾生有利的小螺絲釘，哪怕不為人關注，人生也具有大義。因為，沒有它，零件就會掉落，甚至影響整個航程。很多人經常講這個比喻，希望大家認真思索它的深義。

藏地個別學校，有一些愛心人士，從他們的身分、智慧、學歷等方面來看，應該說是大材小用。但哪怕對一個可憐的孩子有利，他們也願意待下去，這是因為他們相續中具有慈悲心。佛陀在《大寶積經》中說：「為利一眾生，住無邊劫海，令其得調伏，大悲心如是。」若沒有大悲心，不要說住無數劫，可能住一劫，甚至一年、兩年，一個月、兩個月都很困難。比如，有人信心、悲心、菩提心不穩固，發心幾天、幾個月，就換來換去、患得患失。在漫長的輪迴中，為了不失去菩提心，希望大家常發這種殊勝大願。

不過，這樣發願、修行的人並不多。《雜阿含經》

中講：有一次佛陀抓起一把土，問：我手中的土多，還是大地的土多？弟子回答：相比大地的土，您手中的土少之又少。佛陀說：修慈悲心的人，就像指甲上的土那樣少，而不修慈悲心的眾生，就像大地的土那樣多。所以，大家應數數緣一切眾生修慈悲心。

我今天看了一下，以前上師講《空行心滴》時，所作的文字記錄。當時上師說：希望這個大圓滿法，大家每天至少修一個小時以上。看到這個教言，我心中非常慚愧：二十多年過去了，若我每天不間斷修一個小時大圓滿法，肯定不是現在這個樣子。不說一個小時，若每天修十分鐘大圓滿或菩提心，十年、八年以後，也不會是這個狀態。

剛開始講《入菩薩行論》時，我特別希望每個人每天早上都能修半個小時，但後來除了極個別人能堅持之外，很多人連《入菩薩行論》的兩百多堂課都沒有聽圓滿，那更何況說修行。有些人雖然圓滿了傳承，但也停留在文字上，若沒有修，意義也不是很大。所以，大家在這方面應反反覆覆觀察。

即刻所有地獄卒，於我生起上師想，

兵刃悉皆成花雨，願無損害增寂樂。

當我以慈悲心利益眾生，在三惡道尤其地獄感受痛苦時，所有地獄獄卒都對我生起上師想，所有地獄兵器、刀刃全都變成花雨，所有地獄眾生都心生強烈的大

悲心，互相歡喜、讚歎，遠離憎恨、砍殺等，而獲得真實的寂靜、安樂。願依靠我的大悲威力，能這樣利益一切地獄眾生，就像觀音菩薩到地獄去度化眾生，無量眾生都對他生起信心，而獲得解脫一樣。

《入菩薩行論.迴向品》亦云：「岩漿石兵器，悉成散花雨，刀兵相砍殺，化為互投花！」意思是說，祈願地獄中的岩漿、熱炭、燃石以及兵器雨，從今以後均變成紛紛墜下的花雨，相互兵革相鬥，從今起變成為遊戲投拋的鮮花！

如果我們現在這樣發願，在願力成熟時，就可以到地獄去度化眾生，那時地獄的眾生看到你，都會生起歡喜心；獄卒們以各種各樣的兵器殺害眾生，也變成了向它們拋撒花雨；所有眾生的痛苦全都消失無餘，普皆生起慈悲之心。或像不變金剛一樣，到旁生界中變成青蛙、馬、牛等形象，一邊弘法利生，一邊參禪修道。

所以，我們平時看見蚊子、蟑螂、老鼠等時，千萬不要把牠們當作怨恨的敵人，而應觀清淨心。在學院，一到晚上，有些道友的房子裡面，老鼠就跑來跑去，也許牠們忙於傳法。而「吱吱吱」的聲音，可能是牠們在宣講空性、無我等法理。

以前，上師如意寶不管到哪個國家、哪個地區，很多人見到他後，憎恨、仇怨都消失無餘。有些弟子見到法王的身相，聽到法王的金剛語，相續當中的慈悲心自

然而然增長，傷心、痛苦、煩惱馬上減輕、消除，這樣的現象非常多！與在人間相同，菩薩到地獄去度化眾生，地獄眾生也滿心歡喜，因為能消除自己的煩惱和痛苦。

願惡趣眾得總持，受人天身發覺心，

我以正法報恩德，視我為師而依止。

本來地獄等惡趣眾生，相續中有各種煩惱和痛苦，但依靠三寶和我的發願力，願它們都獲得不忘陀羅尼、辯才、智慧等功德，之後不再繼續流轉惡趣，直接轉生到人天善趣當中。在人間、天界，願他們依靠殊勝因緣，都發起無上菩提心。我以正法來報答上師三寶、父母眾生的恩德，通過各種方式為他們宣說佛法，他們也把我當作上師，如理如法地依止。

其實，對上師、父母最好的報恩，就是法供養，並非買一棟房子、打個電話等。《佛說一切法高王經》中云：「若資生供養，非無上供養，若發菩提心，是無上供養。」如果我們聞思修行正法、發無上菩提心，這就是最無上的供養；若供養很多哈達、月餅等財物和食品，這並不是無上供養。因此，最好以法供養來報答很多大恩者的恩德。

在發願時，大家都要發願用佛法來結緣，在上師和弟子之間，不要摻雜各種各樣的世間情感。但現在很多人都不懂，比如一個在家人問出家人：我把您當作上

師，您把我當作弟子，可不可以？出家人回答：可以！然後他們就結成了師徒關係。其實，上師和弟子之間的關係，並非口頭上互相承諾一下就可以，而應用佛法來建立。也就是說，上師應該傳授佛法，弟子應該如理如法地修行。

現在很多人特別重視財物供養，有些弟子認為：若要如理如法地依止上師，必須作財供養，否則就得不到上師真正攝受。好像上師是乞丐，沒有得到財物就活不下去一樣。當然，在供養財物上，也可看出自己的信心，但最關鍵的還是要如法修行、利益眾生，對每一位諸佛菩薩化現的上師來講，這才是他們最歡喜的事！

願爾時諸善趣眾，同我修習無我已，

三有寂滅無分別㉝，平等性中識本面。

在這個時候，願所有人天善趣的眾生，就像我（指作者達瑪繞傑達或發願的人）一樣，真正獲得修習無我的機會，在寂靜的地方修習無我空性。如《大方等大集經》云：「一切諸法本，其性無有我，譬如山谷響，皆從眾緣生。」意思是說，一切諸法的根本，其本性無我，就像山谷中發出響聲一樣，皆從眾多因緣而生。或者說，一切萬法在世俗中如幻如夢，因緣而起；在勝義中遠離四邊八戲，空性無我。從而對三界輪迴和寂滅涅槃無有分別心，真正通達輪涅無二。如《中觀根本慧

㉝另有版本中，此句後還有一句「等性之中修等持」。

論》云：「涅槃與世間，無有少分別；世間與涅槃，亦無少分別。」而在法界本性中認識本面，證悟顯空無二，遠離言語思索的不可思議境界。

為什麼要發願，願所有眾生心相續中，真正生起勝義菩提心呢？因為，沒有勝義菩提心，就像宗喀巴大師在《三主要道論》中所講的一樣：「不具證悟實相慧，縱修出離菩提心，亦不能斷三有根，故當勤證緣起法。」所以要願大家，依靠無二智慧來摧毀、根除輪迴的根本，真正從輪迴中獲得解脫。

雖然很多世間人都沒有達到這種境界，但佛法也不能失去它的本義，在此基礎上，還應盡量將佛法通俗化、現代化、普及化。不過也不能太過分，有些法師講法時，佛法的味道一點都沒有，完全隨順世間人，這也不一定對眾生有利。因為，佛法的奧義很難以世間流行語言表達，否則會歪曲佛法的本義，自己心中所理解的東西跟佛法的本質相差千里萬里。這樣的話，也不可能達到真正覺悟的真諦。

人身極難得！希望在獲得如意寶般的人身時，要經常在上師三寶面前發願。有些人說：我很想發願，但不會發願。如果自己不會發願，就一邊念本科判的頌詞，一邊隨文觀想，這樣的話，就發下了殊勝大願。若沒有這樣發願，修行永遠也不可能有進步。

我建議大家，在修行過程中，要養成記錄的好習

第十八課

慣，比如自己應念誦哪些經文、願文，應修行哪些要點等。若在聽課、生活當中，經常記錄重要的公案、教證、教言、感悟，不但印象深刻，再過十年八年，翻出來一看，對自己還有提醒作用。

總而言之，大家要經常發大願，同時還要盡量改掉自己的毛病，踏上真正的解脫之道！

修心利刃輪釋

第十九課

第
十
九
課

　　這次學習《修心利刃輪》，我本人而言，還是比較歡喜，因為對自己的相續有很大幫助。以前，自己一直覺得，有些情況是外在的因緣造成的。通過這次學習達瑪繞傑達的教言，我深深認識到，全部是自己導致的。不知在座的各位是否有這種感覺？

　　按照佛陀的教言，哪怕是聽一堂課，也有非常大的功德。甚至比行持轉經、布施、開法會、念咒語等善事，功德還要大。比如：聽一個小時的課，和轉一個小時的佛塔，誰的功德大呢？肯定聽課的功德大。一個小時作布施，和一個小時聽課，誰的功德大呢？肯定聽課功德大。作為凡夫人，離成佛還很遙遠，對功德大的善法還是應該希求。

　　有些人說：一切都是空性的，不應在乎功德、過失。其實，這種說法是非常愚癡的。如果不取捨功德和過患，那吃美味佳餚和不淨糞也應該等同了，好和壞也不應該有差別了。但要達到這種境界，恐怕還是有一定的困難！

　　大家都清楚，在聽課的過程中，自己的心態很平靜，沒有強烈的貪嗔癡等煩惱，這樣的話，就能在阿賴耶上積下殊勝功德。所以我希望，大家在以後的生活中，能長期聞法。若聽一兩天或一兩次課，恐怕也學不

到什麼東西，而且無頭無尾，也不一定有很大功德。所以，要想辦法生起長期聞法的意樂。

前面世俗菩提心講完了，下面講勝義菩提心。

戊二（修勝義菩提心）分三：一、略說連接文；二、以觀察修廣說；三、以安住修攝義。

己一、略說連接文：

如是而行敗此敵，如是而行敗妄念，

串習無我無念智，色身因果豈不得？

這個頌詞是前後兩個科判之間的連接文。前面以大量文字，宣說了我執和我愛執的種種過患，以及摧毀分別妄念的寂靜、忿怒修法。如果我們真正通過以上竅訣，以自他相換、自輕他重等修法，來摧毀自我、利益他人，就一定能擊敗我執怨敵。尤其如理如法地修世俗菩提心，修得比較好的話，我執分別妄念、自私自利就會減輕，乃至徹底失敗，這是自然規律。

在得到教言後，希望大家認真修行，特別是大悲菩提心和空性。若有境界，行住坐臥、早起晚睡，隨時隨地都可以修，比如觀想它的功德、利益等。若長期修無我和無念智，即智慧和方便，或智悲雙運的境界，到一定的時候就能現前法身。證悟了法身，在清淨和不清淨的所化眾生面前，就可以顯現種種色身（指報身和化身）。或者說，修習因空性和大悲，難道就不能得到色身的果位嗎？一定能得到。就像農民播下種子，一定會

收割莊稼一樣。所以，要下功夫努力修行。

　　當然，在世俗菩提心與勝義菩提心兩者之間，勝義菩提心更重要，因為只有獲得能取所取無二無別的境界，才能摧毀所有我見和邪見。如《大乘密嚴經》云：「佛說於空理，為欲斷諸見，汝等有智人，宜應一心學。」佛陀於第二轉法輪，大量宣說了般若空性法門，其目的就是為了讓眾生斷除自私自利等邪見。作為有智慧的人，應該修學這些特別珍貴的法寶。可惜的是，現在很多人對佛教的教義了解得並不多。

　　實在說，其他宗教的教義，根本比不上佛教。在翻閱基督教、伊斯蘭教等宗教的教義時，這種感受異常強烈。但是，它們的教徒對自己的宗教特別珍愛，所以在人群中弘揚得特別廣泛。而佛教徒，雖然大乘佛教大悲空性的教義，世界上任何一個宗教都比不上，但真正了解，不顧名利，有責任心弘揚的人卻不多。放眼整個世界，這是大家都心知肚明的。

　　現在很多佛教徒，本來自己做得並不多，卻說得特別大，包括藏漢兩地個別法師都是這樣。比如：我現在建立了什麼組織，我身邊有多少人，我在各個省分有什麼道場等。說得很大，做得卻不多。而其他宗教徒，他們並沒有這樣著重宣傳，比如我有一萬名弟子等，但在實際行動中，卻讓很多人得到了真實利益。不知什麼緣起，藏漢兩地很多佛教徒，都特別喜歡宣揚。其實，這

些講也可以，不講也可以。但最根本的，還是要找到適當方法，保有一顆弘揚佛法的心，並努力弘揚佛法。千萬不要一曝十寒，過兩天就銷聲匿跡。

現在東西方很多國家，其他宗教人士在學校、寺院、火車站等不同場所，一直以各種方式來拉攏人。雖然有時人們特別煩，但他們通過這種手段或方法，直接或間接讓很多人進入了他們的宗教。當然，我們並不反對，因為不管怎麼樣，信教都比不信教好。

相比之下，很多佛教徒都很自卑。當然，也有一部分特別自信，覺得自己所做的事比什麼都好。而在弘法利生方面，卻沒有長期的意樂。不過有些人確實是能力不夠，但大多數人都是為了自己的名聲、利益，或為了維護自己的眷屬等。現在誰都不笨，其所作所為大家都看得很準，所以最後對自他都沒有利益。

不過，佛教的大悲空性或勝義世俗的法門，在這個世界上確實無與倫比。作為佛教徒，應該勇敢地站出來，想盡千方百計，以各種方便方法，到世界各個角落去弘揚，而且是長期弘揚。我看到個別人，暫時很有意樂，過一段時間就像秋天的鮮花一樣，枯萎、凋謝。這說明他的相續中，並沒有大乘佛教的精神，否則不可能依靠一個小小的外緣就讓它乾涸。

所以我希望大家，在學習之後，先要充實自己，因為自己相續中一點境界都沒有，想引導他人也有一定的

修心利刃輪釋

困難。在有一些境界時，也應該分享給身邊精神萎靡的人，若一直置之不理，恐怕就不是大乘佛子的行為。

己二（以觀察修廣說）分三：一、抉擇實相空性無我；二、實修現相無欺緣起；三、宣說甚深現空無別。

庚一、抉擇實相空性無我：

這個科判著重抉擇無我空性的實相。但這裡所講的實相，跟《中觀根本慧論》所講的實相，還是稍有差別。若按藏地某些論師的觀點來解釋，這種抉擇方式，與中觀應成派抉擇菩薩後得位的見解或智慧近似。也就是說，並沒有著重抉擇遠離戲論的不可思議境界，主要以虛幻的比喻來宣說現空無二。

諸位一切是緣起，緣起觀待無獨立，

轉來變去妄相幻，如旋火輪是顯像。

因為勝義諦極為甚深，需要精神高度集中才能領悟，所以作者提醒我們諦聽：諸位！世間所有萬法全部都是因緣而起。所謂緣起，即世間一切顯現法全部互相觀待而產生，比如智慧寶劍和無明煩惱，無我和我，怨敵和親人，以及上下、左右、黑白等。在三界當中，沒有一個法是無因無緣、獨立自主的，全部都是轉來變去的妄相，幻變不實，如旋火輪唯是顯像。比如我們今世做人，下世轉為旁生，再下一世轉為天人等。又如一碗水，人看作水，地獄眾生看作燃燒的鐵水，天人看作甘露，持明者看作佛母等。

其實，整個世界一切萬法，並非實有不變，不僅佛教這樣承許，量子力學等物理學也已證實。當然，無論科學如何發達，也不可能揭示眾生的心是緣起性空的道理，而對心外的事物，也不可能像中觀應成派那樣，全部抉擇為遠離一切戲論。不過他們也基本上知道，柱子、瓶子、山河大地等一切法，全部是心的幻變，全都變化無常，並非靜止不變，全都可分，而非不可分。

在知道外境是假象後，若不停留於字面或理論，而作進一步地思維和觀修，就會斷除對外境的貪執。可惜，很多懂科學的人都不知道這一點。再者，若有能力抉擇外境，就像《入行論.智慧品》所講那樣，有境的心也可抉擇，但這一點他們也沒有能力。

就像本頌所講那樣，一切萬事萬物都像旋火輪一樣。所謂旋火輪，除了迷亂的眼識之外，並不真正存在一圓圈火；同樣的道理，紅色的柱子、白色的燈泡等，也只是人們迷亂眼識前的顯現，其他眾生並不一定見到是如此。若以高尖端儀器觀察，就一目了然。

以如幻的比喻，也能了知一切法沒有真實的本性。如《月燈三昧經》云：「如人善學幻，幻作種種物，示現諸色像，而實不可得。」就像有人擅長幻術，以幻術變化出了各種各樣的事物。與此相同，以智慧剖析，展現在人們面前的各種各樣色像，都與幻化師的幻化沒有差別，實際上了不可得。比如電視節目，其中的人、

事、物，都不可能真實存在電視任何一處，所以只是一種幻化。若以此理觀察其他事物，就會了知除了影像之外是沒有的。

對佛教徒來講，若學習過因明和中觀，就會知道在理證面前，所謂的實有根本站不住腳，萬事萬物全部是空性的。但若只是理論上知道，並沒有結合自己的相續去串習，也不可取。有些人到學院已經十幾年了，中觀也學得很好，但貪嗔癡等煩惱卻沒有減少，這說明沒有修行。所以前輩大德特別重視修持。否則，若只停留於理論研究式的了解，人生很快就到了盡頭，那時後悔也來不及。而所謂的修，比如學了《中論》二十七品，就應經常在心中思維它的意義，這樣串習就是修行。

有些道友講考時，字面上雖然過得去，內心卻不一定真正懂得，比如：以這句話怎樣對治煩惱？它宣說了什麼樣的心態？這些都不知道。而有些道友，不但講出了字面意思，自己的相續與法義也結合得相當緊密。不過，前輩大德在解釋經論時，也有類似的現象：有些大德雖然用了各種各樣的教證和理證，但並沒有將自己實修的境界說出來；而全知無垢光尊者和麥彭仁波切等上師，卻經常宣講竅訣，比如《中觀莊嚴論釋》等。

因此，我希望很多道友，學任何一部經論都要結合自己的相續，比如今天學了七個頌詞，不管是因明、中觀、俱舍等五部大論，還是密法，都要再三以之對照自

己的相續。當然，所獲利益多少，取決於自己的理解程度。如果日思夢想都是為了辯論獲勝，就像現在有些喇嘛那樣，即或自己能以一句話把對方說得啞口無言，這也不是真正的解脫。所以，聞思修行缺一不可，比如聽聞了這個頌詞，就應經常思維和修行如幻、如旋火輪的比喻和意義等。

　　如芭蕉樹無實質，如晨靄觀非可怖，

　　如陽焰水遠美妙，如鏡中影似真實。

　　一切萬法就像芭蕉樹一樣，從外到裡慢慢剖析，一點實質也找不到。一切萬法就像早晨的雲霧一樣，詳細觀察時得不到任何實質，所以不需要生起剖析時無法破掉其實有的怖畏。一切萬法就像陽焰水一樣，雖然遠遠看來有美妙的水存在，但到近處一看，卻一無所有。一切萬法就像鏡中影像一樣，表面看來真實存在，實際上並不真實。用這些虛幻的化喻，能讓我們真正了解，萬法雖然有顯現，但其實質內外都得不到。

　　如果不會運用因明和中觀的觀察方法，也可借用高尖端的醫學儀器等來觀察人體和外境，那時就會了知人的分別念和根識並不一定正確。而佛教的智慧更加深細，只要會運用，就能了知內心外境所攝的一切法，並沒有一個真實存在。那為什麼人們的認識恰恰相反呢？無非是魔在中間作怪。雖然物理學家通過觀察，也能了知世界本不存在，但他們並沒有將之轉變為修行的竅

修心利刃輪釋

訣，而在生活中消滅分別、執著的魔，這是因為他們前世積累的福報很微弱之故。

在學習這些虛幻的比喻之後，希望大家經常觀察。以前，我在南方遇到芭蕉樹時，就一層層地剝開過，最後確實沒有發現有實質存在。《月燈三昧經》亦云：「如濕芭蕉樹，人折求其堅，內外不得實，諸法亦復然。」真正用佛教的中觀智慧，和物理學家的科學觀念來進行觀察，內外一切萬法都並非真實存在。比如我們眼前的紅色柱子，表面看來完全粘在一起，沒有一點空隙，但實際上就像人的頭髮一樣，是由無數微塵聚集在一起的，每個微塵都有自己的空間。這一點，以前我們學《俱舍論》時也講過。

所以，我們認為是固體的東西，也不一定是固體；我們認為是液體的東西，也不一定是液體；我們認為是實有、靜止的東西，也不一定是實有、靜止的。那是誰讓我們產生錯誤認識呢？就是自己的分別念。因此，應以竅訣恆時安住心的本性，而止息一切分別妄念。那時內在的境界或內心的感悟就會油然而生，因為心不再執著外境。

如雲如霧似停住，此敵凶手我亦爾，
似有畢竟永非有，似真悉皆不曾真。
似現超離增損境，彼者有何業之輪？

人們經常認為我是存在的，實際上並不存在。這裡

講了兩個比喻：一是雲，表面看來天空中一朵一朵的雲全是停住的，實際上並非靜止不變；二是霧，無論它在山上還是山下，都不停住。在日常生活中，這是大家顯而易見的。同樣的道理，用智慧觀察時，禍根分別妄念和凶手我執怨敵，也非停住不變，雖然表面看來，我和關係不好的人或怨敵，都是有的、真的，但實際上與空中飄浮不定的雲霧一模一樣，其本體並沒有，也不真實。

雖然有我的顯現存在，但實際上它超越、遠離增益和損減的對境。比如：本來我不存在，反而增益為有；本來我有如幻的顯現，反而損減為沒有。在實相中，這些都是沒有的。既然如此，所謂的我還有什麼樣的惡業之輪呢？前面講過，一切不幸都是惡業利刃輪到自己，而現在用竅訣來觀察，並沒什麼可以輪到自己的，因為我或我執不存在，惡業也不會存在。

《佛說觀普賢菩薩行法經》中云：「一切業障海，皆從妄想生，若欲懺悔者，端坐念實相。眾罪如霜露，慧日能消除。」意思是說，如大海水般的一切業障，皆從妄念中產生，如果誰想懺悔清淨，則應端身而坐觀照心的實相或真如；這樣的話，所有罪障都會如霜露一樣，在智慧陽光照射下，瞬間就銷聲匿跡。同樣的道理，如雲如霧的我執怨敵，在空性無我的陽光照耀下，很快就會消逝無餘。

如果我們懂得以上道理，就會經常修空性法門。不過，先要求到竅訣，再依照竅訣安住在本來面目當中。講金剛薩埵修法時，我也講過，最了義、最直接的懺悔方法，就是安住實相本性。過一段時間，我們會講《六祖壇經》，其中的《般若品》，就是講勝義實相，以及安住實相的方法。如果能在安住時，認識我執或煩惱的本性，那煩惱就變成了菩提。所以，一定要懂得緣起性空的道理。

庚二、實修現相無欺緣起：

雖然在實相本性中是空性如幻的，但在現相中因果還是無欺存在的。確實，《修心利刃輪》非常重要，希望大家在好好聞思後不斷串習，之後就會變成一位好修行人。如果自己真的有緣分，哪怕只依靠一部論典，也會成為很好的修行人；若沒有緣分，或業力深重，即使聽聞了千經萬論，也不一定真正改變自己的相續。

此雖如是無自性，然一碗水顯月影，

業果虛妄多鮮明，顯現許中當取捨！

這個偈頌非常重要！在勝義中，雖然心境所攝的一切萬法，都沒有微塵許自性，但在世俗中，顯現卻無欺存在，就像一碗水中的月影，天空中的月亮毫許也沒有，但月影卻不滅而現。與此道理相同，在本性中萬法皆空，在顯現中虛妄的業果卻非常鮮明，也就是說，造了什麼樣的業就會感受什麼樣的果，這是無欺存在的。

因此，在顯現許中，大家一定要謹慎取捨因果！

有些人只在理論或字面上了解空性，就認為做什麼惡業都無所謂，這是很可怕的！其實，學沒學過中觀的人，都會說萬法皆空、四大皆空、萬法無有執著等禪宗或密宗的話語，甚至在街頭巷尾也經常聽到這樣的口頭禪。實際上這只是口頭說說而已，並沒有認真修持，那就與自己的相續沒有任何關聯。所以，我很希望大家背誦此論，如若不能，也要背誦這個偈頌。

可能有人會問：萬法皆空與萬法無欺存在，難道不矛盾嗎？我們可以這樣反問：物理學家承許，宇宙萬物的本質是能量，那這與眾多顯現法難道不矛盾嗎？我為什麼經常這樣說呢？因為很多人都學過物理，所以比較容易了解。有些人雖說自己是學理科的，但好像並沒學得特別精通，不然怎麼會有這樣的疑問呢？即使自己沒有修證，佛法的道理也可以理解。

所以，我們一定要懂得，在如夢如幻的顯現當中，業果並不會耗盡。如《大乘入楞伽經》云：「我常說空法，遠離於斷常，生死如幻夢，而業亦不壞。」意思是說，我說的空法遠離常斷兩邊，生和死如夢如幻，而眾生所造業卻不失壞。因此，作為佛教徒，在學習中觀的空性和大圓滿的直指本性後，千萬不能以一切萬法都是空性光明的如來藏為藉口，而抽煙、喝酒，甚至無惡不作。

現在漢地，有些上師和弟子認為：萬法皆空，吃肉、喝酒什麼都可以做。有些則明確地說：本來這是不能做的，但因我身體不好，再加上以前習慣了，所以很慚愧！若是這樣，大家也會理解。否則，以佛法為藉口而誹謗因果，自己就會感受無量痛苦。因為在顯現中，所作的善和惡都不會滅盡。比如做殺生等壞事，因為已經種下苦種，一旦因緣成熟，就會現前痛苦。若行持善法，善報就會現前。

《雜譬喻經》中，有這樣一則公案：當時會中有一比丘，耳中有特別好看的花。眾人懷疑，佛不允許比丘以花裝飾，他為什麼會這樣呢？帝釋天問佛後，佛陀就叫比丘取下耳中的花。結果他取下後又長了出來，取下後又長了出來。佛陀命他用神通去之，他幻化出千萬隻手，在虛空中取耳中的花，花也取不盡。大家才知道，這是福德所現，並非以花裝飾。

帝釋天請佛宣說此事的本末，佛陀說：很早以前，在惟衛佛傳法的行列中，此人喝醉了酒，但很歡喜，取下耳上裝飾的花供養佛陀後，就離開了。（現在有些居士也是這樣，喝得醉醺醺的，眼睛紅紅的，路也走不穩，拿著照相機東拍拍、西照照，我都擔心他們能不能走回去。）後來他在九十一個大劫當中，於人天善趣享受安樂，再也沒有墮入過三惡趣。今世得道後，其福還沒有盡。帝釋天對佛說：他不受戒，不行六波羅蜜，一次撒花供養，其福於今不盡，那更何況多

322

作呢！佛陀告訴帝釋天：當知佛陀如是饒益一切眾生。

在生活中，有些人無憂無慮，應有盡有，而有些人怎麼希求也得不到，這跟前世有很大關係，也就是說因果不虛。前段時間，我看到照片上，一位七八十歲的老人，頭上長出了特別長的羊角。有些醫學人士說：這是一種角化過度的皮損。其實，這是不可思議的業力所致。

作為凡夫人，完全控制一切惡業，確實很困難。但為了維護自己，哪些可以做，哪些不能做，一定要清楚。如果自己煩惱深重，做了、犯了，也要懂得懺悔，這樣人生才有意義！有些人只懂一點皮毛，卻以此為藉口，造種種惡業，這是很可怕的！與其如此，還不如不懂佛法，因為不會以佛法為藉口而造惡業。所以，大家在這些方面一定要引起注意！

修心利刃輪釋

夢境劫火盛燃時，雖無自性熱恐怖，

地獄等雖無自性，燉燒等懼故當棄。

在夢境當中，出現盛燃的末劫火時，雖然它無有自性，但其灼熱確實讓人恐怖，尤其當它燃燒自己的身心時，更是如此。同樣的道理，人間、地獄、餓鬼、旁生等，雖無自性，但生老死病、飢餓、燉燒等苦，還是很恐懼的，所以應當捨棄造作惡業。

可能有人會問：生老死病怎麼會沒有自性呢？其實，這只是我們的錯誤執著。佛經中還說，佛陀沒有生

老死病。若以中觀的推理來進行觀察，對此類道理就會一清二楚。所以，一定要學習《中觀根本慧論》等中觀論典，之後就會了解、堅信生老死病只是幻覺，並不真實，或者說在本性當中並不存在。雖然沒有自性，但在無明的夢沒有醒過來之前，在地獄的火燉燒等時，還是極其恐懼、痛苦的。因此，一定要捨棄造作墮落的因！

我認為，要懂得這個問題，一定要分清勝義與世俗。雖然在勝義中，一切都是空性的，但在世俗當中業果宛然，所以要謹慎取捨。就像夢本空，但在夢中，還是要解脫恐怖一樣。雖然三界輪迴無有自性，但還沒從這場無明大夢中醒悟過來之前，一定要有解脫的心，至少不要造作夢幻般的惡業，否則會感受劇烈的痛苦。如《諸經要集》云：「心外雖無，地獄等相，惡業成時，妄見受苦。」雖然在心外，並沒有地獄等相，但在惡業成熟時，還是會感受虛妄的痛苦，而無法堪忍。因此，大家務必謹慎取捨因果！

如燒迷時雖無暗，深長洞中遊彌漫，

無明等雖無自性，當以三慧除迷亂。

比如有人發高燒，在神智昏迷不清時，開始出現各種迷亂相。雖然是白天，沒有黑暗，但在幻覺當中，自己在又深又長的洞中雲遊，洞裡漆黑一片，彌漫著重重黑暗。此時自己特別傷心、害怕、痛苦，以至於大聲呼喚、求救，希望擺脫這種恐怖的局面。有些道友因為身

體不好，或吃錯了藥，經常胡說八道，在清醒過來時，自己也不好意思。所以在生病時，最好少說話，多安住自己的境界。不過，在迷亂相出現時，確實很難控制。

同樣的道理，無明等雖然沒有自性，但也要依靠聞思修行的智慧來遣除愚癡黑暗的心，和種種迷亂相。《寶性論》中云：「慧斷煩惱所知障，此勝聞為智慧因。」意思是說，智慧能斷除煩惱障和所知障，但要獲得智慧必須聞思佛法，之後再精進修行，就能斷除各種障礙。《中觀寶鬘論》亦云：「具信故依法，具慧故知真，此二主為慧，前行即信心。」在座的都清楚，若沒有信心，我們也不可能入於佛法，但光有信心沒有智慧，也不可能通達一切萬法的實相。所以，為了從黑暗的輪迴中獲得自在，一定要擁有如明燈般的智慧。如《大薩遮尼乾子所說經》云：「如人夜執燈，去處皆明了，生死黑闇中，慧明能度彼。」就像在黑夜中執持明燈，前程一定會光明一樣，在生死黑暗中，若依靠佛陀的智慧明燈，就能順利到達彼岸。

所以在座的道友，在求學過程中，千萬不要徒有聞思的形象，比如：聽法師講課，不去不行，只有硬著頭皮坐在那裡。而聽的時候，也東張西望，心不在焉。一念誦迴向偈「所南德義……」，就馬上拿著書包跑了。包括法王講課的時候，個別人也有這種現象。這樣的話，聞思就沒有大的意義。若認為時間就是生命，甚至

修心利刃輪釋

比生命更珍貴，每聽一堂課都如理如法：前面有發心，後面有迴向，中間專注聽聞，那對生生世世都有大的利益！因為記住了所講內容，就能在生活中運用。

運用佛法有兩種：一是自己修行，二是以佛法引導眾生。在這方面，現在很多佛教徒都很欠缺，可以說這就是佛教的災難！若學習佛法後，只想到自己的工作、生活，那就把佛法當作謀生的手段，甚至買賣品了。因此，在自己修行的同時，還應將佛法如意寶傳遞給他人。對有佛法境界的人來講，他不可能容忍佛法隱沒，就像擁有很多淨水的人，不可能讓身邊的人乾渴而死一樣，他一定會從佛法大海中，舀出一瓢又一瓢甘泉，注入乾涸者的心田。

總之，學習的機會非常珍貴，大家千萬不要浪費時間。哪怕只在一個道場待一個月，也要總結自己有什麼收穫。若不斷積累聞思修行的智慧，此世他生，都能獲得極大的利益！

第二十課

《修心利刃輪》當中，現在講勝義菩提心裡面的實修現相無欺緣起，頌詞說：

唱起樂師伴奏歌，觀察聲音無自性，

未察聚合出悅音，驅除人心之憂惱。

業與因果詳分析，雖無一異之自性，

然顯現法能生滅，似有苦樂受種種，

顯現許中當取捨！

這個科判用比喻說明，勝義中萬法皆空，世俗中一切無欺存在。這樣的內容，佛經中處處可見，此處達瑪繞傑達尊者以竅訣的方式宣說了非常殊勝的教言。

樂師以樂器伴奏，唱起了非常美妙的歌聲，然而無論是從樂器、樂師的手指，還是聽者的耳朵，以及兩者之間的空間等方面去觀察、尋找，聲音都沒有絲毫許自性。當然，在未經詳細觀察時，樂師和耳根等都存在，而且在種種因緣聚合時，所發出的悅耳動聽的聲音，還能驅除人們心中的憂惱和痛苦。

現在人們特別喜歡聽歌星唱歌，覺得唱得如何如何好！包括個別出家人，對佛教經論並沒有好樂心，一聽說歌星、明星，眼睛馬上就睜大了，還能如數家珍地道出他們的姓名、長相、表情等。現在很多居士，在學佛後，都斷除了各種非法行為，行為非常清淨，作為出家

修心利刃輪釋

人，更應做出表率！雖然為了弘法利生等，以清淨的意樂偶爾了解一下也可以，但放縱自己的習氣，過分專注、入迷則不應理。作為學佛人，若學習了多年因明、中觀，連龍猛菩薩、法稱論師的傳記都不清楚，而對明星、歌星的簡介等卻能倒背如流，那就太不應該了！但現在這個時代，人們特別關注、崇拜轟動一時的歌星、明星，以及他們所做的事情，其原因主要歸功於電視、電影。但他們所表達的內容，對今生來世並沒有多大的利益，只是暫時吸引眼球，相合人們的貪嗔癡而已！

其實，認真觀察，他們的聲音並沒什麼好聽的，也沒有所謂的來去等。如《方廣大莊嚴經》云：「譬如箜篌㉞，弦器及手，和合發聲，本無去來。」不管是箜篌，還是其他絃樂器，當弦和樂師的手接觸，和合發出妙音時，若詳細觀察，就會了知聲音並非從手、弦等中而來，也沒有去往任何地方。不僅樂音如此，其他法也是這樣，在《三摩地王經》㉟中，有很多類似的教言，希望大家都能懂得這個道理！

同樣的道理，在詳細觀察時，善惡業及其果快樂與

㉞古代絃樂器。又作空侯、坎侯、空古、江胡。《隋書．音樂志》謂出自西域，非華夏舊器。其器今已失傳。舊說謂似瑟而小，用木撥彈之。有豎箜篌、臥箜篌兩種。印度自古有之，故《法華經》曰：「簫笛琴箜篌。」印度阿摩羅婆提大塔欄楯之浮雕中，即有手抱箜篌彈奏之伎女像，敦煌千佛洞之繪畫中，亦出現箜篌之圖像。

㉟如：「猶如春季正午時，士受渴逼而前往，陽焰見為是水潮，一切諸法如是知。」「如是夜晚淨水月，自性無濁湖中現，然水月空無實質，一切諸法如是知。」

痛苦，既沒有自相一體的關係，也沒有自相他體的關係，但在顯現上卻存在生滅，要麼因有果生，要麼因滅果亡，若造作善惡因緣，則會感受種種快樂與痛苦，在顯現許中這確實是存在的，所以大家一定要謹慎取捨！

在《修心利刃輪》中，再三提及「顯現許中當取捨」，若整個《修心利刃輪》不能背誦，也要背誦這些頌詞，至少在跟別人辯論時，要用上這句話。若他人以高談闊論來搪塞，說萬法皆空、無有執著、一切放下、普皆解脫等，也要進一步給他講清楚：雖然一切萬法在本性中連微塵許自性也沒有，但在顯現許中，因果卻無欺存在，這是誰也沒辦法讓它消失的。

世親論師有一部論典叫《業成就論》，藏漢文《大藏經》中都有，主要遮破有實宗的觀點，承認唯識宗所立阿賴耶識的存在，並借此說明業的現象。論中云：「雖復經百劫，而業常不失，得因緣和合，爾時果報熟。」講得非常清楚，雖然經過了一百個劫，但所造業也不會失壞，在因緣和合時，其果報就會成熟。可能有人會問原因，其實這是一種自然規律。此類偈頌，希望大家在空時多思維。有些人修行比較好，有時間靜下心來思維法義。若無惡不作，就沒有這個機會。

有些密宗行人在修行或行持善法的過程中，經常出現違緣、不幸，（而沒有修行時，什麼違緣都沒有，包括身邊的壞人，什麼壞事都幹，也沒有任何事情。）這是什麼原因呢？其因有

二：一是重報輕受，即以病痛等違緣消除墮入惡趣的惡業；二是沒有遵守在接受密法灌頂等時的承諾，或沒有守持密乘戒。並非善惡因果顛倒！

以前，我看到一個薈供儀軌中說：雖然智慧本尊、出世間護法神沒有分別、嫉妒，但他們身邊有些世間鬼神有天眼通，在看見修行人做一些不如法的事情時，比如沒有履行在上師面前的承諾等，就會馬上對他們製造違緣。所以，對自宗學人來講，在出現這樣的違緣時，千萬不能想是三大護法神在懲罰我們，而認為他們特別壞。應該想，這是他們身邊有神通的世間護法神，看到我們在受密乘戒等時承諾得很好，後來一點都不在乎，而給予的提醒或懲罰。

就像上師特別慈悲，而上師身邊的侍者，為了上師，經常不讓你見，不讓你跟上師通電話等一樣。雖然你不一定看得慣，但他也沒有過失。以前，麥彭仁波切的侍者哦色，為了上師身體健康，得罪了很多人。後來上師接近圓寂時，他很不好意思，就在上師面前懺悔。上師說：你是為了我，不要緊，不用懺悔！上師圓寂後，還經常以幻化身來給他傳講大圓滿法。不過，自己身口意是不是真的為了上師，也需要觀察！

所以，在行持善法或修行過程中，稍微出現一些違緣，也不能馬上產生邪見，甚至不敢修行下去。在《大智度論》中，有這樣一則公案：一位修行人，在蓮花池

旁經行，聞到蓮花的香味後，產生了很大的執著。池神現前責備他：你怎麼捨棄林下禪淨坐處而偷我的香呢？這對修行是很不利的。話剛說完，一個人就入蓮花池採摘了許多蓮花，拔出了很多根莖，弄得一片狼藉，而池神並沒有管他。

這位修行人很詫異，就問：為什麼我聞一聞蓮花香，你卻說我偷香，而別人把池子弄成這樣，你卻不說他呢？池神說：你跟他不同，你是修行人，修行人執著這些，對修行有很大障礙，所以我才提醒你。而世間惡人就像不淨糞中的蟲一樣，什麼惡業都造，所以沒有必要管他。這就像在白色的布匹上，有一個黑點眾人都能看見；而在黑色的布匹上，沾染很多黑點他人也發覺不了一樣。

對修行人來講，這個故事很有啟發！就像天天殺生、做壞事的人，別人都不會管；而一位出家人，哪怕吃一塊肉，也變成很大的新聞。所以對真正的修行人，護法神要求也很嚴格。而一般的世間人，什麼惡業都做，護法神、天神就很寬鬆。那是不是修行不好呢？也不是，因為不修行，永遠沒有解脫的機會。

這裡強調，世俗善惡顯現是無欺存在的，所以在學習中觀等法要後，千萬不能把勝義空性和世俗緣起混為一談。但現在很多人特別極端，只重視慈善等世俗善行，除此之外，勝義空性一點都不重視，這是沒辦法斷

修心利刃輪釋

除二障的。有些人又太過分，一切都是空性，善惡都不需要，安住就可以，這也是一種極端。所以，兩相結合非常重要！

猶如水滴滿瓶器，第一滴水非滿瓶，

非由末等一一滴，緣起聚合盈瓶器。

誰受未受苦樂果，非由第一剎那因，

非由最末剎那等，緣起聚合感苦樂，

顯現許中當取捨！

大家都清楚，一滴一滴的水積聚起來，就會裝滿水器。但用智慧觀察就會了知，並非第一滴水裝滿水器，也非第二滴水、第三滴水、第四滴水，乃至後面任何一滴水裝滿水器。比如，某個水器需要一千滴水才能裝滿，但無論是從第一滴觀察到一千滴，還是從一千滴觀察到第一滴，其中一一水滴都不能裝滿水器。雖然任何一滴水都不能裝滿水器，但當所有水滴聚合時，水器就裝滿了。同樣的道理，是否感受殺生、放生等所致的苦樂果報，也不是由第一剎那因導致的，也不是最後剎那（或一千剎那，或一萬剎那，或百年後的剎那）等導致的，但在緣起聚合時，就會感受苦樂。也就是說，雖然勝義中不存在因果，但在世俗中因果卻無欺存在，所以在顯現許中，應當謹慎取捨！

我希望在座的人都要記住這個竅訣，若以很認真的態度來對待，就完全能夠明白佛教的奧秘。尤其是，若

第
二
十
課

詳細思維勝義中不存在因果的比喻，和世俗中存在因果的比喻，在顯現許中，我們就會謹慎業果。這個道理，在諸多佛經中都有宣說，如《法句譬喻經》云：「罪福追人，久無不彰，善惡隨人，如影隨形。」意思是說，善惡、罪福如影隨形般地跟隨著每個人，時間久了就會顯露出來。比如，自己以前所造善惡業，乃至沒有成熟之前，在做牛、馬、人等眾生時，都會一直跟隨著自己，在因緣成熟時，就會顯現出來。所以，務必謹慎取捨因果！

　　這個科判以水月、夢境、高燒昏迷、歌聲、水滴等比喻說明，在勝義中，樂音、苦樂、因果等皆不存在，而世俗中，卻顯現不滅、業果宛然。這個道理，大慈大悲的佛陀在佛經中講得特別清楚，我認為追求真理者，尤其是佛教專業人士，一定要懂得。但到目前為止，其他任何宗教和學問都不了知此理，很多佛教行者也一片茫然！

　　對社會大眾來講，講這麼甚深的道理，有沒有人能聽懂也很難說，所以我不抱很大希望。因為，他們沒有時間、精力、智慧去觀察、學習這樣的理論。若講得比較簡單，比如善有善報、惡有惡報等因果理念，就比較

修心利刃輪釋

㉟西晉法炬、法立共譯。又作法句本末經、法句喻經、法喻經、法句譬經。本經集錄《法句經》之偈約三分之二，加上譬喻故事而成。與《出曜經》同為因緣譬喻故事。本經自無常品至吉祥品共分三十九品，每品載錄一則以上乃至五六則譬喻故事，並列舉《法句經》之若干偈頌以解說其因緣。

容易接受。而且在生活中，也容易行持。所以作為法師，在弘揚佛法時，也要隨順人們的根機和意樂。否則，若整天用因明、中觀的專有名詞來講解，聽的人就會越來越少，最後只剩下法師本人。在這方面，大家一定要引起注意！

庚三、宣說甚深現空無別：

奇哉未擇似歡喜，此種顯現無實質，

然而顯現似存在，此法甚深劣難見。

非常稀有啊！在沒有觀察、抉擇時，諸法似乎真實存在，讓人感到很歡喜，但用智慧觀察時，就像分析芭蕉樹，始終找不到樹心一樣，諸法連絲毫許的實質也得不到。然而在顯現許中，卻不得不承認它們現似存在。也就是說，諸法如水中的月影一樣，現而空、空而現。不過此理非常甚深，劣根者和鈍根者都無法領受。

實際上根識非常有限，它確定是正確的，以最高智慧來觀察，也不一定是如此。就像在鎮醫院檢查身體，說肝長有囊腫；到縣醫院檢查，說肝長有其他東西；而到州或地區以上醫院檢查，卻沒有發現肝有任何問題。同樣的道理，在凡夫的境界中，萬事萬物都是存在的，但以阿羅漢、菩薩、佛陀的智慧來觀察，並沒有人我和法我的存在。雖然因明中講，現量最可靠，但實際上，人們的所見所聞，並不一定是正量。

故《中觀莊嚴論》云：「未察一似喜，生滅之有

法，一切具功用，自性知為俗。」所謂世俗，就是在未經勝義理論詳細觀察時，似乎歡喜、現量顯現，而且是剎那生滅的因果本體的有法，對於這一切真實不虛可以見到，並具有做所欲之事功用的有實法之自性。但詳細觀察時，在本體中萬法皆不存在，唯在顯現中虛幻而有。《定解寶燈論》亦云：「任何顯現定空性，所有空性定顯現，若現不空不可能，空亦不成不現故。」因此在空性中，因果也以能生所生的方式而存在。這樣的道理非常甚深，諸大德都用「奇哉」（非常稀奇）來讚歎。

　　不過，若不具備前世的緣分、上師的竅訣、長期聞思修等條件，光是在街上買一本書來看一看，也不可能通達。所以《中論》說：「世尊知是法，甚深微妙相，非鈍根所及，是故不欲說。」意思是說，世尊知道空性甚深微妙的體相非鈍根所能了達，所以在成道後四十九天中一直未轉法輪。後來在帝釋天和梵天勸請下，佛陀才開始三轉法輪。

　　雖然以語言、思維的方式，也可了達《心經》所說「色不異空，空不異色」的現空無別的道理，但要親身感受唯有修行。現在有些大學教授或研究員，在文字上也可了解現空無別，但若沒有修行的境界，是不可能領會其真正意義的。而有些人雖然文字上不懂，但依靠上師的教言和加持，也懂得了自心的本來面目是顯空無二的道理，這種現象非常多！

麥彭仁波切在《定解寶燈論》中說，修行分觀察修和安住修兩種。前面觀察修已經講完了，下面講安住修。

己三、以安住修攝義：

今若入定於此中，定顯現許亦有何？

有何有復有何無？承許是非悉何有？

無境有境之法性，離諸取捨離戲論，

本來性中無智慧，坦然安住成大士。

在入定於最甚深的般若空性之前，先要用因明和中觀的觀察方式來抉擇，一切萬法在顯現許中，僅有夢幻般的明分，實際上連微塵許的實質也沒有。因此，最好學習《入中論》和《中觀根本慧論》，通過反覆觀察，內心就能生起穩固的定解。有了定解，就可依照定解而修行，就像《定解寶燈論》所講的一樣。我建議大家，每年都要學習《定解寶燈論》，因為裡面不但有很多理論上的竅訣，還有很多修行上的竅訣。若懂得這部論典，很多理論和實修的問題，都可迎刃而解。

「今若入定於此中，定顯現許亦有何？」現在如果入定於般若，顯現許決定不會有。雖然在眼耳鼻舌等根識前，夢幻般的顯現無欺存在，但若入定於般若的境界，什麼都不會有。

「有何有復有何無？」說有，怎麼會存在有呢？既然有都不存在，又怎麼會存在無呢？因此，有和無皆了

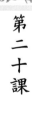

第二十課

不可得。但現在有些法師，在講《金剛經》時偏偏說：一切都沒有，觀為空性就可以了。若執著為空，想趨入現空雙運就很困難，就像麥彭仁波切所講的一樣，會將現空雙運理解為，如同黑色和白色的繩索搓在一起。

「承許是非悉何有？」若承許是與非，比如是這種智慧，不是這種智慧，這兩者怎麼會存在呢？根本不可能有。

「無境有境之法性，離諸取捨離戲論，本來性中無智慧，坦然安住成大士。」所謂法性，沒有對境法界與有境智慧的分別，遠離對善法等的取和對惡法等的捨，以及有無、常斷、來去等戲論，也就是說，本來的法性中沒有智慧。如此坦然安住，就像啞巴吃糖一樣，言語道斷，心行處滅，就成了真正的修行人，或大丈夫、無上士、佛菩薩。如《月燈三昧經》云：「諸法不可得，無有法可證，如是知於法，能解佛菩提。」

但這種境界，凡夫人是不可能獲得的。因為凡夫人斷除了有，就會執著無；遣除了無，就會執著有。不過若認真學習中觀，也可獲得相似的境界。若誰安住於真正的境界，他就證悟了法身。如《入行論》云：「若實無實法，悉不住心前，彼時無餘相，無緣最寂滅。」因此，所謂的修行，就是證悟遠離任何相的不可思議法性。若認真聞思修行中觀或大圓滿，就可達到這種境界。

修心利刃輪釋

在真正懂得現空無二的道理後，就會對無量無邊眾生生起悲心。如龍猛菩薩云：「若從內心悟，本無生法性，於溺輪迴眾，自然生悲心。」意思是說，如果從內心真正證悟了一切萬法本來無有產生的法性，對沉溺在六道輪迴中的眾生，自然而然就會生起悲心。以前，上師如意寶也這樣講過。因此，證悟空性的人，不可能對眾生不理不睬，尤其在遇到可憐的眾生時。而且，其產生大悲心，也不需要依靠外緣，自然而然就從內心生起。可惜，現在社會很多人，只知道人民幣、煩惱、痛苦、快樂、幸福等常用名詞，連什麼叫法性、眾生、輪迴等都不清楚。

在藏傳佛教後弘期，有一位非常著名的大譯師叫卓彌.釋迦益西（公元994—1078）。他去印度求學時，上師們告訴他：你去印度求法，一定要記住三句話：第一，戒律是一切佛法的根本，你應認真求學；第二，般若是佛法的核心，你應認真求學；第三，密法是佛法的精髓，你應認真求學。他到尼泊爾和印度待了二三十年，按照上師的教言求學戒律、般若、密法，後來回到藏地弘揚佛法，翻譯了許多顯密經論。

從他上師的教言可以看出，學習戒律、般若、密法非常重要。現在我們需要學習的東西非常多，但佛法的根本、核心、精髓是什麼，大家一定要清楚，並應著重學習。而本論顯宗和密宗相融，佛教的根本戒律、佛教

的核心般若、佛教的精髓密法完美地結合在一起，文字雖然不多，但作為真正的修行人，到藏地求到這個法後，回到自己的地方認認真真地實修，內心對法性空性一定會生起感悟，那時自然而然會度化眾生。

如果一個人內在有大悲心和智慧，無論他到哪裡，都會受到人們歡迎，就像《薩迦格言》所講的一樣㊲。而愚者，無論到哪裡，人們都會呵斥。所以差別還是很大的。正因如此，若內心真的有感悟，不管到哪裡，都有弘揚佛法的機會，面對任何事情都有智慧、能力應對。所以，我們無論是到藏地求法，還是在其他地方通過不同途徑來了解佛法，都應以本論的金剛語來充實自己。當然，不僅聽受，還應牢記；不僅牢記，還應落實在實際行動中。若能如此，對生活、解脫就有非常重大的意義！

戊三、修果迴向成辦二利：

祈願如是析世俗，以及勝義菩提心，

二資無礙至究竟，獲得圓滿二利益。

這是迴向文！祈願如是宣講、修學世俗菩提心和勝義菩提心，所積累的兩種資糧，讓所有眾生無有任何障礙地到達最究竟的果位，獲得圓滿自他二利的法身和色身，並利益天下無邊的眾生。

㊲《薩迦格言》：「智者離開自處境，至於餘處更受敬，猶如外地寶暢銷，島上豈有彼銷售？」

甲三、末義：

擊敵要害利刃輪（論名），於種種恐怖猛獸出沒之林間（造論之地），具教理、證悟之大瑜伽士達瑪繞傑達（造論者），依殊勝上師之言教匯編後（造論方法），於濁世有畏懼之深林中實修（作者為了利益濁世眾生而修持，我們得到這個法後，也要在生活中不斷實修），彼恩授阿底峽，阿底峽也為調伏芸芸難化眾生，無偏實修，生起證語而說此偈（阿底峽尊者依止了許多上師，達瑪繞傑達是他所依止的最主要的幾位上師之一。尊者在達瑪繞傑達上師前得到此法後，為了調伏難化眾生，進行了無偏實修，並獲得證悟。之後，尊者宣說了以下偈頌）：

我捨國政苦行時，積累福德謁師尊，

得此甘露法灌頂，今能對治續法脈。

阿底峽尊者是孟加拉國人，他是當時印度東方一位非常有名的國王的二王子。據相關歷史記載，當時王宮所居城市，人口有一億之多。他從三歲到二十九歲之間，依止了許多上師，學習並精通內外道共同學問，對顯密教法也很通達。在二十九歲那一年，他捨棄王位出家修道。

去年，我去中國人民大學演講，有人問：北京大學數學才子柳智宇，在拿到美國麻省理工學院的全額獎學金後，卻選擇了出家修行，您是怎麼看的？我說：釋迦牟尼佛是王子，阿底峽尊者也是王子，他們都出家了。跟佛陀和古大德相比，這並不算什麼。前段時間，一位

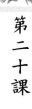

藏族大學生強烈要求出家，我也同意了。聽說他聞思後有點後悔，因為需要從零開始學習，這樣的話，一輩子都要聽課、考試，那就太累了！

　　阿底峽尊者在這裡講，我捨棄國政出家苦行時，（現在有些人，別人沒有問，他就開始講：我在讀大學時，寢室怎麼樣，同學怎麼樣……生怕別人不知道他是大學生。可能是向阿底峽尊者學習吧！）因宿世積累福德的緣故，得以拜見恩師達瑪繞傑達尊者，並獲得此甘露妙法，以及甚深的灌頂，通過認真修持，現在完全能夠對治相續中的煩惱分別妄念，並且可以繼承、延續上師的法脈。

　　我於宗派無偏頗，展露智慧博學時，

　　雖見無量希奇相，覺此法方利濁世。

　　我對所有宗派都有清淨觀，沒有任何偏墮之心，展露自己的智慧廣聞博學時，雖然見到了無量稀奇相，比如所有宗派的優長之處，修行佛法的清淨境相（從流傳下來的多種阿底峽尊者的傳記看，尊者無論是在夢中還是醒時，面見度母、文殊等本尊都是輕而易舉之事）等。但在所有淨現當中，我認為《修心利刃輪》這個法門最殊勝，只有它才能利益濁世眾生，或者說對濁世眾生最有利益！

　　我很早就想把《修心利刃輪》和《孔雀滅毒論》翻譯出來，為大家傳講，但到現在因緣才成熟。依靠這次翻譯、傳講的緣起，將來一定會利益無量眾生。因為其中的竅訣特別殊勝，能直接斷除我們的煩惱，而且傳承

加持不可思議！

其後，阿底峽為印藏不可思議弟子中，由佛母度母等無量本尊授記，堪為法器之高足俄巴色嘎（即仲敦巴）恩賜調伏邊地剛強所化之法。本論譯師與班智達也由他們師徒擔任。

在藏地，很多經論翻譯時，都有一位印度的班智達和一位藏地的譯師，這樣譯出來的效果非常好！翻譯這部論典時，由仲敦巴當譯師，阿底峽尊者當班智達。而且，此法由阿底峽尊者親傳給仲敦巴。可以說，這就是他們師徒二人對後人留下的無盡恩澤！

2012年7月23日（藏曆六月初四），自壽五十歲生日於五台山那羅延窟譯畢。

五台山那羅延窟，是上師如意寶作《文殊大圓滿》的聖地。若我能像上師作《文殊大圓滿》一樣，從智慧中自然而然流露出金剛語，不知該有多好！可惜的是，我並沒有這個能力。但依靠這個緣起，我在那羅延窟也有不可思議的感應，比如生起信心、產生美好的感想等。不過這不一定有利，最有利的就是翻譯前輩大德的金剛語！

當然，在這之前，前面部分已經翻譯完了，在那羅延窟只翻譯了後面部分。結束那天是藏曆六月初四，因為日子好，我在那裡一邊翻譯、一邊發願。至於所發的願，我都記在筆記本上，其中包括讓自他眾生在一年半

第二十課

中念完一萬遍《懷業祈禱文》，到現在為止，我每天念二十多遍一直沒有間斷，而其他發願在機緣成熟時再告訴大家。

《修心利刃輪》講了二十堂課，已經傳講圓滿！去年，我和慈誠羅珠堪布一起，獲得了此法的傳承。今天（2012年10月8日）我將此法交付於大家，希望大家在因緣成熟時，以各種方式進行弘揚。剛才也講過，在無量法門中，此法對末法時代的邊地眾生最有利，故希望大家多多弘揚，利益有緣！當然，在傳講時，也沒有必要像我講得這麼廣，這次是為了做書和光盤，所以憑自己的智慧作了一些發揮。而去年慈誠羅珠堪布只講了六七堂課。

在此，我也要提醒大家，務必珍惜聞法的機緣！以後除了現在流通的光盤和書之外，可能傳法會越來越少，因為很多人都不珍惜。比如，我這次講了二十堂課，大家都覺得這是傳法者的責任，是應該講的。而我在其他地方講一堂課，很多人都認為千載難逢。所以，以後哪裡有因緣就去哪裡。不過，若大家真正生起了難得心，因緣也可以改變。對我來講，若沒有出現特殊違緣，也想以傳法度過一生，因為除了傳法之外，也沒有其他更重要的事情，而且這正是自己的專業。但我不會執著，哪裡珍惜就去哪裡傳講！

修心利刃輪釋

《修心利刃輪釋》思考題

第一課

1.學習本論有何重大意義？請從傳承、緣起等方面進行分析。鑒於此，你打算以什麼樣的態度來對待？

2.孔雀嗜毒的比喻與菩薩欣苦的意義應如何對應？為什麼欣受快樂的懦夫最終獲得的是痛苦，而欣受痛苦的菩薩獲得的卻是安樂？

第二課

1.如孔雀一樣的菩薩，為什麼能轉煩惱為醍醐？了知此理後，你有何感想？打算怎麼做？

2.為了斷除眾生流轉輪迴的因——將自身五蘊執著為我這一大魔，作為修行人，應該如何行持？

第三課

1.眷屬於己邪行時，應如何對待？為什麼？

2.在身現難忍病痛、自心出現苦楚、為嚴重飢渴逼迫、不由自主他使之時，應如何調整自心？並請詳細闡述理由。

第四課

1.在聞刺耳詞、生不淨外境、別離饒益摯友、諸聖賢不喜自、遭受增損他責之時，應如何修煉自心？並請詳細闡述理由。

2.學習《修心利刃輪》至此，有人深深認識到，一

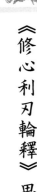

切逆緣皆修行助緣，你是否同意此觀點，為什麼？

第五課

1.在唐捐必需用品、心不明了不歡喜、不能成事心煩亂、如何亦令師不喜、眾人群齊而反駁、眷屬集聚即嗔之時，應如何修煉自心？並請詳細闡述理由。

2.通過學習《修心利刃輪》，有人深深體會到：一切逆緣皆自己業力所致，所以應勵力懺悔、遷善改過，不應怨天尤人。你是否同意此觀點，為什麼？

第六課

1.在所有親人都變成怨敵、自己身患腫瘤等痼疾、傳染病突然纏身、於諸所知智慧不明了、聞思修行佛法遭睡眠壓逼之時，應如何修煉自心？並請詳細闡述理由。

2.通過學習本課，你認為最觸動自己內心的是什麼？原因何在？

第七課

1.在喜惑導致嚴重散亂、如何皆現下墮、作佛事逆反、祈禱三寶不靈、妄念晦氣魔起之時，應如何修煉自心？並請詳細闡述理由。

2.不怨天尤人，這是古人特別重視的修養。你認為，在遭遇不幸時，始終應從自己身上找原因，而不應責怪他人，這迂腐嗎？為什麼？

第八課

1.在如熊漂泊山野、遭霜雹等不幸、欲望極大而財乏、相貌醜陋而眷凌、如何做皆貪爭、修行皆不切要之時，應如何修煉自心？並請詳細闡述理由。

2.通過學習本論，有人認識到：若真相信或懂得因果，或者說只要對因果之理產生定解，就能正確面對諸多人生之苦。你是否同意這一觀點？為什麼？

第九課

1.在行善自心不調、誦經思擇後悔、他之狡詐欺己、講聞反增貪嗔、一切妙行變劣之時，應如何修煉自心？並請詳細闡述理由。

2.「欲知前世因，今生受者是；欲知後世果，今生作者是。」請結合本課所講的公案和教證，分析此偈所蘊含的甚深因果道理。

第十課

1.在了知一切痛苦和快樂都是自作自受後，你有何感想？打算如何做？你認為因微果著這一因果道理合理嗎？為什麼？

有人認為：離苦得樂是一切有情的共同願望，輪迴中的有漏安樂也不離痛苦的本性，所以為了獲得究竟安樂，唯一應該希求解脫。你是否同意這個觀點？為什麼？

2.應如何認清我執怨敵的本來面目？怎樣才能打動能毀我執怨敵的無我怒尊大威德的心相續？應如何進行

《修心利刃輪釋》思考題

降伏？

第十一課

1.為什麼在「三惡趣中雖受苦，不知畏懼造作因」，「求樂強烈不積因，耐苦薄弱貪婪重」，「急於求成不勤修，行事繁多悉不竟」，「喜新無愧無長情，奢想盜奪勤奔波」，「擅長邪命欲望強，苦積有財為咎縛」之時，要踐踏禍根妄念頭，刺中我敵凶手心呢？請詳細說明。

2.本科判為什麼要廣泛列舉我執魔的種種過失？降伏我執時，所採用的方法是什麼？對此，你有何認識和打算？

第十二課

1.為什麼在「於眾行少吹噓大，自無功德聲勢大」，「師多擔負誓言少，徒多饒益護持少」，「承諾繁多利行少，名大觀察鬼神恥」，「寡聞空口說大話，乏少教理多分別」，「眷多無有荷擔者，主多遠離可依怙」之時，要踐踏禍根妄念頭，刺中我敵凶手心呢？請詳細說明。

2.本科判學習至此，有人深深認識到：一切輪迴的衰敗，都是我執分別妄念導致的，因此修行人唯應剿滅我執怨敵。你是否同意這一觀點，為什麼？

第十三課

1.為什麼在「位高功德比鬼少，師大貪嗔較魔

暴」，「見高行為比犬劣，德多基本吹風中」，「一切如願終歸己，虧損無端推於他」，「身著袈裟求救鬼，受戒威儀隨同魔」，「佛賜安樂供屬鬼，正法引導欺三寶」，「常居靜處散亂轉，求妙法典護苯卜」之時，要踐踏禍根妄念頭，刺中我敵凶手心呢？請詳細說明。

2.請仔細以本課所講的幾個頌詞，反覆對照自己的身口意，看自己到底有沒有這些過失？進而以本科判已學部分的頌詞來對照，看自己是否也具足這些過失？若有，請分析深層原因，看是否是貪執在作弄我們？

第十四課

1.為什麼在「捨解道戒繼家業，樂付東流追逐苦」，「棄解脫道遊邊地，得人身寶造獄因」，「置法殊勝牟商利，置師經院逛城區」，「置自生計奪僧財，置自父業盜他財」，「嗚呼修弱神通銳，未踏入道神足行」之時，要踐踏禍根妄念頭，刺中我敵凶手心呢？請詳細分析。

2.請結合四法印、四諦、十二因緣、唯識、中觀等佛教理論，詳細闡述：若沒有斷除我執分別妄念，眾生永遠也不可能從輪迴中獲得解脫，這一甚深道理。在認請罪魁禍首我執分別妄念後，請以大威德的修法，特別是大威德心咒，橫掃之（當然，先要獲得灌頂）！

第十五課

1.為什麼在「利教嗔心執怨敵，受欺無智報恩

《修心利刃輪釋》思考題

德」，「己人心語告敵人，摯交無恥竊肺腑」，「易怒妄念分別重，難以相處秉性惡」，「囑咐不聽暗加害，禮來不往遠懷爭」，「不樂從諫恆難處，冒犯頻繁常記仇」，「過分壓制聖執敵，貪欲強烈納少年」之時，要踐踏禍根妄念頭，刺中我敵凶手心呢？請詳細分析。

2.為什麼作者特別提倡，以大威德的修法來摧毀我執分別妄念呢？請查找相關資料，對此問題進行詳細說明。本論學習至此，你是否認識到，修行人唯一的敵人就是我執分別妄念，唯一的任務就是降伏我執分別妄念？為什麼？

第十六課

1.為什麼在「無情拋棄昔交友，極度喜新說甜言」，「無有神通妄取過，無悲傷害依人心」，「寡聞普皆作揣測，乏教悉皆生邪見」，「串習貪嗔詆毀他，串習嫉妒增損他」，「不經求學輕博大，不依上師謗聖教」，「不講法藏自妄造，不修淨觀譏諷他」之時，要踐踏禍根妄念頭，刺中我敵凶手心呢？請詳細分析。

2.本論學習至此，有人認識到：在修行過程中，應經常提起「降伏我執……」的正念。你認為這是否可取？為什麼？

第十七課

1.為什麼在「於非法事不譴責，於諸善說百般駁」，「於慚愧處不慚愧，於無慚事反執慚」，「可行

修心利刃輪釋

一事亦不行，非理之事皆行持」之時，要踐踏禍根妄念頭，刺中我敵凶手心呢？請詳細分析。

2.在學習第四個科判之後，請詳細分析：如何才能將我執摧毀無遺？本論學習至此，你是否認識到：一切輪迴的衰敗都是我執造成的，也就是說自作自受，所以不應怨天尤人，而應奮力摧毀我執。為什麼？

第十八課

1.請詳細解釋本科判第一個頌詞：「一切過咎歸一己，於眾生觀具大恩，他所不欲自心取，我之善根迴向眾。」你認為這樣修行的原因和目的何在？

2.請反覆讀誦、思維本科判所有頌詞，再再穩固、增上自相續的世俗菩提心。學習本科判後，你認為什麼最讓自己的內心有很大觸動？請仔細分析！

第十九課

1.請以「抉擇實相空性無我」這一科判的頌詞，抉擇空性無我的實相。也請結合自己所學的中觀知識，分析上師所說，此乃中觀應成派後得位的見解的原因。鑒於此，你打算如何在生活中運用呢？

2.通過學習本課所講，「實修現相無欺緣起」這一科判的頌詞，你有何感想？並請形於文字，與大家共同分享！

第二十課

1.請以聲音、水滴的比喻說明，雖然勝義中萬法皆

《修心利刃輪釋》思考題

空，但在世俗中，卻應謹慎取捨因果。你是如何理解現空無別的？應如何安住修？本論作者是如何迴向的？此法為什麼重要？你打算如何弘揚？

2.在本論中，溫和教誨與粗暴教訓講得最詳細，你認為作者這樣安排有何必要？有人認為：作者這樣安排，是為了突出消滅我執的重要，因為沒有對治我執，世俗菩提心和勝義菩提心都不可能圓滿，也難與上師相應，一切過失都會產生。你是否同意這個觀點？為什麼？

3.消除我執，乃聞思修行的根本、核心、歸宿！本論消除我執，主要觀修因果和大威德，請你以理論和實踐相結合的方式，詳細闡述以因果規律和大威德修法，如何消除我執，並保有世俗、勝義菩提心，以及對上師的信心等功德法？

修心利刃輪釋

《修心利刃輪釋》思考題